JURISDIÇÃO CONSTITUCIONAL TRIBUTÁRIA

Reflexos nos processos administrativo e judicial

CIP-BRASIL. CATALOGAÇÃO NA PUBLICAÇÃO
SINDICATO NACIONAL DOS EDITORES DE LIVROS, RJ

P218j

Pandolfo, Rafael
Jurisdição constitucional tributária: reflexos nos processos administrativo e judicial/ Rafael Pandolfo. - 2. ed. - São Paulo : Noeses, 2020.

320 p.
ISBN 978-85-8310-136-9

1. Direito tributário – Brasil. I. Título.

19-61228 CDU: 34:351.713(81)

Vanessa Mafra Xvier Salgado - Bibliotecária CRB-7/6644

Rafael Pandolfo

Doutor em Direito Tributário pela PUC-SP, Coordenador do Instituto Brasileiro de Estudos Tributários no RS (IBET-RS), Membro da Comissão Especial de Direito Tributário do Conselho Federal da OAB, Consultor Tributário FECOMÉRCIO - RS, Conselheiro CONTEC (FIERGS).

JURISDIÇÃO CONSTITUCIONAL TRIBUTÁRIA

Reflexos nos processos administrativo e judicial

2ª Edição
revista, atualizada e ampliada

Prefácio Min. Teori Zavascki

2020

editora e livraria
NOESES

Copyright © Editora Noeses 2020
Fundador e Editor-chefe: Paulo de Barros Carvalho
Gerente de Produção Editorial: Rosangela Santos
Arte e Diagramação: Renato Castro
Revisão: Georgia Evelyn Franco
Revisão tipográfica: Carolline Gomes de Souza
Designer de Capa: Aliá3 - Marcos Duarte

2020

editora e livraria
NOESES

Editora Noeses Ltda.
Tel/fax: 55 11 3666 6055
www.editoranoeses.com.br

A civilização do número vai sobrepujando a civilização do texto e o indivíduo entrou em declínio. O capital autêntico da sensibilidade pessoal e singular escasseia. A atmosfera de "slogans" e a retórica dos números industrializam o homem e produziram um ser mental pré-fabricado. Isso explica – por reação – o nosso interesse pelo poeta e pelo artista, pela criança e pelo louco, os quais continuam im-pregnados de sua autenticidade individual e ainda não se estandardizaram pela massificação das ideias.

Jean Guiton[1]

---

1. GUITON, Jean. Le clair et l´obscur. Paris: Aubier, 1964, p. 13. Apud BECKER, Alfredo Augusto. *Carnaval tributário*. 2. Ed. Sâo Paulo: Lejus, 1999, p. 92.

O Douro, louro, deságua e inunda meu coração.
Rompe os freios da razão, recria a vida, o medo e o homem
– Que nunca amou como então.
Mas segue seu rumo, deixando seu cheiro, seu gosto
e sua lembrança,
Pois logo deixará de ser criança.
Como onda, ensaiará sua dança,
E encontrará no vento sua canção.[2]

Dedico este livro a Henrique, Helena e Cristina.

---

2. PANDOLFO, Rafael. *Filho*. Salvador – São Paulo, 22 de maio de 2010.

AGRADECIMENTOS (2ª edição)

Ao Min. Teori Albino Zavascki (*in memoriam*) pelos ensinamentos e pelas ideias, imprescindíveis para essa edição; ao Professor Paulo de Barros Carvalho, pelas oportunidades, pela confiança e pelos conselhos recebidos; aos jovens e talentosos Matheus Lima Zommer e Gaio Lima Monte, que trabalharam incansavelmente comigo nessa segunda edição; à minha família, pela compreensão; aos meus colegas de escritório, pelo apoio.

NOTAS À 2ª EDIÇÃO

Desde a publicação da primeira edição do livro, em 2012, o sistema jurídico brasileiro foi objeto de significativas alterações, causadas tanto pelo advento normativo de novos institutos, como pela produção de decisões constitucionais fixando parâmetros judiciais até então inexistentes.

A importação pelo Código de Processo Civil de 2015 do instituto do precedente, utilizado nos países da *common law*, talvez seja uma das maiores modificações sofridas pelo ordenamento brasileiro ao longo de sua história. Não apenas por alterar o modo como as decisões são analisadas e aplicadas, como por quebrar o paradigma de um sistema que até então funcionava exclusivamente a partir das premissas empregadas nos ordenamentos que seguem a *civil law*. Esse tema é cuidadosamente abordado nesta edição.

Por fim, a redistribuição dos capítulos realizada na segunda edição decorre tanto da ampliação temática, como da busca por uma sequência que facilite a consulta de temas específicos pelo leitor.

PREFÁCIO

Distinguido com a oportunidade de apresentar a obra "Jurisdição Constitucional Tributária", começo com uma palavra sobre o seu autor. Rafael Pandolfo é um dos mais talentosos representantes da nova geração de tributaristas brasileiros. Com sólida formação acadêmica (é doutor em direito tributário pela prestigiada PUC/SP), que continua cultivando na condição de professor conferencista e de diretor da Academia Tributária das Américas (ATA), associa sua labuta profissional advocatícia e consultiva à de membro titular do Conselho Administrativo de Recursos Fiscais (CARF).[3] Essa virtuosa simbiose de experiências confere ao autor a rara e privilegiada condição de poder visualizar as questões de direito tributário sob os mais significativos enfoques: o do acadêmico, o do advogado da parte contribuinte e o do julgador.

E isso fica muito claro no modo como arquitetou a estrutura e desenvolveu o conteúdo da sua obra. Construiu, inicialmente, os pilares doutrinários e principiológicos essenciais para o desenvolvimento do estudo; e, depois, tomando-os como referências fundamentais e fundamentadoras, desenvolveu a exposição e propôs soluções para uma variada gama de importantes questões relacionadas à jurisdição constitucional no domínio do direito tributário. A norma jurídica, o

3. Nota do editorial: o autor é ex-diretor da ATA e ex-integrante do CARF.

crédito tributário, os princípios constitucionais sensíveis à atividade tributária (legalidade, segurança jurídica, irretroatividade, anterioridade, isonomia, livre-concorrência, capacidade contributiva), são temas da primeira parte do seu estudo, formando o ambiente para o desenvolvimento da sua segunda parte, que aborda mais especificamente o sistema brasileiro de controle de constitucionalidade e a natureza e os efeitos das decisões proferidas pelo Supremo Tribunal Federal no controle incidental e no controle concentrado.

Não é preciso enfatizar que a jurisdição constitucional representa, atualmente, um dos campos de estudo e de pesquisa dos mais instigantes e importantes no direito brasileiro. Instigante pelos desafios que oferece a quem atenta para as suas características singulares e para o seu significado jurídico e político. E importante, pelos delicados problemas jurídicos que enfrenta e pelos resultados que produz, não apenas no plano normativo e formal, mas também, e sobretudo, no domínio social genericamente considerado, particularmente, no que se refere ao direito tributário, no das relações entre o Estado e os cidadãos.

Em sentido amplo, pode-se conceituar a jurisdição constitucional como toda a atuação do Poder Judiciário que envolva a interpretação e a aplicação das normas constitucionais. Nesse sentido, a jurisdição constitucional não é exclusiva do Supremo Tribunal Federal, mas de qualquer juiz; e ela se manifesta no exercício do controle de constitucionalidade das normas (ou seja, no controle da atividade legislativa do Estado), como também quando o Judiciário é provocado a decidir sobre a constitucionalidade de atos jurídicos ou de comportamentos individuais, sejam eles praticados por particulares, sejam os provenientes de agentes do Estado nas suas funções administrativas e mesmo judiciais.

Todavia, é inegável que o controle de constitucionalidade dos preceitos normativos, pela própria natureza da controvérsia que desperta e pelo caráter institucional do embate que provoca ao confrontar dois poderes do Estado, ganha significativo destaque no âmbito da jurisdição constitucional. "*O aspecto mais sedutor*", escreveu Cappelletti a propósito disso, "diria também o aspecto mais audaz e, certamente, o mais problemático do fenômeno que estamos para examinar está, de fato, justamente aqui: o encontro entre a *lei* e a *sentença*, entre a *norma* e o *julgamento*, entre o *legislador* e o *juiz*" (Cappelletti, Mauro. *O controle judicial de constitucionalidade das leis no direito comparado*. Trad. Aroldo Plínio Gonçalves. Porto Alegre: Sérgio Antônio Fabris Ed., 1984, p. 26). Essa constatação é especialmente significativa em face do sistema brasileiro, que consagra meios variados e sofisticados de controle de legitimidade da atividade legislativa.

É também inegável que o STF tem papel preponderante na jurisdição constitucional. A ele compete "precipuamente, a guarda da Constituição", diz o art. 102 da Carta Magna, que se desenvolve, especialmente: (a) no âmbito da competência originária, nas ações de controle de constitucionalidade da atuação legislativa (ação direta de inconstitucionalidade, ação declaratória de constitucionalidade, ação de inconstitucionalidade por omissão e arguição de descumprimento de preceito fundamental); e (b) no âmbito da competência recursal, em julgamentos de recursos extraordinários, cabíveis quando a decisão recorrida contrariar dispositivo da Constituição, declarar a inconstitucionalidade de tratado ou lei federal ou julgar válida lei ou ato de governo local contestado em face da Constituição. O STF ocupa, assim, a posição mais importante no sistema de tutela de constitucionalidade, já que é o órgão de cúpula do Poder Judiciário e o Tribunal da Constituição. Suas decisões têm o peso e a autoridade dessa superior função institucional.

Pois bem, nessa sua "Jurisdição Constitucional Tributária", Rafael Pandolfo apreendeu, com aguda sensibilidade jurídica, a força transcendental que emerge da conjugação entre a autoridade do STF e as decisões em controle de constitucionalidade de preceitos normativos. E o fez em sintonia com o estado-da-arte, especialmente no que diz respeito à natural eficácia expansiva dos pronunciamentos da Suprema Corte, inclusive em controle difuso de constitucionalidade. Sabe-se, com efeito, que, na jurisdição comum, as sentenças têm, em regra, força vinculante "nos limites da lide" (art. 468 do CPC),[4] de modo que a certificação judicial da existência ou inexistência do direito questionado faz coisa julgada apenas em relação "às partes entre as quais é dada" (art. 472 do CPC).[5] Na jurisdição constitucional, todavia, a situação tem peculiaridades: se, para decidir conflito individualizado, o julgador tiver feito um juízo – positivo ou negativo – a respeito da validade de uma norma, sua decisão ganha contornos juridicamente diferenciados, em face dos princípios constitucionais que ela mobiliza. É que os preceitos normativos têm, por natureza, a característica da generalidade, isto é, não se destinam a regular específicos casos concretos, mas, sim, estabelecer um comando abstrato aplicável a um conjunto indefinido de situações e de pessoas. Quando, portanto, se questiona a legitimidade desse preceito, ainda que no julgamento de um caso concreto, o que se faz é pôr em xeque também a sua aptidão para incidir em todas as demais situações semelhantes. Essa peculiaridade é especialmente relevante em face do princípio da igualdade perante a lei, de cuja variada densidade normativa se extrai primordialmente a da necessidade de conferir um tratamento jurisdicional igual para as situações iguais. É também importante em face do princípio da segurança jurídica, que estaria fatalmente comprometido se a mesma lei pudesse ser tida como constitucional num caso e como inconstitucional em outro caso semelhante, dependendo do juiz que a aprecia. É indispensável, assim, harmonizar a eficácia da decisão sobre a constitucionalidade da norma no caso concreto com as imposições dos princípios constitucionais da isonomia (que é absolutamente incompatível com eventuais tratamen-

4. Nota do editorial: este dispositivo legal encontra correspondência no art. 503 do CPC/2015.

5. Nota do editorial: este dispositivo legal encontra correspondência no art. 506 do CPC/2015.

tos diferentes em face da mesma lei quando forem idênticas as situações) e da segurança jurídica (que recomenda o grau mais elevado possível de certeza e estabilidade dos comandos normativos). Eis aí justificada, portanto, a ênfase em afirmar que as decisões a respeito da legitimidade das normas, mesmo no controle difuso de constitucionalidade, têm vocação natural para assumir uma projeção expansiva, para fora dos limites do caso concreto.

É de alta significação, sob este aspecto, a força das decisões do STF em matéria constitucional. Com efeito, na linha de movimento evolutivo semelhante ao verificado em outros países, o direito brasileiro caminha no sentido de prestigiar cada vez mais o efeito vinculante dos precedentes dos Tribunais Superiores. Os passos iniciais dessa caminhada podem ser identificados já na Constituição de 1934, quando foi criado o instituto da suspensão, pelo Senado, da lei declarada inconstitucional pelo STF, mecanismo destinado a atribuir força de *stare decisis* aos precedentes, universalizando os efeitos da declaração de inconstitucionalidade tomada em controle difuso. Com a criação da representação de inconstitucionalidade (Emenda Constitucional 16/1965), passaram a ser desde logo vinculantes *erga omnes* as decisões do STF nas ações de controle concentrado de constitucionalidade, o que foi sobremodo acentuado na Constituição de 1988, que ampliou o sistema e criou a arguição de descumprimento de preceito fundamental (ADPF), e pela Emenda Constitucional 3/1993, que criou a ação declaratória de constitucionalidade (ADC), instrumentos mantidos e aperfeiçoados pela Emenda Constitucional 45/2004 (arts. 102, I, *a* e §§ 1.º e 2.º, e 103). Essa última Emenda instituiu um novo requisito de admissibilidade do recurso extraordinário, que é a demonstração da "repercussão geral das questões constitucionais discutidas no caso, nos termos da lei" (art. 102, § 3.º), tema regulamentado nos arts, 543-A e 543-B do CPC; e introduziu também o art. 103-A, autorizando o STF a aprovar súmulas vinculantes.

No plano infraconstitucional, o parágrafo único do art. 481 do CPC[6] estabeleceu a vinculação dos órgãos fracionários dos Tribunais aos precedentes do STF em controle difuso de constitucionalidade. Mais recentemente, os arts. 543-A e 543-B do Código, ao disciplinar a "repercussão geral" para efeito de conhecimento de recursos extraordinários (art. 102, § 3.º, da CF), reafirmaram notavelmente e deram sentido prático à força dos precedentes da Corte Suprema. Desde logo, considerou-se como de "repercussão geral" a "decisão contrária à súmula ou jurisprudência dominante do Tribunal" (art. 543-A, § 3.º).[7] Instituiu-se um sistema de decisão vinculante "quando houver multiplicidade de recursos com fundamento em idêntica controvérsia" (art. 543-B): o tribunal local seleciona "um ou mais recursos representativos da controvérsia", a serem remetidos ao STF, ficando os demais retidos na origem; firmado o precedente pelo STF, ele servirá de norte para julgamento dos demais recursos (sobrestados) "pelos Tribunais, Turmas de Uniformização ou Turmas Recursais, que poderão declará-los prejudicados ou retratar-se" (art. 543-B, § 3.º).

Essa explícita e intensa escalada legislativa – constitucional e infraconstitucional – em direção à força vinculante e expansiva das decisões do STF, mesmo quando aprecia situações concretas, impõe ao jurista atento, como foi o autor da presente obra, um olhar diferenciado para a eficácia dessas decisões e de suas substanciais peculiaridades em relação aos pronunciamentos emanados da jurisdição comum. Conforme enfatizou recentemente o próprio Supremo, seus julgamentos, mesmo em recurso extraordinário, têm, hoje, caráter eminentemente objetivo, mormente com a instituição do regime de repercussão geral (QO na AC 2.177, Pleno, Min. Ellen Gracie, *DJ*e 20.02.2009). Conforme registrou o Min. Gilmar Mendes, referindo-se à força vinculante dos precedentes do STF

6. Nota do editorial: o dispositivo legal encontra correspondência no parágrafo único do art. 949 do CPC/2015.

7. Nota do editorial: o dispositivo legal encontra correspondência no art. 1.035, § 3º, do CPC/2015.

no atual sistema, "*é plenamente consentânea, portanto, com o novo modelo, a possibilidade de se aplicar o decidido quanto a uma questão constitucional a todos os múltiplos casos em que a mesma questão se apresente como determinante do destino da demanda, ainda que revestida de circunstâncias acidentais diversas*" (QO no AgIn 760.358, Pleno, *DJ*e 19.02.2010).

Eis aí, portanto, conforme já afirmado, o estado-da-arte no domínio da jurisdição constitucional. E é nesse desafiador cenário que Rafael Pandolfo desenvolve sua visão sobre o específico campo do direito tributário, apresentando os problemas e oferecendo a solução. Como é normal na ciência do direito, pode-se até não concordar inteiramente com o alcance das conclusões a que chegou o autor. Isso, todavia, de modo algum altera ou compromete o grande valor da sua obra, notadamente pela visão destemida com que enfrentou os desafiadores obstáculos que o tema oferece aos estudiosos dessa área quase inédita da literatura jurídica brasileira. Escrita em linguagem clara e de cuidadoso apuro técnico, a presente obra é especialmente qualificada por substratos colhidos em autorizadas fontes doutrinárias e na mais atualizada jurisprudência dos tribunais. Por isso tudo será, indubitavelmente, obra de referência indispensável para quem, na área profissional ou acadêmica, busca compreender as transformações do nosso sistema de controle de constitucionalidade e da eficácia das decisões proferidas, nesse âmbito, pela Suprema Corte.

Brasília, 20 de março de 2012.

Teori Albino Zavascki

SUMÁRIO

INTRODUÇÃO

Num país com baixo crescimento econômico e necessidade de recursos para o enfrentamento das demandas sociais, a pressão arrecadatória exercida pelo fisco deflagra diversas e intermináveis controvérsias entre o contribuinte e a fazenda pública. Essas divergências acabam revelando a existência de mundos interpretativos paralelos, cuja intersecção ocorre no Poder Judiciário.

Sendo o direito tributário brasileiro essencialmente constitucional, grande parte das discussões tributárias é definida através do exercício da *jurisdição constitucional*. Daí a importância da matéria abordada pelo presente livro, tema complexo e de crucial importância para compreensão das relações estabelecidas entre o fisco e o contribuinte.

Complexo não só porque envolve um estudo que permeia diversos campos da Ciência Jurídica (Teoria Geral do Direito, Direito Tributário, Direito Constitucional, Direito Processual Civil, Direito Administrativo), mas também porque pressupõe um adequado e coerente entrelaçamento de distintos institutos e preceitos normativos. Complexo, também, à medida que um enfoque comprometido com esse tema pressupõe uma análise que parta da abstração normativa dos valores e enunciados constitucionais e atinja a periferia na qual o direito tributário existe enquanto realidade pulsante e viva.

A importância crucial do tema, por sua vez, decorre do papel que a segurança jurídica e o controle da constitucionalidade desempenham no crescimento de um país. A convivência harmônica dessas variáveis é fundamental à identificação de um sistema jurídico capaz de estimular o desenvolvimento nacional e atender aos fundamentos e finalidades desenhados na Carta Maior pelo legislador constituinte originário (arts. 1[08] e 3[09]).

Dentro desse contexto, o presente estudo terá como ponto de partida a investigação das espécies normativas. Este início tem por escopo revisar as concepções doutrinárias mais relevantes sobre o tema, dispensando especial atenção às características que, identificadas pelo aplicador em determinado enunciado normativo, permitem a superação de antinomias aparentes, através da utilização da técnica mais adequada à composição do conflito normativo.

A segunda parte do presente estudo aborda a constituição das relações jurídicas entre o fisco e o contribuinte, a saber: a relação de crédito tributário e a relação de indébito tributário. A análise do fluxo das decisões produzidas ao longo dos ciclos normativos responsáveis pela criação, modificação e extinção dessas relações permite a perfeita identificação dos efeitos sobre elas exercidos pelas decisões proferidas na jurisdição tributária.

Posteriormente, será dispensada especial atenção às balizas constitucionais e infraconstitucionais que, em direito

---

8. Art. 1º A República Federativa do Brasil, formada pela união indissolúvel dos Estados e Municípios e do Distrito Federal, constitui-se em Estado Democrático de Direito e tem como fundamentos:
I - a soberania;
II - a cidadania;
III - a dignidade da pessoa humana;
IV - os valores sociais do trabalho e da livre-iniciativa;
V - o pluralismo político.

9. Art. 3º Constituem objetivos fundamentais da República Federativa do Brasil:
I - construir uma sociedade livre, justa e solidária;
II - garantir o desenvolvimento nacional;
III - erradicar a pobreza e a marginalização e reduzir as desigualdades sociais e regionais;
IV - promover o bem de todos, sem preconceitos de origem, raça, sexo, cor, idade e quaisquer outras formas de discriminação.

tributário, definem a extensão das decisões proferidas no exercício da jurisdição constitucional.

A abordagem segue com a análise da figura dos precedentes, recentemente incorporada ao direito brasileiro, e dos efeitos deflagrados pelos diversos instrumentos que compõem nosso sistema misto de controle de constitucionalidade.

Por fim, o livro analisa a conformação da jurisdição constitucional tributária com o tempo, conciliando a segurança jurídica com a isonomia e a livre-concorrência. Durante o percurso do presente trabalho serão apontadas saídas concretas para os diversos problemas e impasses surgidos no dia a dia da realidade operacional.

1. NORMA JURÍDICA, REGRA E PRINCÍPIOS

1.1 Palavras iniciais

O ordenamento jurídico é composto por regras que, de modo direto ou indireto, podem ser associadas a diversos valores identificados, na Constituição, pelo intérprete. Essas regras, embora adotem, no plano lógico, a mesma estrutura hipotético-condicional, apresentam características notadamente distintas no que diz respeito ao conteúdo e ao campo de abrangência. O ordenamento contém regras que possuem maior objetividade e menor vagueza; regras que carregam profunda carga axiológica; regras que fixam políticas e finalidades norteadoras para os aplicadores do direito ("*policies*", conforme definição de Dworkin); regras que asseguram garantias dos administrados e dos contribuintes perante o legislador e os órgãos de execução desses comandos.

Dentro dessa variedade de regras, o conflito de interesses e as distintas visões do ordenamento jurídico antagonizam, por vezes, os contribuintes e a fazenda pública, atraindo a intervenção do Poder Judiciário, como o órgão detentor do monopólio jurisdicional, para elidir o conflito. As controvérsias nascem de interpretações atribuídas pelas partes a determinados enunciados prescritivos, que apontam para diferentes esquemas de agir. Essa é a razão pela qual o estudo dos adequados critérios de superação desses conflitos passa pela análise das características das regras colocadas em choque, o que leva à conhecida distinção entre regras e princípios. Cada uma dessas espécies apresenta, segundo a doutrina, características próprias, que autorizam a utilização de diferentes métodos para a superação de conflitos.

A discussão sobre as variações classificatórias decorrentes dessa diferenciação – se a presença dessas características normativas singulares é suficiente para o reconhecimento dos princípios enquanto instituto normativo autônomo ou se deve ser encarada como variação qualitativa das características presentes em todas as regras – configura tema de menor importância, seja porque encerra mero expediente classificatório, seja porque o ponto crucial é constatar e reconhecer as nuanças existentes entre os enunciados prescritivos comumente designados como "princípios" e aqueles chamados de "regras".

Desse modo, a revisão doutrinária a respeito do tema, salientando as respectivas diferenças, torna-se não apenas recomendável como necessária, uma vez que, no desenvolvimento do presente estudo, deverão ser superados conflitos existentes entre diversas normas postas em jogo. Tal superação deve ser instrumentalizada pelo critério interpretativo compatível com as características das normas que fundamentam as diferentes posições responsáveis pelo conflito. É pensamento dogmático dominante que a identificação de um determinado enunciado normativo como regra ou princípio condicionará o fundamento utilizado pelo operador do direito na sua atividade de aplicação, através da adoção do discrímen interpretativo com ele compatível. Além disso, o estudo dessas particularidades fornecerá critérios de grande utilidade para os capítulos posteriores, nos quais serão analisadas as consequências da declaração de inconstitucionalidade na relação jurídica tributária, desde seu nascimento até seu ocaso.

1.2 Classificação das normas (gênero) em regras e princípios (espécies)

O direito, elaborado pelo homem, visa ao controle das condutas sociais, canalizadas em direção a certos valores que a sociedade considera relevantes.[10] Enquanto mecanismo destinado a coordenar relações intersubjetivas, o direito é instrumentalizado pela linguagem utilizada na função prescritiva, própria dos comandos. Como instrumento responsável pela materialização das condutas desejáveis,[11] ele utiliza-se de enunciados denominados *regras jurídicas*.

Esquematicamente, a regra pode ser formalizada do seguinte modo: D (A→B).[12] No antecedente, portanto, encontra-se a descrição de um evento e, no consequente, uma relação jurídica, através da qual um sujeito vê-se obrigado, permitido ou proibido em face de outro D[f → (S'RS")]. O antecedente (f), desprovido de functor deôntico, é descritivo e não possui valor veritativo. Isso significa que a hipótese da proposição normativa tem um "valer" específico: a validade jurídica foi posta consoante as regras previstas no sistema e consoante a norma que lhe serve de fundamento de validade. A tese (consequência jurídica) é prescritiva. Articulada por um functor deôntico modalizado (obrigatório, permitido ou proibido) que estabelece uma relação jurídica entre dois sujeitos distintos (S'RS"), a tese liga-se à hipótese por uma implicação (→), definida por um functor deôntico interproposicional, não

---

10. CARVALHO, Paulo de Barros. Enunciados, normas e valores jurídicos. *Revista de Direito Tributário*, São Paulo, n 69, 1995. p. 46.

11. Um corte vertical desse tema desnuda sua complexidade. Como bem aponta João Maurício Adeodato, "as regras não garantem efetivamente o futuro, apenas parecem fazê-lo: uma infinidade de fatores externos ao próprio procedimento jurídico poderá ter influência decisiva em seu resultado, mas é certo que algum direito haverá. Essa predisposição para aceitar resultados é o que Niklas Luhmann vai chamar de legitimação do direito" (ADEODATO, João Maurício. *Uma teoria retórica da norma jurídica e do direito subjetivo*. São Paulo: Noeses, 2014, p. 196).

12. "A" equivale a uma situação normativamente retratada; "B" diz respeito à previsão de uma relação jurídica que mantém nexo de causalidade com essa situação.

modalizado (D).[13] Exemplificando: o ato de auferir renda (descritor) configura pressuposto lógico à relação jurídica pela qual a fazenda nacional tem o direito subjetivo de exigir do contribuinte o pagamento do valor por este devido a título de Imposto sobre a Renda (prescritor).

A distinção das normas (gênero) em regras e princípios (espécies) conquistou ainda maior espaço do meio acadêmico após a crítica alinhada por Ronald M. Dworkin[14] ao modelo de Herbert Lionel Adolphus Hart (H. L. A. Hart). Segundo Dworkin, o conceito de regra adotado por Hart não permite enxergar o vastíssimo mundo dos princípios. Para o autor, como espécies normativas autônomas e distintas das regras, os princípios não exigem um comportamento específico, mas fixam metas ou pautas de segundo nível, que indicam como se devem entender e aplicar as regras em geral (como o princípio de que ninguém pode se beneficiar da sua transgressão), representando outra dimensão da moral positivada. Desse modo, o professor da "*Chair of Jurisprudence*" em Oxford, anteriormente ocupada por Hart, esclarece que os princípios não são aplicados da maneira do tudo-ou-nada, como as regras, pois possuem a dimensão do peso. Embora, em geral, não indiquem a direção do mesmo modo que as regras, devem guiar os juízes nas suas decisões:

> A diferença entre princípios jurídicos e regras jurídicas é uma distinção lógica. Ambos os conjuntos de padrões apontam para decisões específicas a respeito da obrigação jurídica em circunstâncias particulares, mas eles diferem quanto ao caráter da obrigação que oferecem. As regras são aplicáveis à maneira do tudo-ou-nada. Se os fatos que uma regra estipula são dados, então ou a regra é válida, caso em que a resposta deve ser aceita, ou não é válida, caso em que não contribui em nada para a decisão.

---

13. A propósito, *vide* VILANOVA, Lourival. *As estruturas lógicas e o sistema do direito positivo*. São Paulo: Max Limonad, 1997. cap. 4.

14. O texto original ("The Model of Rules") foi publicado na *Chicago Law Review*, n. 35, pp. 14-46, 1967. O mesmo texto compõe o capítulo 2 de DWORKIN, Ronald. *Levando os direitos a sério*. Trad. de Nelson Boeira. São Paulo: Martins Fontes, 2002.

> O caráter de tudo-ou-nada é percebido mais claramente se olharmos como as regras operam, não no direito, mas em um jogo, por exemplo. No beisebol, uma regra estipula que, se o rebatedor não rebate a bola por três vezes, ele está fora. Uma autoridade não pode reconhecer com coerência que essa é uma formulação precisa de uma regra de beisebol e decidir que o batedor que perdeu três bolas não está fora. Naturalmente, uma regra pode ter exceções (o batedor que perdeu três bolas não está fora se o apanhador deixa de agarrar a terceira). Contudo, uma formulação precisa da regra levaria em conta essa exceção e qualquer uma que não a fizesse seria incompleta.[15]

Os princípios, para Dworkin, são razões que apontam numa determinada direção, mas não tornam necessária uma decisão. Não têm aplicação absoluta, como as regras, mas uma aplicação ponderada, que considerará o peso de todos os princípios colocados em questão, em cada caso específico.

Os diversos critérios habitualmente utilizados pela doutrina para diferenciação entre princípios e regras foram muito bem sintetizados por Riccardo Guastini.[16] Segundo o Professor da Faculdade de Direito de Gênova, a distinção pode ser traçada a partir dos seguintes discrímens:

i) *densidade com que são formulados*: os princípios se distinguem das regras por serem formulados em linguagem extremamente fluída, vaga e indeterminada;

ii) *conteúdo normativo*: esse critério apresenta duas variáveis: ii.1) os princípios possuem uma generalidade maior do que as regras; ii.2) os princípios não estão direcionados a comportamentos concretamente individualizados, ao contrário das regras;

---

15. DWORKIN, Ronald. Taking Rights Seriously (edição revista, 1978), pp. 24-25 apud ALEXANDER, Larry; KRESS, Kenneth. Contra os princípios jurídicos. *In:* MARMOR, Andrei (Ed.). *Direito e interpretação: ensaios de filosofia do direito*. Trad. de Luís Carlos Borges. São Paulo: Martins Fontes, 2004, pp. 424-425.

16. GUASTINI, Riccardo. *Distinguiendo:* estudios de teoría y metateoría del derecho. Barcelona: Gedisa, 1999, pp. 145-146.

iii) *estrutura lógica*: os princípios não podem ser reduzidos à forma *standard* das normas, visto que, em geral, ou estão privados de um descritor, ou são dotados de um descritor aberto;

iv) *posição ocupada no ordenamento jurídico*: os princípios, ao exercerem o papel de fundamentação valorativa de outras normas, são normas que funcionam como fundamentos do ordenamento jurídico, caracterizando sua identidade axiológica, de sorte que, uma vez alterados, se abandona o vigente e é instaurado um novo ordenamento jurídico;

v) *utilização no raciocínio jurídico e subsunção:* os princípios são utilizados na interpretação das demais normas do sistema, as quais com eles devem ser coerentes. Além disso, a aplicação dos princípios não poderia decorrer de um processo de subsunção, sendo que um eventual conflito entre princípios seria resolvido pela técnica da ponderação.

A partir das características acima apontadas, entende-se que os enunciados normativos denominados pela doutrina como princípios podem ser inicialmente identificados como normas dificilmente dotadas de roupagem hipotético-condicional que preencha toda a moldura sintático-normativa (p→q). Essa é a razão pela qual a formulação dos princípios é, em geral, categórica,[17] proclamando uma finalidade, uma garantia ou um valor a perseguir.[18] Não estabelecem obrigações

17. Essa distinção remete a Kant, para quem existem imperativos categóricos e imperativos hipotéticos. Os imperativos categóricos prescrevem uma conduta boa em si mesma, de forma incondicional. Os imperativos hipotéticos, de sua vez, prescrevem uma ação para o alcance de um fim (se "a", então "b"). Assim, segundo Norberto Bobbio, norma categórica é aquela que estabelece uma determinada ação que deve ser cumprida, ao passo que uma norma hipotética é aquela que estabelece que uma determinada ação deve ser cumprida quando se verifica uma certa condição (BOBBIO, Norberto. *Teoria da norma jurídica*. 2. ed. Bauru, SP: Edipro, 2003, p. 187).

18. Dworkin diferencia os princípios das *policies* (políticas). Enquanto o princípio está ligado a garantias historicamente relacionadas com um padrão de justiça (devido processo

absolutas, mas obrigações *prima facie*, que podem ser superadas por obra de outros princípios.[19] Na condição de normas abertas, despidas de estrutura sintática normativa implicacional completa, os princípios exigem participação muito maior do intérprete na construção do significado ou, como salienta Luis Prieto Sanchís, os princípios representam o fortalecimento da posição do intérprete.[20]

Os apontamentos acima alinhados vão ao encontro das distinções traçadas por Alexy.[21] Esse jurista entende que os princípios se diferenciam das regras por serem comandos de otimização, que podem ser cumpridos em diferentes graus. O jurista alemão aponta os três critérios sobre os quais constrói sua teoria acerca da normatividade dos princípios e sua distinção destes para com as regras:

i) *mandamento*: os princípios podem ser cumpridos em diferentes graus de intensidade, dependendo das possibilidades fáticas e jurídicas existentes (outros princípios que jogam em sentido contrário). Isoladamente, as regras, sendo válidas, só podem ser cumpridas ou descumpridas;

ii) *colisão*: um conflito entre regras somente será resolvido através de uma regra de exceção, a menos que uma das conflitantes seja considerada inválida. Já o conflito existente entre os princípios é resolvido por uma relação de precedência entre os princípios relevantes, condicionada às circunstâncias do caso concreto. Entre os princípios de um sistema não existem

---

legal, equidade, Judiciário independente), as políticas estão ligadas a objetivos sociais e/ou econômicos que devem ser alcançados, denotando evidente caráter teleológico.

19. GUASTINI, Riccardo, *op.cit.*, pp. 149-151.

20. SANCHÍS, Luis Prieto. *Ley, principios, derechos*. Madrid: Instituto Derechos Humanos Bartolomé, 1998.

21. ALEXY, Robert. *Tres escritos sobre los derechos fundamentales y la teoría de los principios*. Trad. de Carlos Bernal Pulido. Bogotá: Universidad Externado de Colombia, 2003, pp. 93-137.

relações absolutas de precedência, mas, apenas, precedência relativa de um princípio em detrimento de outro, construídas a partir de um caso concreto;

iii) *ponderação*: a teoria dos princípios implica a teoria da proporcionalidade, e esta implica aquela. Assim, a aplicação dos princípios deverá observar a idoneidade,[22] a necessidade[23] e a proporcionalidade em sentido estrito.[24] As condições, num caso concreto, em função das quais um princípio precede o outro, constituem o antecedente (p) de uma implicação lógica (p→q), cuja consequência será a aplicação do princípio precedente, em detrimento do outro, afastado. Segundo Sanchís,[25] a ponderação não aparece apenas quando estamos em presença de um conflito explícito entre princípios ou direitos, mas pode-se recorrer a ela sempre que o resultado da aplicação da regra pareça insatisfatório ou injusto ao intérprete.

Genaro Carrió,[26] em brilhante artigo, realiza analogia de regras e princípios com, respectivamente, as "regras do futebol" (falta, por exemplo) e os "princípios do futebol", como a lei da vantagem. A última funcionaria como regra de exceção, determinando que o juiz não marcasse a falta quando trouxesse vantagem ao infrator e desvantagem à vítima. O raciocínio

22. "Si se adopta una medida *M*, que representa una intervención en la libertad de profesión y oficio (P), para favorecer a la protección a los consumidores (P2), pero ella no és idonea para ello, entonces pude omitirse M sin originar costos para la protección de los consumidores (p2). La optimización de P y P2 exige entonces que no se adopte M" (ALEXY, Robert, *op. cit.*, pp.102).

23. Uma determinada restrição decorrente da aplicação de um princípio não deve ser aplicada se existe outra medida alternativa menos interventiva, que tutele do mesmo modo o interesse protegido.

24. A ponderação resulta indispensável quando o cumprimento de um princípio implica o descumprimento do outro. Quanto maior for o grau de descumprimento de um princípio, maior deverá ser o grau de cumprimento do outro.

25. SANCHÍS, Luis Prieto, *op.cit.*, p. 63.

26. CARRIÓ, Genaro. *Notas sobre derecho y lenguaje*. 4. ed. Buenos Aires: Abeledo--Perrot, 1990 pp. 197-233.

é equivalente ao precedente Riggs vs. Palmer,[27] referido por Dworkin, ao defender a autonomia dos princípios e a insuficiência do modelo sustentado por Hart.

Analisando a crítica de Dworkin ao modelo desenvolvido por Hart, Carrió afirma que não existe a pretendida diferença lógica entre regras e princípios, uma vez que os próprios enunciados identificados dogmaticamente como regras não são, sempre, aplicados na dimensão do tudo ou nada. Assim, a palavra "regra" compreende não apenas comandos específicos (como "proibido ultrapassar a velocidade de 80 quilômetros horários"), mas também determinações mediatas (como a de que ninguém pode beneficiar-se de uma transgressão) dirigidas ao aplicador do direito.

A confusão e a divergência classificatórias da norma jurídica decorrem do grande número de critérios utilizados para classificar determinado enunciado como princípio. Porém, mais importante do que enquadrar determinada norma como princípio ou regra é entender as suas características para, a partir delas, adotar um critério interpretativo coerente com a espécie normativa identificada.

Nesse sentido, há de ser referida a indispensável colaboração trazida ao tema por Frederick Schauer,[28] para quem os princípios não existem enquanto espécie normativa, embora essa expressão sirva para assinalar importantes distinções no que tange às características identificadas nas normas jurídicas, quais sejam *especificidade*, *canonicidade* e *peso*.

Especificidade (*specificity*), segundo Schauer, refere-se à maior ou menor precisão ou vagueza[29] de uma prescrição.

27. No caso Riggs *vs.* Palmer, citado por Dworkin, o Tribunal de Nova Iorque, entendendo que "ninguém pode beneficiar-se de sua própria torpeza", decidiu que, em detrimento da determinação isolada da regra testamentária, o neto não poderia receber a herança do avô pelo torpe fato de tê-lo assassinado.

28. SCHAUER, Frederick. *Prescriptions in three dimensions*. Iowa Law Review, n. 82, pp. 911-922, 1997.

29. A vagueza está ligada tanto à incerteza quanto à aplicação de um termo a uma

Prescrições dotadas de um maior grau de especificidade trazem como vantagem, além da previsibilidade, a limitação da discricionariedade estendida aos intérpretes e aplicadores; prescrições vagas, por sua vez, sacrificam esses objetivos em face da flexibilidade e da discricionariedade conferidas ao aplicador ou intérprete.

Já a canonicidade (*canonicity*) de um enunciado diz respeito à forma prescritiva do comando e da sua vinculação, característica própria da *common law* (*binding precedents*) agora também presente no direito brasileiro a partir do novo CPC.

O peso (*weight*) de uma prescrição, por fim, está diretamente ligado à sua capacidade de prevalecer em face de outra prescrição.[30] Como conclusão, Schauer entende que não existe uma norma específica denominada "princípio". O que existe são diversas características a partir das quais as normas podem ser estruturalmente enquadradas, dentre as quais o autor ressalta as dimensões da especificidade, canonicidade e peso. Considerando o excesso de significados atribuídos ao termo "princípio", sugere, então, que a expressão deveria ser abandonada, dando lugar à análise pormenorizada de cada uma das três dimensões atribuídas às normas.

Os apontamentos até aqui referidos permitem que se atinja o final do presente capítulo com as seguintes conclusões:

i) o ordenamento jurídico é composto por uma extensa gama de enunciados, distintamente classificados a partir do critério adotado. Esses critérios partem

---

situação em concreto, tendo em vista a ausência de um critério claro para sua aplicação. Os critérios existentes não permitem decidir, na totalidade dos casos, os limites precisos da denotação de uma expressão, devendo os usuários definir se incluem ou não determinadas situações ao conjunto de situações até então denotado pela expressão. Já a ambiguidade ocorre quando um mesmo termo possui mais de um conjunto de propriedades designativas, ou seja, o mesmo significante é aplicado a campos denotativos claramente distintos. Exemplo de ambiguidade é a expressão "manga", utilizada para designar uma parte das camisas, uma fruta ou o goleiro campeão brasileiro pelo Sport Club Internacional, em 1975 (A respeito disso, *vide* WARAT, Luis Alberto. *O direito e sua linguagem*. Porto Alegre: Fabris, 1995. cap. III.).

30. Conforme o original: "*The weight of a prescription is, thus, the measure of its ability to prevail against opposing prescriptions, regardless the source of its prescriptions*".

da consideração de elementos externos (posição ocupada no ordenamento jurídico), passam pela análise sintática (estrutura lógica e existência da moldura hipotético-condicional), consideram a análise semântica (densidade com que são formulados – vagueza, ambiguidade e conteúdo axiológico) e alcançam aspectos pragmáticos, ligados à aplicação (utilização de raciocínio jurídico excludente[31] ou ponderação);

ii) as características acima referidas têm sido utilizadas para diferenciação das normas em regras e princípios. Os princípios, dotados de alto grau de indeterminação, carregam expressões representativas de valores eleitos pela sociedade, cujo conteúdo está mais sujeito às variações semânticas ligadas a cada contexto histórico e cultural. Funcionam, também, como regra de exceção, quando a aplicação do comando se configura desconforme com o objetivo atribuído pelo intérprete ao legislador racional.[32] Além

31. "Tudo-ou-nada", conforme Dworkin.

32. Conforme Tercio Sampaio Ferraz Júnior e Juliano Souza de Albuquerque Maranhão, "a figura do legislador racional fornece a base para a fundamentação da atividade de interpretação dogmática. Ao reconstruir o ordenamento, o intérprete pressupõe determinados padrões de racionalidade e postulados acerca do comportamento do legislador, que lhe organizam e permitem conceitualizar o conjunto de normas como decorrente de um sistema unitário e racional de conhecimentos e preferências. Assim, senão for possível um método que nos permita apontar um sentido correto ou verdadeiro para as normas, na linha dos autores céticos como Kelsen e Alf Ross, seria possível identificar interpretações justificadas ou não justificadas a partir de certos postulados de competência ou máximas de racionalidade retiradas da própria finalidade da atividade de legislação e de resolução de conflitos por meio do direito.
Nessa conceptualização de uma vontade unitária e racional por detrás dos textos legais, ressaltam-se, dentre seus atributos, os seguintes postulados de competência desenvolvidos pela dogmática alemã do séc. XIX: (a) o legislador não cria normas impossíveis de serem executadas, daí que não se pode imaginar que alguém realize ou deixe de realizar o mesmo ato; (b) o legislador não cria normas sem algum propósito; (c) as condutas exigidas ou permitidas nas normas são aptas a levar os sujeitos normativos à consecução dos propósitos da regulação (coerência entre fins e meios); (d) a vontade do legislador é unitária, de modo que as regras estão sistematicamente relacionadas; (e) a vontade do legislador é completa, no sentido de que soluciona todos os casos por ele reputados como relevantes; (f) o legislador é

disso, fixam políticas e regras de interpretação que devem ser adotadas pelos operadores do direito;

iii) os apontamentos alinhados por Schauer e Carrió parecem extremamente adequados. Afirmar que o ordenamento é unicamente composto por regras não afasta o reconhecimento de que muitas delas possuem alta densidade normativa e intenso conteúdo axiológico. São regras como as demais que, face a essas peculiaridades, possuem uma zona limítrofe maleável, o que lhes possibilita serem amoldadas e coexistirem com regras aparentemente contraditórias (critério da ponderação), além de exigirem um esforço interpretativo muito maior;

iv) não obstante, a designação "princípios" parece ser adequada para identificar um tipo de regra, dotada das características acima referidas, como bem apontou Schauer, sobretudo porque essa identificação exerce papel de suma importância na fundamentação utilizada pelo operador do direito na justificativa do significado por ele defendido;

v) a importância dos princípios exsurge mais como critério interpretativo que deve ser explicitado pelos operadores do direito do que como realidade normativa ontológica, em contraposição às regras. Dentro desse contexto, a colisão entre princípios há de ser dirimida através da relação de "precedência condicionada", estabelecida entre eles pelo intérprete. Tal relação equivale à

---

rigorosamente preciso e não cria normas inócuas ou redundantes" ("Função pragmática da justiça na hermenêutica jurídica: lógica do ou no direito?", parecer inédito fornecido aos alunos de Doutorado da PUC-SP, na disciplina ministrada pelo professor Tercio Sampaio Ferraz Júnior).

É uma construção dogmática que não se confunde com o legislador real, da qual decorrem dois princípios da hermenêutica dogmática: o da indelegabilidade dos pontos de partida – deve haver um sentido básico – e o da proibição do *non liqued* – não deve haver conflito sem decisão (FERRAZ JÚNIOR, *Introdução ao estudo do direito*. 3. ed. São Paulo: Atlas, 2001, p. 277).

construção, pelo aplicador, de uma hipótese normativa cujo antecedente contém as condições que, num dado contexto, determinam (no respectivo consequente) a preferência de um princípio em detrimento de outro. No mesmo sentido, deve também ser esclarecido que não há, segundo Alexy, nos ordenamentos modernos, proibição alguma de inserção de novas cláusulas de exceção em regras, com base em princípios. Assim, novamente, se verifica sua importância ao afastar comandos diretos e precisos advindos das regras, cuja aplicação, nessa perspectiva, será compulsória desde que algum princípio não exija conduta distinta;[33]

vi) por fim, há de se ressaltar que não existem regras e princípios ontologicamente considerados. O reconhecimento das características normativas que permitem a atribuição desse enquadramento a determinado enunciado repousa na atividade interpretativa, que possibilita, inclusive, a um mesmo enunciado ser, num determinado contexto, utilizado como regra e, noutro, identificado como princípio. Enfim, não há texto sem contexto.

1.3 Princípios e regras: distinção no processo interpretativo

A distinção entre regras e princípios pressupõe o exercício da atividade intelectiva do intérprete, pois é no plano dos significados que nascem as normas jurídicas construídas pelo aplicador.

Nas palavras do Professor Paulo de Barros Carvalho,[34] não só a identificação de um enunciado como princípio cons-

---

33. ALEXY, R. *Rechtsregeln und Rechtsprinzipien. In:* MACCORMICKS, N.; PANOU, S.; VALLAURI, L.L. (Hrsg). *Geltungns und Erkenntnisbedingungen im modernen Rechtsdenken.* Stuttgart, 1985. pp. 13-29. Apud LEIVAS, Gilberto Cogo. *O Modelo Combinado de Regras e Princípios em Ronald Dworkin e Robert Alexy.* Revista Processo e Constituição: Cadernos Galeno Lacerda de Estudos de Direito Processual Constitucional, n. 2, Porto Alegre, Faculdade de Direito, URFGS, 2005, Quadrimestral, p. 221.

34. Analisados a partir do triângulo semiótico, os enunciados linguísticos prescritivos, materializados no texto normativo, são considerados o *representamen*; sua

titui uma decisão inteiramente subjetiva, como também, no que concerne ao conjunto de princípios existentes num dado sistema, a distribuição ocorre em função da estrutura axiológica daquele que o interpreta. Isso ocorre porque a norma jurídica é construída a partir de um processo cognitivo que deve percorrer os campos sintático, semântico e pragmático.

No processo de construção mental implementado pelo intérprete, norma jurídica e texto normativo constituem planos manifestamente distintos. Aquela é o final; este, o início – alfa e ômega no processo interpretativo. As normas jurídicas podem ser definidas como a síntese do sistema, aplicada a um caso individual. Elas dizem respeito à síntese interpretativa realizada pelo intérprete ou aplicador, a partir dos diversos textos normativos analisados e reputados pertinentes a determinada situação considerada.

Deve ficar claro, portanto, que a norma jurídica tributária – juízo hipotético que a percepção do texto provoca no plano do nosso consciente[35] – é o resultado de uma operação mental que acompanha o processo de aplicação do direito no seu progredir de um escalão superior para um inferior.[36] A existência de um enunciado normativo soluciona o problema no plano sintático, deixando em aberto o alcance semântico que lhe será conferido pelo intérprete, seja ele autêntico", na acepção kelseniana (Poder Judiciário), seja ele um indivíduo na busca de um sentido ao comando analisado.

A importância do processo interpretativo na definição da espécie normativa e de seu conteúdo é inquestionável,

---

significação, o *objeto*, cujo alcance semântico fixa o critério conotativo que pautará todas as possibilidades futuras de subsunção; o *interpretante* equivale ao *significado*, construção mental implementada pelo intérprete, diante de uma singularidade denotativa. (cf. CARVALHO, Paulo de Barros. O princípio da segurança jurídica em matéria tributária. *Revista de Direito Tributário,* São Paulo, n. 61, pp. 75-90, 1994).

35. CARVALHO, Paulo de Barros. O direito positivo como sistema homogêneo de enunciados deônticos. *Revista de Direito Tributário,* São Paulo, n. 45, jul./set. 1988, p. 35.

36. KELSEN, Hans. *Teoria pura do direito.* Trad. de João Baptista Machado. 2. ed. São Paulo: Martins Fontes, 1987, p. 363.

podendo, como já referido, um mesmo enunciado ser utilizado como regra e como princípio, em contextos normativos e fáticos distintos. A definição encontra-se no plano do significado e está dentro da esfera de atuação do operador do direito ou seu intérprete, como bem aponta Luis Prieto Sanchís:

> *Finalmente, en términos interpretativos la diferencia es también clara: el conflicto entre reglas se resolve de modo distinto a como se resuelve el conflicto entre principios. Pero nótese que aquí se viene a defender la existencia de una separación al precio de reconocer que no existe diferencia alguna antes del proceso interpretativo, más en concreto, antes del conflicto entre normas. Pues, en efecto, recuérdese que un enunciado normativo pude operar bien como regla, bien como principio, con lo cual la distinción se traslada de la estructura de la norma a las técnicas de interpretación y justificación.*[37]

Assim, saber se um enunciado deve ser encarado como regra ou como princípio depende do processo interpretativo no qual deverão ser verificadas não apenas as significações possíveis no círculo hermenêutico existente, mas também a mais adequada ao contexto no qual o enunciado será aplicado.

Mesmo assim, a certificação sintático-semântica de um princípio dentro de um determinado ordenamento não garante seu seguro reconhecimento, pois a linguagem não pode prescindir de sua porção pragmática. De nada adiantam direitos e garantias individuais inscritos na Carta Maior, se os órgãos aos quais compete efetivá-los não reafirmarem o alcance sintático-semântico inicialmente estabelecido.

É preciso considerar que, se a agressão a determinado enunciado, inicialmente identificado como princípio, prosperar – surtindo efeitos que se consolidam na esfera jurídica e que são absorvidos e chancelados pelo Judiciário –, ocorrerá uma alteração do significado inicialmente a ele atribuído dentro da comunidade jurídica, revelando a importância do campo pragmático na fixação do conteúdo deôntico normativo.[38]

---

37. SANCHÍS, Luis Prieto, *op.cit.*, p. 60.

38. CARVALHO, Paulo de Barros, 1994, *op.cit.*, pp. 89-90.

Assim, se, como bem aponta Hart,[39] a textura aberta das normas deixa aos tribunais um inquestionável poder de criação de direito, esse poder é potencializado quando estão em jogo normas identificadas por ele como princípios, dotadas de alta indeterminação e densidade normativa, que autorizam a aplicação da técnica de ponderação, afastando a aplicação de outro princípio ou, até mesmo, excepcionando uma regra. Ocorre que essa prerrogativa estendida ao aplicador do direito não é discricionária, nem permite arbitrariedades, pois considera o sentido a ela atribuído pela sociedade – ou grande parte dela. Daí, a necessidade de fundamentação expressa da decisão judicial, justificando a utilização do critério da ponderação a partir das características normativas identificadas, como bem refere Luis Prieto Sanchís:

> *En la aplicación de principios, o sea, en la aplicación de cualquier norma bajo la técnica de los principios el juez asume un papel mucho más protagonista o creativo que en la aplicación de las reglas, según presentaba esta última doctrina tradicional, y de ahí la imperiosa necesidad de justificación, pues el ejercicio de ese poder, como dice Taruffo, solo es aceptable si el juez proporciona una justificación racional de las opciones adoptadas.*[40]

Como se observa, a referência expressa às características consideradas relevantes nas espécies normativas analisadas pelo órgão judicial constitui requisito que condiciona a validade do próprio ato (CF, art. 93, IX[41] e art. 489, § 2º, do CPC[42]),

---

39. HART, H. L. A. *O conceito de direito*. Trad. de A. Ribeiro Mendes. Lisboa: Fundação Calouste Gulbenkian, 2007, p. 158.

40. SANCHÍS, Luis Prieto. *Ley, principios, derechos*. Madrid: Instituto Derechos Humanos Bartolomé, 1998, p. 65.

41. IX - todos os julgamentos dos órgãos do Poder Judiciário serão públicos, e fundamentadas todas as decisões, sob pena de nulidade, podendo a lei limitar a presença, em determinados atos, às próprias partes e a seus advogados, ou somente a estes, em casos nos quais a preservação do direito à intimidade do interessado no sigilo não prejudique o interesse público à informação;

42. § 2º No caso de colisão entre normas, o juiz deve justificar o objeto e os critérios gerais da ponderação efetuada, enunciando as razões que autorizam a interferência na norma afastada e as premissas fáticas que fundamentam a conclusão.

sempre que se estiver diante de um conflito normativo. A identificação da espécie normativa indicará a adequação do critério interpretativo utilização para sua superação da antinomia entre as normas em disputa.

1.4 Normas e regras no fluxo de positivação do direito: da abstração à concretude

Classificação dogmática de grande utilidade ao presente estudo é a que considera as normas jurídicas a partir de critérios que levam em conta a generalidade de sujeitos por elas atingidos e a abstração da circunstância descrita nos antecedentes normativos.[43] A norma é geral se apanhar uma classe de sujeitos (qualquer um que atenda ao critério conotativo fixado). O atributo "generalidade" opõe-se à individualização, que sucede toda vez que a norma se volta para sujeitos certos e determinados.[44] Enfim, como bem define Paulo de Barros Carvalho, costuma-se referir à generalidade e à individualidade da norma ao quadro dos seus destinatários: geral (aquela que se dirige a um conjunto de sujeitos indeterminados quanto ao número) ou individual (a que se volta a certo indivíduo ou grupo identificado de pessoas).[45]

Uma norma tem um caráter individual se uma conduta única é individualmente obrigada – como o exemplo referido por Kelsen: a decisão judicial de que o ladrão Schulze deve ser posto na cadeia por um ano. Terá, por sua vez, caráter geral a norma que se dirige a sujeitos indeterminados, como a que prescreve que todos os ladrões devem ser condenados

---

43. A respeito, *vide* CARVALHO, Aurora Tomazini de. *Curso de teoria geral do direito:* o construtivismo lógico-semântico. São Paulo: Noeses, 2009, p. 340 e segs.

44. MELLO, Celso Antônio Bandeira de. *Conteúdo jurídico do princípio da igualdade*. 3. ed. 14. tir. São Paulo: Malheiros, 2006, p. 26.

45. CARVALHO, Paulo de Barros. *Direito tributário:* fundamentos jurídicos da incidência. 2. ed. São Paulo: Saraiva, 1999, p. 33.

à prisão.[46] Essa é também a posição de Tercio Sampaio Ferraz Júnior, para quem é individual a norma contratual que discipline o acordo de vontade entre as partes. Nesse caso, embora múltiplo, o destinatário é plenamente identificado pela norma consensualmente construída.[47]

Norma abstrata é aquela que supõe situação reproduzível, ou seja, ação-tipo, como diz Norberto Bobbio.[48] Seu contraponto é a norma concreta, que corresponde a uma situação única, prevista para só uma ocorrência. Abstração e concretude, portanto, dizem respeito ao modo como se toma o fato descrito no antecedente normativo. A tipificação de um conjunto de fatos realiza uma previsão abstrata, ao passo que a conduta especificada no espaço e no tempo dá caráter concreto ao comando jurídico normativo.[49]

Indispensável, para perfeita compreensão da questão, é a transcrição do pensamento de Bobbio, no qual se encontra amparada a distinção ora traçada:

> Assim, aconselhamos falar em normas gerais quando nos encontramos frente a normas que se dirigem a uma classe de pessoas; e em normas abstratas, quando nos encontramos frente a normas que regulam uma ação-tipo (ou uma classe de ações). Às normas gerais se contrapõem as que têm por destinatário um indivíduo singular, e sugerimos chamá-las de normas concretas.[50]

A hipótese normativa tributária é uma norma jurídica geral e abstrata. É geral, porque seu prescritor fixa apenas o critério conotativo,[51] segundo o qual é possível identificar uma

46. KELSEN, Hans. *Teoria geral das normas*. Trad. de José Florentino Duarte. Porto Alegre: Fabris, 1996, p. 10.

47. FERRAZ JÚNIOR, Tercio Sampaio, 2001, *op.cit.*, p. 122.

48. BOBBIO, Norberto. *Teoria da norma jurídica*. 2. ed. Bauru, SP: Edipro, 2003, p. 181.

49. CARVALHO, Paulo de Barros, 1996, *op.cit.*, p. 33.

50. BOBBIO, Norberto, *op.cit.*, p. 181.

51. "O critério conotativo é também conhecido como designativo. A designação pode ser caracterizada como o conjunto de propriedades, a partir do qual é possível

classe de sujeitos determináveis que poderão, futuramente, integrar o polo passivo de uma relação jurídica tributária;[52] é abstrata, uma vez que inexiste a singularização de situação específica qualquer, circunstância facilmente evidenciada quando se constata que a norma se dirige ao futuro.

Já o lançamento tributário, por sua vez, constitui uma norma individual e concreta. É individual porque seu prescritor normativo contém uma relação jurídica entre dois sujeitos determinados e identificados, a qual deve denotar as características reclamadas pelo critério conotativo;[53] é concreta porque a situação contida no descritor normativo revela um evento singular.[54]

As normas gerais e abstratas não têm condições de atuar em um caso materialmente definido, pois desencadeiam uma continuidade de regras que progridem para atingir o caso especificado.[55] No consequente das normas individuais e concretas, encontra-se o enlace jurídico específico e determinado entre sujeito ativo e sujeito passivo, a partir do qual a obrigação passa a integrar o sistema prescritivo, enquanto realidade linguística socialmente relevante, conforme ensina Paulo de Barros Carvalho, com a simplicidade e a profundidade próprias dos grandes juristas:

---

estabelecer quando um termo pode ser aplicado a uma classe de elementos. Quando empregamos palavras de classe, estamos agrupando várias coisas ou elementos sob um mesmo rótulo, a partir de certas características que lhes são comuns. Definir designativamente é formular um critério sobre as propriedades que permitem construir uma classe de objetos." WARAT, Luis Alberto, *op.cit.*, p. 56.

52. Tratando-se de Imposto sobre Veículos Automotores (IPVA), por exemplo, todos os proprietários de veículos.

53. Explicando a relação entre a designação (conotação) e a denotação, Warat transcreve um exemplo interessante: "Fazer rir, trabalhar em circo, fantasiar-se constituem propriedades designativas do termo 'palhaço'. A classe de objetos à qual se pode aplicar um termo é a denominação do mesmo. Desta maneira, 'Fifi, 'Arrelia', 'Picolino' são elementos integrantes da denotação do termo 'palhaço'". WARAT, Luis Alberto, *op.cit.*, p. 55.

54. No exemplo anteriormente referido, a propriedade do veículo automotor X, em 2003, por Fulano de Tal.

55. CARVALHO, Paulo de Barros, 1999, *op.cit.*

> Desse modo, entendo que o crédito tributário só nasce com sua formalização, que é o ato de aplicação da regra-matriz de incidência. Formalizar o crédito significa verter em linguagem jurídica competente o fato e a respectiva relação tributária, objetivando o sujeito ativo, o sujeito passivo e o objeto da prestação, no bojo da norma individual e concreta. Essa é a configuração linguística hábil para constituir fatos e relações jurídicas, sendo o veículo apropriado à sua introdução no ordenamento.
>
> Cumpre assinalar que a formalização e consequente constituição do crédito tributário podem ser feitas tanto pela autoridade administrativa, por meio do lançamento (art. 142, do CTN), quanto pelo próprio contribuinte, em cumprimento a normas que prescrevem deveres instrumentais (art. 150, do CTN).[56]

Como será analisado nos capítulos seguintes, diversas são as formas chanceladas pelo ordenamento jurídico brasileiro para a constituição válida das obrigações jurídicas (crédito tributário e indébito tributário). Todas elas, independentemente do agente autorizado, funcionam como veículos introdutores de obrigações, concretas e exigíveis.

56. CARVALHO, Paulo de Barros. *Direito tributário:* linguagem e método. São Paulo: Noeses, 2008, pp. 431-432.

2. CRÉDITO TRIBUTÁRIO

2.1 Nascimento da relação jurídica tributária

O crédito tributário é uma relação jurídica e deve ser compreendido como o direito subjetivo pelo qual a fazenda pública exige do sujeito passivo tributário a adoção da conduta prevista na hipótese normativa tributária, qual seja, o pagamento do tributo.[57]

O nascimento da relação jurídica tributária, para grande parte da doutrina, tem lugar com a ocorrência, no mundo fenomênico, do evento descrito na hipótese normativa tributária, como aponta José Juan Ferrero Lapatza:[58]

> Já podemos afirmar que a realização do fato imponível determina o nascimento da obrigação tributária principal. A obrigação tributária principal nasce quando tal fato se realiza. Nesse momento, segundo a terminologia usualmente aceita por nosso Direito positivo, se "devengo" o tributo. O "devengo" marca o momento em que, realizado o fato imponível, nasce a obrigação de contribuinte.

---

57. O direito subjetivo da fazenda pública pode ser efectual (aquele que nasce com ocorrência do evento previsto pela hipótese normativa tributária) ou concreto (aquele inscrito num ato de aplicação, como o lançamento tributário).

58. LAPATZA, José Juan Ferreiro. *Direito tributário:* teoria geral do tributo. Barueri: Manole; Espanha: Marcial Pons, 2007, p. 216.

Essa corrente doutrinária tem esteio nos ensinamentos de Albert Hensel, para quem o nascimento da obrigação tributária tem lugar com a ocorrência do respectivo pressuposto de fato. Assim, com a congruência entre os critérios previstos na hipótese tributária (norma geral e abstrata) e as peculiaridades fáticas de uma situação considerada, nasce a obrigação tributária, corolário da incidência automática e infalível da norma sobre o evento denominado fato imponível.

O fato imponível, nessa concepção, corresponde ao evento considerado pelo legislador como suficiente ao surgimento da obrigação jurídica. Nas palavras do saudoso professor Geraldo Ataliba,[59] o fato imponível é um fato jurígeno ao qual a lei atribui a consequência de determinar o nascimento da obrigação tributária concreta. A expressão cunhada por Ataliba seria, posteriormente, rebatizada por Paulo de Barros Carvalho. Segundo o jurista, o fato não é ainda "imponível" antes da sua ocorrência. Logo, seria semanticamente mais correto denominá-lo "fato jurídico tributário".

Em virtude do Princípio da Legalidade, reafirmado no art. 150, I, da Constituição Federal,[60] o nascimento válido da obrigação jurídica tributária está atrelado à perfeita congruência entre os referenciais normativos e as características apanhadas dos fatos. Assim, tem-se o surgimento do vínculo obrigacional a partir do evento descrito na hipótese normativa tributária com todas as suas coordenadas (critérios material, temporal, espacial, subjetivo e quantitativo).

Nesse modelo, como bem define o Luciano Amaro,[61] a relação jurídica exsurge do fato jurídico tributário e o crédito tributário decorre do lançamento.

---

59. ATALIBA, Geraldo. *Hipótese de incidência tributária.* 6. ed., 2. tiragem. São Paulo: Malheiros, 2000, p. 68.

60. Art. 150. Sem prejuízo de outras garantias asseguradas ao contribuinte, é vedado à União, aos Estados, ao Distrito Federal e aos Municípios: I - exigir ou aumentar tributo sem lei que o estabeleça; [...]

61. AMARO, Luciano da Silva. *Direito tributário brasileiro.* 3. ed. São Paulo: Sarai-

O lançamento de ofício configura ato administrativo vinculado, privativo da autoridade fiscal, previsto no art. 142 do Código Tributário Nacional.[62] Através dele, o crédito tributário é constituído, tornando-se exigível a conduta correspondente ao pagamento pelo sujeito passivo. Em face dos distintos contextos nos quais esse ato poderá ser produzido pela autoridade fiscal, entende-se que ele pode ser originário ou suplementar.[63]

O autolançamento, por sua vez, corresponde aos atos praticados pelos contribuintes, aos quais certas normas de competência que integram o ordenamento jurídico atribuem eficácia constitutiva da relação jurídica tributária, como, por exemplo, a Declaração de Contribuições e Tributos Federais (DCTF) Web. Difere do lançamento de ofício no que concerne, apenas, ao órgão produtor do ato-norma.

Sob a ótica até aqui analisada, verifica-se que grande parte da doutrina admite a desvinculação entre a obrigação e o crédito tributários, ligados a momentos lógicos distintos: o primeiro teria lugar com o fato imponível, corolário da incidência automática e infalível; o segundo seria fruto de um ato de aplicação, denominado, pela legislação brasileira, de lançamento ou autolançamento. Segundo Rubens Gomes de Souza,[64] a consequência do lançamento é a criação da obrigação

---

va, 1999, p. 318.

62. Art. 142. Compete privativamente à autoridade administrativa constituir o crédito tributário pelo lançamento, assim entendido o procedimento administrativo tendente a verificar a ocorrência do fato gerador da obrigação correspondente, determinar a matéria tributável, calcular o montante do tributo devido, identificar o sujeito passivo e, sendo caso, propor a aplicação da penalidade cabível.

63. O lançamento de ofício originário tem lugar nos tributos em que a legislação atribui à autoridade fazendária o ônus de realização do lançamento – por exemplo, IPTU e IPVA. O lançamento de ofício suplementar, ao seu turno, ocorre nos tributos originariamente sujeitos ao lançamento por homologação, nas hipóteses em que o sujeito passivo incorre em omissões ou incorreções. Essas desconformidades serão objeto de um lançamento de ofício (suplementar), realizado pelo agente fiscal com provável imposição de multa.

64. SOUZA, Rubens Gomes de. *Compêndio de legislação tributária*. 3. ed. Rio de Janeiro: Edições Financeiras, 1960, p. 83.

em sentido formal, já que a obrigação em sentido material teria surgido com a ocorrência do fato gerador.

As conclusões contidas no parágrafo anterior, contudo, não foram e não são pontos pacíficos na doutrina. A primeira formulação acerca da constituição do vínculo tributário, elaborada no início do século passado pelo professor austríaco Franz Von Myrbach-Rheinfeld, estabelecia a diferença entre a "obrigação de imposto" (*Abgabenverbindlichkeit*) e a "dívida de imposto" (*Zahlungsbefeld*). A primeira nasceria com a verificação das circunstâncias previstas em lei que conferem à entidade fiscal o direito de determinar o montante devido e o respectivo sujeito passivo. A segunda teria lugar no momento em que o aludido ato de autoridade se realiza, deflagrando a relação jurídica tributária (dívida de imposto), conforme descreve Soares Martínez.[65]

Como a maioria dos sistemas jurídico-tributários não conhecia a figura da ordem de pagamento, a teoria do professor austríaco teve de ser adaptada, substituindo-se a ordem de pagamento pelo conceito de liquidação ("lançamento", no direito português; "*accertamento*", no direito italiano; e "*Ermittlungsverfahren*", no direito alemão).

Influenciado por Myrbach-Rheinfeld, Berliri afirmou que a obrigação tributária se concretizava em duas fases: a primeira caracterizava-se pelo nascimento de um direito potestativo, como consequência do fato imponível; a segunda, pelo nascimento e desenvolvimento da obrigação tributária. As duas fases seriam interligadas pelo lançamento (ato de imposição).[66]

Utilizando a Semiótica como ferramenta e encarando o direito como fenômeno linguístico que estabelece a forma pela qual os fatos sociais ingressam no sistema comunicacional jurídico, Paulo de Barros Carvalho enfrentou as questões relativas

---

65. MARTÍNEZ, Soares. *Direito fiscal*. 10. ed. Coimbra: Almedina, 2003. cap. II.

66. BERLIRI, Antonio. *Principios de derecho tributario*. Trad. espanhola de Narciso Amorós Rica e Euzébio Gonzáles García. Madrid: Editorial de Derecho Financeiro, 1971, vol. II., pp. 89-90.

ao nascimento da obrigação jurídica tributária de modo singular. Segundo o jurista, o processo de positivação do direito compreenderia uma trajetória que parte da mais ampla generalidade e abstração e atinge níveis de individualidade e concreção através de atos de aplicação. Esse movimento ocorre porque uma ordem jurídica não se realiza sem que dos comandos gerais e abstratos sejam sacadas normas que singularizem fatos jurídicos e instituam relações jurídicas determinadas. A hipótese normativa tributária, para alcançar o inteiro teor da sua juridicidade, reivindica a edição de uma norma individual e concreta.[67]

A dinâmica dentro da qual o direito é realizado está relacionada com esse movimento intercalar que, no campo tributário, tem como referência e ponto de partida, as normas que dizem respeito às competências tributárias inscritas na Constituição Federal e, como ponto de chegada, a norma individual e concreta produzida pelo fisco ou pelo contribuinte. Nessa sucessão de normas está sempre o ser humano, realizando os atos conhecidos como fontes de produção normativa. O homem, portanto, movimentaria as estruturas do direito, sacando, para disciplinar os comportamentos intersubjetivos, normas jurídicas de maior concretude a partir de outras gerais e abstratas.[68]

Na perspectiva imediatamente abordada, a assertiva de que a incidência é automática e infalível somente no que concerne à relação implicacional existente entre descritor e prescritor da norma jurídica, de maneira a demonstrar que sua validade independe da verificação efetiva da conduta prescrita na realidade social.

Por outro lado, enquanto condição necessária ao nascimento da obrigação jurídica tributária, a incidência não é automática e infalível, como afirmou Becker. Não é o texto normativo que incide sobre o fato social. É o ser humano que, através de um ato de aplicação, constitui o fato jurídico tributário.

---

67. CARVALHO, Paulo de Barros, 1999, *op.cit.*, pp. 218-220.

68. *Ibid.*, p. 34.

Instituída a relação jurídica tributária através de uma norma individual e concreta produzida tanto pelo sujeito ativo (lançamento de ofício) como pelo sujeito passivo (autolançamento), atinge-se uma etapa do fluxo de positivação cujo alcance deflagra reflexos concretos na vida dos contribuintes (emissão de certidões, provisionamentos etc.).

Essa posição doutrinária sustentada por Paulo de Barros Carvalho – e adotada como referencial teórico no presente trabalho – atribui significativa importância aos operadores do direito, responsáveis pela constituição da relação jurídica tributária, através do respectivo ato-norma (lançamento e autolançamento). O trecho abaixo transcrito sintetiza a posição desse jurista:

> Resumimos, para deixar patente que o lançamento tributário é ato jurídico administrativo que põe no ordenamento jurídico uma norma individual e concreta: no antecedente, o relato do evento tributário, estabelecendo-se como fato; no consequente, composição no plano das objetividades, aparecendo exatamente assim para o conhecimento jurídico.

Como regra geral, a norma originária que institui a relação jurídica tributária é necessariamente instituída por um dos sujeitos que compõem o enlace obrigacional (sujeito passivo ou sujeito ativo) e jamais pelo Poder Judiciário, cuja função é sempre desconstitutiva (total ou parcialmente) do crédito tributário previamente instituído.[69]

---

69. RECURSO ESPECIAL. TRIBUTÁRIO, [...] MODIFICAÇÃO DO CRITÉRIO JURÍDICO ADOTADO PELO FISCO NO LANÇAMENTO PELO JUDICIÁRIO, PARA INCLUIR AS ATIVIDADES DA EMPRESA EM OUTRO ITEM DA LISTA DE SERVIÇOS. ERRO DE DIREITO. INADMISSIBILIDADE. ARTS. 142 E 146 DO CTN. [...] 6. No caso concreto, o que se constata é que a autoridade administrativa reconheceu o fato gerador concreto para fins de incidência do ISSQN como sendo uma locação de bens móveis, embora essa não seja a real atividade desenvolvida pela empresa, como bem captaram o Julgador Singular e o Tribunal Estadual; todavia, não cabe ao Judiciário substituir a Autoridade Fiscal, para dar outra qualificação jurídica aos fatos por ela já analisados, corrigindo, dessa forma, típico erro de direito do lançamento, pois isso afronta o princípio da legalidade, do qual o princípio da tipicidade fechada é corolário, bem como o da segurança jurídica.7. A Primeira Seção desta Corte encampou a Súmula 227/TFR, segundo a qual a mudança de critério jurídico adotado pelo Fisco não autoriza a revisão de lançamento: REsp. 1.130.545/RJ, Rel. Min. LUIZ FUX, *DJe* 22.02.2011, julgado sob o regime do art. 543-C do CPC. 8. Se a Autoridade Fiscal

Isso explica porque a anulação judicial do crédito tributário inscrito em dívida ativa devido à utilização de fundamento legal equivocado não pode ser suprida nem mesmo com a substituição da respectiva Certidão de Dívida Ativa (CDA) por outra, dotada do fundamento legal correto, conforme hipótese prevista no art. 2º, §8º, da Lei 6.830/80.[70] A relação jurídica tributária deve nascer de um ato constitutivo, praticado pelo polo ativo ou pelo polo passivo do enlace obrigacional, e respaldado num fundamento de validade aceito pelo ordenamento, sob pena de nulidade. Reconhecida a nulidade, deverá ser praticado outro ato visando à constituição válida da relação jurídica tributária (novo lançamento).[71-72]

enquadrou a atividade da recorrente como locação de bens móveis, e o STF já decidiu que sobre ela não incide ISS (Súmula Vinculante 31), mostra-se ilegal a modificação judicial desse critério jurídico, para fins de validar o lançamento efetuado. [...] (REsp 1303543/RJ, Rel. Ministro NAPOLEÃO NUNES MAIA FILHO, PRIMEIRA TURMA, julgado em 27.03.2012, *DJe* 11.04.2012).

70. Lei nº 6.830/80, art. 2º, §8º - Até a decisão de primeira instância, a Certidão de Dívida Ativa poderá ser emendada ou substituída, assegurada ao executado a devolução do prazo para embargos.

71. Nesse sentido, a jurisprudência do STJ: "A Fazenda Pública pode substituir a certidão de dívida ativa (CDA) até a prolação da sentença de embargos, quando se tratar de correção de erro material ou formal, vedada a modificação do sujeito passivo da execução" (Súmula 392 do STJ). 2. Embora seja oportunizada a correção de eventuais vícios até a decisão de primeira instância, na hipótese de o sujeito passivo do tributo ser identificado erroneamente, a consequência é a nulidade da inscrição e, por consequência, da certidão de dívida ativa que embasa a execução fiscal (art. 203 do CTN) - (AgInt no REsp 1338998/MG, Rel. Ministro GURGEL DE FARIA, PRIMEIRA TURMA, julgado em 12.12.2017, *DJe* 23.02.2018).

72. PROCESSUAL CIVIL. TRIBUTÁRIO. EMBARGOS À EXECUÇÃO FISCAL. SUBSTITUIÇÃO DA CDA. NECESSIDADE DE NOVO LANÇAMENTO. IMPOSSIBILIDADE. 1. A jurisprudência do STJ firmou entendimento de que a emenda ou substituição da CDA é admitida diante da existência de erro material ou formal, não sendo possível, entretanto, quando os vícios decorrem do próprio lançamento ou da inscrição, especialmente quando voltada à modificação do sujeito passivo do lançamento tributário (Súmula 392 do STJ). O referido entendimento já foi firmado em recurso repetitivo (art. 543-C do CPC), quando a Primeira Seção promoveu o julgamento do REsp 1.045.472/BA, relatoria do e. Min. Luiz Fux. 2. Recurso Especial não provido. (REsp 1731676/RS, Rel. Ministro HERMAN BENJAMIN, SEGUNDA TURMA, julgado em 17.04.2018, *DJe* 24.05.2018).

2.2 Desenvolvimento e extinção da relação jurídica tributária

Inserida no autolançamento, a relação jurídica tributária revela-se plenamente exigível e exequível, no caso de eventual inadimplemento. O binômio exequibilidade/inadimplemento demarca o início do prazo prescricional para cobrança do crédito tributário já constituído pelo sujeito passivo, conforme esquema a seguir:

ESQUEMA I:

AUTOLANÇAMENTO

1. ENVIO DO DOCUMENTO

⇩

2. INADIMPLÊNCIA

⇩

3. INSCRIÇÃO EM DÍVIDA ATIVA

⇩

4. AJUIZAMENTO DA EXECUÇÃO PENAL

Eventuais divergências da fiscalização atinentes ao crédito tributário constituído pelo sujeito passivo deverão ser objeto de lançamento de ofício suplementar. Esse ato, praticado pela autoridade fiscal, poderá estar calcado em discordâncias relativas a qualquer um dos elementos que compõem a hipótese normativa tributária. A divergência quanto aos elementos que integram o antecedente normativo da regra de tributação acarretará discussões acerca da existência do evento, enquanto que divergências dirigidas ao consequente normativo deflagrarão questionamentos alusivos à quantificação da obrigação e/ou à definição da sua sujeição (ativa e passiva).

Um determinado sujeito passivo, por exemplo, pode tanto ter deixado de recolher o Imposto de Serviços sobre uma garantia à assistência técnica – por entender que a obrigação só nasce quando há a prestação do serviço de assistência –, quanto não ter incluído na base de cálculo do PIS e da COFINS o valor do ICMS (nas operações de venda que realiza) – por considerar que o imposto estadual é receita do Estado e não sua. Caso a fazenda municipal discorde da primeira hipótese, constituirá crédito tributário mediante lançamento de ofício, ato que será praticado também pela Receita Federal do Brasil na segunda situação.

Constituído o crédito tributário mediante lançamento de ofício, terá início o procedimento administrativo[73] dentro do qual o sujeito passivo poderá apresentar sua defesa, exercendo o contraditório. Apresentada a impugnação, o órgão julgador proferirá decisão acolhendo e/ou afastando os argumentos alinhados. Na segunda hipótese, abre-se prazo para a interposição de recurso administrativo que, como a impugnação, suspenderá a exigibilidade do crédito tributário (CTN art. 151, III).[74]

O recurso administrativo – direito constitucional que não pode ser condicionado ao oferecimento de depósito ou garantia[75] – será apreciado pelo órgão competente e será provido. Na segunda hipótese, o crédito tributário ganhará exigibilidade, e o direito de ação poderá ser exercido[76] pelo sujeito ativo (exequibilidade), visando à cobrança judicial da dívida ativa.

---

73. A respeito dos limites da fiscalização, *vide* "Limites da fiscalização tributária e previdenciária", artigo elaborado por Pedro Anan Jr., Juliana Grandino Latorre e Thais Abreu de Azevedo Silva, em *Processo Administrativo Tributário*. São Paulo: MP Editorial, 2005, p. 407.

74. Art. 151. Suspendem a exigibilidade do crédito tributário: [...] III - as reclamações e os recursos, nos termos das leis reguladoras do processo tributário administrativo; [...]

75. RECURSO ADMINISTRATIVO - DEPÓSITO - § 2º DO ARTIGO 33 DO DECRETO Nº 70.235/72 - INCONSTITUCIONALIDADE. A garantia constitucional da ampla defesa afasta a exigência do depósito como pressuposto de admissibilidade de recurso administrativo. (STF, Plenário RE 388359, Rel. Min. Marco Aurélio, *D.J.U.* 22.06.2007).

76. Início do prazo prescricional.

ESQUEMA II: PROCEDIMENTO ADMINISTRATIVO (GENÉRICO) DE COBRANÇA

1. NOTIFICAÇÃO DO LANÇAMENTO DE OFÍCIO

Impugnação
Diligência

2. DECISÃO ADMINISTRATIVA "A"

Recurso (voluntário ou de ofício)

3. DECISÃO ADMINISTRATIVA "B"

Recurso especial[77]

4. DECISÃO ADMINISTRATIVA "C"

5. INSCRIÇÃO EM DÍVIDA ATIVA

6. AJUIZAMENTO DA EXECUÇÃO FISCAL

---

77. I. *No âmbito federal*, art. 37 do Decreto 70.235/72, abaixo transcrito:
Art. 37. O julgamento no Conselho Administrativo de Recursos Fiscais far-se-á conforme dispuser o regimento interno.
§ 1º (Revogado)
§ 2º Caberá *recurso especial* à Câmara Superior de Recursos Fiscais, no prazo de 15 (quinze) dias da ciência do acórdão ao interessado: I – (vetado) II – de decisão que der à lei tributária interpretação divergente da que lhe tenha dado outra Câmara, turma de Câmara, turma especial ou a própria Câmara Superior de Recursos Fiscais.
II. *No âmbito estadual:*
a) no Tribunal de Impostos e Taxas de São Paulo, conforme art. 114 do Decreto 54.486/2009, abaixo transcrito:
Artigo 114. Cabe recurso especial, interposto tanto pelo autuado como pela Fazenda Pública do Estado, fundado em dissídio entre a interpretação da legislação adotada pelo acórdão recorrido e a adotada em outro acórdão não reformado, proferido por qualquer das Câmaras do Tribunal de Impostos e Taxas.
b) no Tribunal Administrativo de Recursos Fiscais do Rio Grande do Sul, o recurso cabível é o extraordinário, conforme art. 63, §1º, da Lei 6.573/73, abaixo transcrito:
Art. 63. Das decisões das Câmaras proferidas com o voto de desempate de seu

A validade da relação jurídica que corresponde ao crédito tributário poderá ser objeto de questionamento judicial através de: i) ação anulatória; ii) embargos à execução; iii) exceção de pré-executividade; e iv) mandado de segurança. Da sentença proferida em cada um desses processos cabe recurso de apelação ou reexame necessário (excluindo-se apenas decisão que rejeita a exceção de pré-executividade, contra a qual caberá o recurso do agravo de instrumento, conforme estabelece o art. 1.015, parágrafo único, do CPC).

O reexame necessário será cabível nas hipóteses previstas pelo art. 496 do CPC de 2015, respeitadas as exceções inscritas nos §§ 3º e 4º desse dispositivo.[78] O recurso de apelação, por sua vez, está sujeito ao regime previsto pelos arts. 1.009 a 1.014, do CPC.

Presidente, quando o sujeito passivo ou o Defensor da Fazenda entendê-las contrárias à legislação ou à evidência dos autos, *cabe recurso extraordinário.*
§ 1º - Cabe também o recurso previsto no *caput* deste artigo, independentemente de ocorrência ou não de voto de desempate, nos casos em que a decisão recorrida der à legislação interpretação divergente da que lhe tenha dado outra Câmara ou o próprio Plenário do TARF, apontadas, pelo recorrente, nos termos do disposto no Regimento Interno do TARF, as decisões configuradoras da alegada divergência.

78. Art. 496. Está sujeita ao duplo grau de jurisdição, não produzindo efeito senão depois de confirmada pelo tribunal, a sentença: I - proferida contra a União, os Estados, o Distrito Federal, os Municípios e suas respectivas autarquias e fundações de direito público; II - que julgar procedentes, no todo ou em parte, os embargos à execução fiscal. § 1º Nos casos previstos neste artigo, não interposta a apelação no prazo legal, o juiz ordenará a remessa dos autos ao tribunal, e, se não o fizer, o presidente do respectivo tribunal avocá-los-á. § 2º Em qualquer dos casos referidos no § 1º, o tribunal julgará a remessa necessária. § 3º Não se aplica o disposto neste artigo quando a condenação ou o proveito econômico obtido na causa for de valor certo e líquido inferior a: I - 1.000 (mil) salários-mínimos para a União e as respectivas autarquias e fundações de direito público; II - 500 (quinhentos) salários-mínimos para os Estados, o Distrito Federal, as respectivas autarquias e fundações de direito público e os Municípios que constituam capitais dos Estados; III - 100 (cem) salários-mínimos para todos os demais Municípios e respectivas autarquias e fundações de direito público. § 4º Também não se aplica o disposto neste artigo quando a sentença estiver fundada em: I - súmula de tribunal superior; II - acórdão proferido pelo Supremo Tribunal Federal ou pelo Superior Tribunal de Justiça em julgamento de recursos repetitivos; III - entendimento firmado em incidente de resolução de demandas repetitivas ou de assunção de competência; IV - entendimento coincidente com orientação vinculante firmada no âmbito administrativo do próprio ente público, consolidada em manifestação, parecer ou súmula administrativa.

Quando o acórdão proferido pelos tribunais de segunda instância contrariar tratado ou lei federal (ou negar-lhes vigência), julgar válido ato de governo local contestado em face de lei federal ou der à lei federal interpretação divergente da que lhe tenha atribuído outro tribunal, poderá a parte prejudicada interpor recurso especial ao STJ,[79] Corte responsável pela uniformização da jurisprudência infraconstitucional.

Já quando a decisão proferida pelo tribunal recursal afrontar dispositivo da Constituição Federal, declarar a inconstitucionalidade de tratado ou lei federal, julgar válida lei ou ato de governo local contestado em face da Constituição Federal, ou, ainda, julgar válida lei local contestada em face de lei federal, caberá recurso extraordinário ao Supremo Tribunal Federal, demonstrada a repercussão geral da matéria veiculada no recurso. O recurso extraordinário também será cabível quando a decisão proferida pelo STJ ingressar na análise de matéria constitucional.

A ação anulatória, os embargos à execução, a exceção de pré-executividade e o mandado de segurança são meios de impugnação judicial que podem atacar a relação jurídica material estampada no título executivo extrajudicial, o procedimento de constituição do crédito tributário, bem como quaisquer irregularidades contidas no próprio título.

Os respectivos processos de positivação dessas formas de desconstituição do crédito tributário podem ser simplificados através dos esquemas reproduzidos a seguir:

79. CF/88. Art. 105. Compete ao Superior Tribunal de Justiça: [...] II - julgar, em recurso especial, as causas decididas, em única ou última instância, pelos Tribunais Regionais Federais ou pelos tribunais dos Estados, do Distrito Federal e Territórios, quando a decisão recorrida: a) contrariar tratado ou lei federal, ou negar-lhes vigência; b) julgar válido ato de governo local contestado em face de lei federal; c) der a lei federal interpretação divergente da que lhe haja atribuído outro tribunal.

ESQUEMA III:

AÇÃO ANULATÓRIA

1. AJUIZAMENTO DA AÇÃO ANULATÓRIA

2. CONTESTAÇÃO

3. RÉPLICA

4. SENTENÇA

Recurso e/ou *Reexame necessário*

5. ACÓRDÃO RECURSAL

Recurso especial *e/ou* *Recurso extraordinário*

6. ACÓRDÃO STJ 7. ACÓRDÃO STF

Recurso extraordinário

Ajuizada a execução fiscal e realizada a intimação do termo de penhora do executado, inicia-se o prazo para oposição de embargos à execução, conforme o esquema a seguir:

ESQUEMA IV:

EMBARGOS À EXECUÇÃO FISCAL

1. AJUIZAMENTO DA EXECUÇÃO FISCAL

Penhora ⇩

2. OPOSIÇÃO DE EMBARGAS

⇩

3. IMPUGNAÇÃO AOS EMBARGOS

⇩

4. MANIFESTAÇÃO SOBRE A IMPUGNAÇÃO

Produção probatória ⇩

5. SENTENÇA

Recurso e/ou ⇩ *Reexame necessário*

6. ACÓRDÃO RECURSAL

Recurso especial ⇩ *e/ou* ⇩ *Recurso extraordinário*

7. ACÓRDÃO STJ   8. ACÓRDÃO STF

Recurso extraordinário

Anteriormente, a existência de embargos opostos pelo contribuinte suspendia o processo de execução. Contudo, esse entendimento passou a ser relativizado pela jurisprudência a partir do advento da Lei 11.382/2006, a qual acrescentou ao antigo CPC o art. 739-A. Esse comando foi mantido com mínimas alterações pelo art. 919 do Novo CPC/ 2015.[80-81] Tais dispositivos estabelecem que os embargos do executado, no processo cível em geral, não serão dotados de automático efeito suspensivo, a menos que atribuído pelo juiz por requerimento da parte executada. Nesse caso, o embargante deverá demonstrar que seus fundamentos são relevantes; que o prosseguimento da execução poderá lhe causar grave dano (de difícil ou incerta reparação); que a execução está garantida por penhora, depósito ou caução suficiente.

Em maio de 2013, nos autos do Recurso Especial Repetitivo nº 1.272.827/PE (Tema nº 526), o STJ firmou a tese segundo a qual a atribuição de efeito suspensivo aos embargos do devedor, em execução fiscal, fica condicionada ao preenchimento de três requisitos: i) apresentação de garantia; ii) verificação pelo juiz da relevância da fundamentação (*fumus boni juris*); iii) perigo de dano irreparável ou de difícil reparação (*periculum in mora*).[82]

---

80. CPC/2015. Art. 919. Os embargos à execução não terão efeito suspensivo. § 1º O juiz poderá, a requerimento do embargante, atribuir efeito suspensivo aos embargos quando verificados os requisitos para a concessão da tutela provisória e desde que a execução já esteja garantida por penhora, depósito ou caução suficientes.

81. A propósito, leia-se o art. 525, § 6º, do CPC/2015: Art. 525. Transcorrido o prazo previsto no art. 523 sem o pagamento voluntário, inicia-se o prazo de 15 (quinze) dias para que o executado, independentemente de penhora ou nova intimação, apresente, nos próprios autos, sua impugnação. [...] § 6º A apresentação de impugnação não impede a prática dos atos executivos, inclusive os de expropriação, podendo o juiz, a requerimento do executado e desde que garantido o juízo com penhora, caução ou depósito suficientes, atribuir-lhe efeito suspensivo, se seus fundamentos forem relevantes e se o prosseguimento da execução for manifestamente suscetível de causar ao executado grave dano de difícil ou incerta reparação.

82. RECURSO ESPECIAL. EXECUÇÃO FISCAL. EFEITO SUSPENSIVO AOS EMBARGOS. NÃO CABIMENTO. AUSÊNCIA DOS REQUISITOS AUTORIZADORES. HIGIDEZ DA MARCHA PROCESSUAL. PRIMAZIA DO CRÉDITO PÚBLICO. PROVIMENTO.
1. A concessão de efeito suspensivo aos embargos à execução fiscal não é automática, dependendo de provimento judicial fundamentado a requerimento da parte embargante.
2. Ou seja, *não basta que a execução esteja garantida. Devem estar presentes ainda os*

Tal posicionamento do STJ,[83] mesmo após a entrada em vigor do novo CPC, ainda sofre várias críticas por parte da doutrina brasileira,[84] para a qual a regra geral não excep-

---

*juízos de relevância da argumentação (*fumus boni juris*) e perigo de dano irreparável ou de difícil reparação (periculum in mora), ambos ausentes na espécie.*
3. É que, de um lado, o próprio Tribunal de origem afirma que a argumentação trazida pela parte não se revela, de plano, capaz de debelar os títulos executivos; de outro, a simples possibilidade de penhora dos bens garantidos, sequência ordinária da marcha processual, não se mostra suficiente para paralisar a execução do crédito público, que ostenta primazia sobre o privado.
4. Entendimento que persiste após a entrada em vigor do art. 919 do CPC/2015.
5. Recurso especial provido para restabelecer a decisão do primeiro grau de jurisdição que indeferiu o recebimento dos embargos no efeito suspensivo.
(REsp 1732340/RN, Rel. Ministro OG FERNANDES, SEGUNDA TURMA, julgado em 08.05.2018, *DJe* 14.05.2018)

83. TRIBUTÁRIO. EMBARGOS À EXECUÇÃO FISCAL. APLICABILIDADE DO ART. 739-A, § 1º, DO CPC/73 ÀS EXECUÇÕES FISCAIS. EFICÁCIA VINCULATIVA DO ACÓRDÃO PROFERIDO NO RESP N. 1.272.827/PE, JULGADO SOB O RITO DO ART. 543-C, CPC/73. TEMA N. 526/STJ. AUSÊNCIA DOS REQUISITOS ENSEJADORES DO EFEITO SUSPENSIVO PRETENDIDO. REVISÃO. SÚMULA 7/STJ. RECURSO ESPECIAL NÃO CONHECIDO. I - A Primeira Seção do Superior Tribunal de Justiça, ao apreciar o Tema n. 526, nos autos do REsp repetitivo n. 1.272.827/PE de relatoria do ministro Mauro Campbell, firmou entendimento no sentido de que o art. 739-A do CPC/73 (art. 919 do CPC/2015) aplica-se às execuções fiscais e que atribuição de efeito suspensivo aos embargos do devedor "fica condicionada" ao cumprimento de três requisitos: apresentação de garantia; verificação pelo juiz da relevância da fundamentação (*fumus boni juris*) e do perigo de dano irreparável ou de difícil reparação (*periculum in mora*). II - O reexame dos requisitos do § 1º do art. 739-A do CPC/73, para fins de atribuição de efeito suspensivo aos embargos opostos à execução fiscal, demanda a incursão no conjunto fático-probatório dos autos, vedada na via especial, em razão do óbice contido no enunciado n. 7 da Súmula do STJ. Precedentes: AgRg no AREsp 529.414/RS, Segunda Turma, Rel. Ministro Mauro Campbell Marques, *DJe* de 01.09.2014 e AgRg no AREsp 419.177/MG, Segunda Turma, Rel. Ministro Og Fernandes, *DJe* de 02.12.2013. III - Agravo interno improvido. (AgInt no AREsp 1182681/SP, Rel. Ministro FRANCISCO FALCÃO, SEGUNDA TURMA, julgado em 16.08.2018, *DJe* 27.08.2018)

84. *Vide* a respeito: CUNHA, Leonardo José Carneiro da. Novas reflexões sobre os embargos à execução fiscal: desnecessidade de prévia garantia do juízo e casos de efeito suspensivo automático. *Revista Dialética de Direito Processual*, São Paulo, n. 62, maio 2008, pp. 57-60; MACHADO, Hugo de Brito. Embargos à execução fiscal: prazo para interposição e efeito suspensivo. *Revista Dialética de Direito Tributário*, São Paulo, n. 151, abr. 2008, pp. 49-58; MACHADO SEGUNDO, Hugo de Brito; MACHADO, Raquel Cavalcanti Ramos. A reforma no CPC e a suspensão da execução fiscal pela oposição dos embargos. *Revista Dialética de Direito Tributário*, São Paulo, n. 151, pp. 59-66, abr. 2008; PIRES, Luis Henrique da Costa; LIMA, Alyne Machado Silvério de. A subsistência do efeito suspensivo nos embargos à execução fiscal. *Revista Dialética de Direito Tributário*, São Paulo, n. 155, pp. 69-83, ago. 2008;

cionaria os preceitos específicos contidos no art. 16, § 1º, da LEF,[85] cumulado com o art. 151, inciso II, do CTN.[86] Seja como for, apreciados os embargos à execução, será proferida sentença – contra a qual poderá ser interposto recurso de apelação, recebido (como regra) no efeito devolutivo, nos casos de sentença que rejeita liminarmente os embargos ou que os julga improcedentes (art. 1.012, III, do CPC/2015).[87]

Além da ação anulatória e dos embargos à execução, a desconstituição do crédito tributário poderá se dar através de exceção de pré-executividade. Fruto inicial de uma construção doutrinária,[88] esse instrumento foi albergado pela hipótese contida no parágrafo único do art. 803[89] do CPC/2015.[90]

RODRIGUES, Rodrigo Dalcin. Análise da suspensão da execução fiscal sob o prisma dos fatos, da finalidade das leis, da sua aplicação razoável e da coerência do ordenamento. *Revista Dialética de Direito Tributário*, São Paulo, n. 153, pp. 77-86, jun. 2008; RODRIGUES DE AZEVEDO, Henrique Machado; MITRE, Felipe Lobato de Carvalho. A impossibilidade da chamada aplicação subsidiária do artigo 739-A do Código de Processo Civil às execuções fiscais. *Revista Dialética de Direito Tributário*, São Paulo, n. 160, pp. 35-42, jan. 2009; SANTIAGO, Igor Mauler; BREYNER, Frederico Menezes. Eficácia suspensiva dos embargos à execução fiscal em face do art. 739-A do Código de Processo Civil. *Revista Dialética de Direito Tributário*, São Paulo, n. 145, pp. 54-69, out. 2007.

85. Lei nº 6.830/80. Art. 16. O executado oferecerá embargos, no prazo de 30 (trinta) dias, contados: [...] § 1º - Não são admissíveis embargos do executado antes de garantida a execução.

86. Lei nº 5.172/66. Art. 151. Suspendem a exigibilidade do crédito tributário: [...] II - o depósito do seu montante integral; [...].

87. CPC/2015. Art. 1.012. A apelação terá efeito suspensivo. § 1º Além de outras hipóteses previstas em lei, começa a produzir efeitos imediatamente após a sua publicação a sentença que: [...] III - extingue sem resolução do mérito ou julga improcedentes os embargos do executado; [...].

88. DANTAS, Francisco Wildo Lacerda. Exceção de pré-executividade: aspectos teóricos e práticos. *Revista Dialética de Direito Tributário*, 24/21.

89. Art. 803. É nula a execução se: I - o título executivo extrajudicial não corresponder a obrigação certa, líquida e exigível; II - o executado não for regularmente citado; III - for instaurada antes de se verificar a condição ou de ocorrer o termo. *Parágrafo único.* A nulidade de que cuida este artigo será pronunciada pelo juiz, de ofício ou a requerimento da parte, independentemente de embargos à execução.

90. WANBIER, Teresa Arruda Alvim [et. al.]. *Breves comentários ao Novo Código de Processo Civil.* 2ª tiragem. São Paulo: Editora Revista dos Tribunais, 2015, p. 1860. MARINONI, Luiz Guilherme [et. al.]. *Novo Código de Processo Civil Comentado.* 3ª

Embora ainda existam discussões doutrinárias sobre a aplicação da exceção de pré-executividade nas execuções fiscais,[91] a jurisprudência já pacificada reconhece seu cabimento quanto às matérias que podem ser conhecidas de ofício e não demandam dilação probatória (Súmula do STJ nº 393).[92]

Em primeira instância, a decisão que acolhe a exceção de pré-executividade extinguindo a execução possui natureza de sentença. Logo, é recorrível por meio de apelação (art. 203, § 1º, 316, 924, I, 925 e 1.009 do CPC/2015). Por outro lado, sendo rejeitada[93] ou havendo acolhimento parcial da exceção[94] (art. 203, § 2º, e art. 1.015, parágrafo único, CPC/2015), o recurso cabível será o agravo de instrumento. O fluxo de positivação processual relativo à exceção de pré-executividade segue o seguinte esquema:

---

ed. rev., atual. São Paulo: Editora Revista dos Tribunais, 2017, p. 892.

91. MARINS, James. *Direito Processual Tributário Brasileiro. Administrativo e Judicial.* São Paulo: Revista dos Tribunais, 2018. Capítulo 12, item 6.

92. PROCESSUAL CIVIL E TRIBUTÁRIO. EXECUÇÃO FISCAL. EXCEÇÃO DE PRÉ-EXECUTIVIDADE. REEXAME DE PROVAS. IMPOSSIBILIDADE. 1. Aos recursos interpostos com fundamento no CPC/1973 (relativos a decisões publicadas até 17 de março de 2016) devem ser exigidos os requisitos de admissibilidade na forma nele prevista, com as interpretações dadas até então pela jurisprudência do Superior Tribunal de Justiça (Enunciado Administrativo n. 2/STJ). 2. "A exceção de pré-executividade é admissível na execução fiscal relativamente às matérias conhecíveis de ofício que não demandem dilação probatória" (Súmula 393/STJ). 3. Hipótese em que o Tribunal a quo decidiu que a exceção de pré-executividade não poderia ser conhecida sob o fundamento de que, na espécie, não haveria prova inequívoca das alegações. 4. Alterar as premissas adotadas no acórdão recorrido encontra óbice na Súmula 7 do STJ. 5. Agravo interno desprovido. (AgInt no AREsp 974.959/SP, Rel. Ministro GURGEL DE FARIA, PRIMEIRA TURMA, julgado em 21.06.2018, *DJe* 09.08.2018).

93. REsp. 668.775/RJ (*DJe* 15.10.2009). "1. Na hipótese dos autos, decisão que rejeita exceção de pré-executividade desafia recurso de agravo de instrumento e não agravo retido, uma vez que a execução fiscal terá normal prosseguimento, possibilitando ocasionar dano de difícil reparação. (REsp 882811/MG, Relator(a) Ministra ELIANA CALMON, *DJe* 30.06.2008)".

94. Resp. 1216627/RJ (*Dje* 12.05.2011). "2. Por outro lado, se o acolhimento da exceção implicar a extinção apenas em parte da execução, o recurso cabível é o agravo de instrumento, e não a apelação. Precedentes."

ESQUEMA V:
EXCEÇÃO DE PRÉ-EXECUTIVIDADE

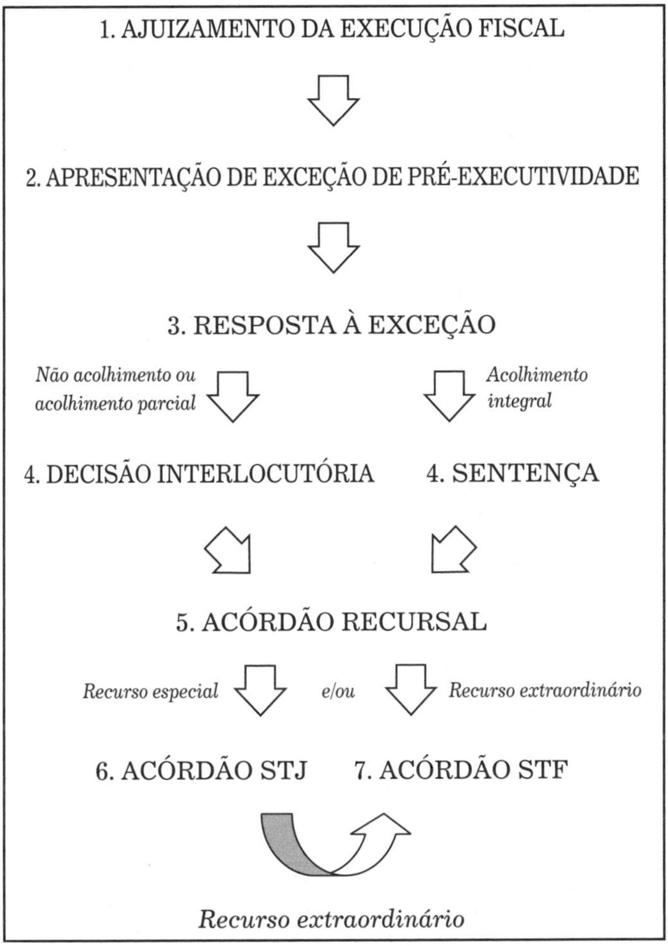

Por fim, destaca-se ainda o mandado de segurança como outra via bastante difundida para desconstituição do crédito tributário (Lei 12.016/2009). Segundo Paulo Cesar Conrado, o mandado de segurança em matéria tributária, quando impetrado após a prática do ato da autoridade (repressivo),[95] consiste

95. Segundo parte da doutrina, é cabível ainda mandado de segurança preventivo em matéria tributária: "[...] o mandado de segurança preventivo implica, quando julgado procedente, a emissão de norma individual e concreta que, se não anula o ato (uma vez

em uma via anulatória especial, também dotada de eficácia desconstitutiva sobre o crédito tributário, desde que preenchidas as seguintes condições: (i) a existência de ato já consolidado de autoridade pública; e (ii) direito líquido e certo.[96]

Conforme o disposto no art. 23 da Lei 12.016/2009, é de 120 dias o prazo para impetração do mandado de segurança, contados da ciência do ato coator consolidado. A lei há pouco referida veda a impetração de mandado de segurança para atacar atos contra os quais ainda caiba recurso administrativo com efeito suspensivo, independente de caução (art. 5º, inciso I).[97]

Segundo o entendimento firmado pelo STJ, o prazo para impetração do mandado de segurança é contado da constituição definitiva do crédito tributário, e não do ato de inscrição em dívida ativa.[98] Além das restrições quanto à admissibilidade

---

não praticado), impede sua realização, funcionando, assim, como verdadeira regra de proibição, de caráter flagrantemente declaratório, portanto." (SANTI, Eurico Marcos Diniz; CONRADO, Paulo Cesar. "Mandado de Segurança Preventivo em Matéria Tributária". In: *Processo Tributário Analítico*. Vol. I. 3ª Ed. São Paulo: Noeses, 2015, p. 180).

96. CONRADO, Paulo Cesar. *Processo tributário*. 2ª edição. São Paulo: Quartier Latin, 2007. p. 247.

97. Lei nº 12.016/09. Art. 5º. Não se concederá mandado de segurança quando se tratar: I - de ato do qual caiba recurso administrativo com efeito suspensivo, independentemente de caução; [...].

98. RECURSO ESPECIAL. PROCESSUAL CIVIL E TRIBUTÁRIO. MANDADO DE SEGURANÇA QUE PRETENDE DISCUTIR O LANÇAMENTO QUE PRECEDEU A INSCRIÇÃO DO CRÉDITO TRIBUTÁRIO EM DÍVIDA ATIVA. ALEGADA INEXISTÊNCIA DE UM DOS ELEMENTOS DA OBRIGAÇÃO TRIBUTÁRIA, QUAL SEJA, O FATO GERADOR. PRAZO DECADENCIAL QUE SE CONTA A PARTIR DO MOMENTO EM QUE NOTIFICADO O CONTRIBUINTE ACERCA DA CONSTITUIÇÃO DEFINITIVA DO CRÉDITO. PRECEDENTES: EAG. 1.085.151/RJ, REL. MIN. BENEDITO GONÇALVES, DJE 18.5.2010; AGRG NO AGRG NO RESP 1.454.205/DF, REL.MIN. DIVA MALERBI, DJE 27.4.2016; AGRG NO RESP 1.292.654/PR, REL.MIN. SÉRGIO KUKINA, *DJE* 13.10.2015; AGRG NO AGRG NO ARESP 38.673/PE, REL. MIN. ARNALDO ESTEVES LIMA, *DJE* 15.03.2013. RECURSO ESPECIAL DA EMPRESA DESPROVIDO. [...] 2. Se o *writ* pretende discutir o lançamento que precedeu a inscrição do crédito tributário em dívida ativa, uma vez que fundado na inexistência de um dos elementos da obrigação tributária, qual seja, o fato gerador, ainda que indique seja a inscrição o ato coator atacado, revela-se que o prazo decadencial conta-se a partir do momento em que notificado o contribuinte acerca da constituição definitiva do crédito. 3. A inscrição na dívida ativa não reabre o prazo decadencial para a impetração que tem por objetivo, apenas, discutir os elementos materiais que respaldaram o lançamento tributário correspondente (EAg. 1.085.151/RJ, Rel. Min. BENEDITO GONÇALVES, DJe 18.05.2010). 4. Recurso Especial da empresa desprovido. (REsp

da via anulatória especial, a Lei 12.016/2009 impõe limitações quanto à liminar em mandado de segurança. O art. 7º, § 2º,[99] veda a concessão da medida para: (i) pedidos de compensação de créditos tributários; (ii) entrega de mercadorias e bens provenientes do exterior; (iii) reclassificação ou equiparação de servidores públicos; e (iv) concessão de aumento ou a extensão de vantagens ou pagamento de qualquer natureza.

A desconstituição do crédito tributário por mandado de segurança pode ser demonstrada a partir do seguinte esquema:

ESQUEMA VI:
MANDADO DE SEGURANÇA

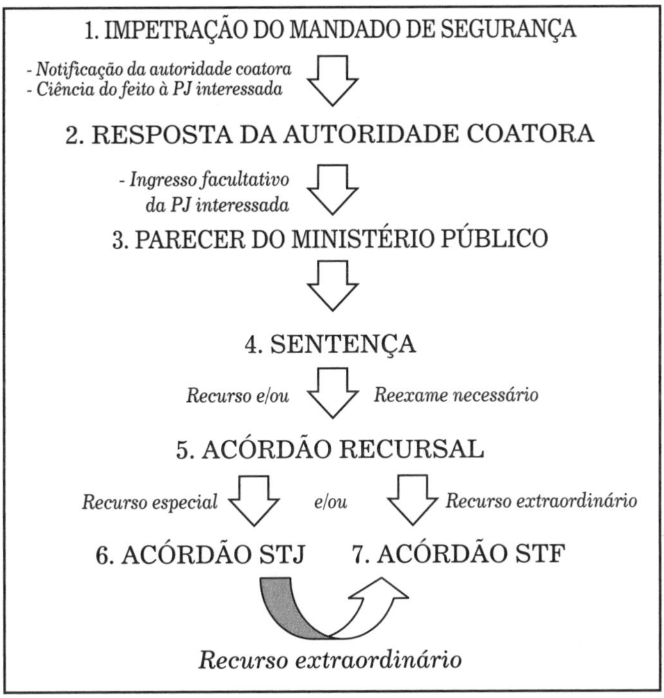

1536907/SP, Rel. Ministro NAPOLEÃO NUNES MAIA FILHO, PRIMEIRA TURMA, julgado em 13.12.2016, *DJe* 17.02.2017).

99. Art. 7º. Ao despachar a inicial, o juiz ordenará: [...] § 2º Não será concedida medida liminar que tenha por objeto a compensação de créditos tributários, a entrega de mercadorias e bens provenientes do exterior, a reclassificação ou equiparação de servidores públicos e a concessão de aumento ou a extensão de vantagens ou pagamento de qualquer natureza.

A partir do acórdão que julga a apelação (e/ou o reexame necessário), poderão ser interpostos os pertinentes recursos especial e extraordinário, nos termos dos arts. 102, III[100] e 105, III,[101] da Constituição Federal.

Com o encerramento do processo judicial, ocorre a preclusão endoprocessual, também denominada "coisa julgada formal", o que implica dizer que a relação jurídica tributária não poderá mais ser discutida dentro da relação processual encerrada. A coisa julgada material, no entanto, somente terá lugar após o transcurso de dois anos da última decisão proferida no processo,[102] prazo após o qual a norma judicial não poderá ser atacada nem por ação rescisória (art. 966 do CPC/2015[103]).[104]

---

100. Art. 102. Compete ao Supremo Tribunal Federal, precipuamente, a guarda da Constituição, cabendo-lhe: [...] II - julgar, mediante recurso extraordinário, as causas decididas em única ou última instância, quando a decisão recorrida: a) contrariar dispositivo desta Constituição; b) declarar a inconstitucionalidade de tratado ou lei federal; c) julgar válida lei ou ato de governo local contestado em face desta Constituição. d) julgar válida lei local contestada em face de lei federal.

101. Art. 105. Compete ao Superior Tribunal de Justiça: [...] III - julgar, em recurso especial, as causas decididas, em única ou última instância, pelos Tribunais Regionais Federais ou pelos tribunais dos Estados, do Distrito Federal e Territórios, quando a decisão recorrida: a) contrariar tratado ou lei federal, ou negar-lhes vigência; b) julgar válido ato de governo local contestado em face de lei federal;
c) der a lei federal interpretação divergente da que lhe haja atribuído outro tribunal.

102. Art. 975. O direito à rescisão se extingue em 2 (dois) anos contados do trânsito em julgado da última decisão proferida no processo.

103. Art. 966. A decisão de mérito, transitada em julgado, pode ser rescindida quando: I - se verificar que foi proferida por força de prevaricação, concussão ou corrupção do juiz; II - for proferida por juiz impedido ou por juízo absolutamente incompetente; III - resultar de dolo ou coação da parte vencedora em detrimento da parte vencida ou, ainda, de simulação ou colusão entre as partes, a fim de fraudar a lei; IV - ofender a coisa julgada; V - violar manifestamente norma jurídica; VI - for fundada em prova cuja falsidade tenha sido apurada em processo criminal ou venha a ser demonstrada na própria ação rescisória; VII - obtiver o autor, posteriormente ao trânsito em julgado, prova nova cuja existência ignorava ou de que não pôde fazer uso, capaz, por si só, de lhe assegurar pronunciamento favorável; VIII - for fundada em erro de fato verificável do exame dos autos.

104. Nem toda sentença produz coisa julgada. É preciso que a extinção processual por ela determinada tenha ingressado na análise da relação de direito material controvertida, superando os requisitos processuais e condições da ação. Assim, pode-se afirmar que nem toda coisa julgada formal desembocará em coisa julgada material, mas não há coisa julgada material sem prévia coisa julgada formal.

3. RELAÇÃO JURÍDICA DE INDÉBITO TRIBUTÁRIO

3.1 Introdução

O valor devido e recolhido pelo sujeito passivo deve ter a exata dimensão do evento tributário ocorrido e documentalmente registrado. Entretanto, por vezes, o sujeito passivo efetua recolhimentos que, posteriormente, verifica indevidos. Os motivos são os mais variados e vão desde um equívoco no cálculo de apuração do valor devido até o questionamento da validade da obrigação tributária à luz da Constituição Federal.

Se a relação jurídica tributária possui, no polo ativo, a fazenda (federal, estadual ou municipal) e, no polo passivo, o contribuinte, a relação jurídica de indébito é inversa. Apresenta, no polo ativo, o contribuinte e, no passivo, a fazenda pública, que deve (i) restituir ou (ii) suportar a realização do indébito pelo sujeito passivo através da compensação, nos casos e nas condições legalmente previstos. A distinção pode ser graficamente demonstrada a partir do esquema a seguir:

I. Relação jurídica de crédito tributário

ESTADO → CONTRIBUINTE

II. Relação jurídica de indédito tributário

CONTRIBUINTE → ESTADO

No indébito tributário, portanto, o sujeito passivo da relação de crédito tributário passa a ocupar a posição de credor,[105] ou seja, de titular do direito de exigir do Estado a devolução (em sentido amplo) dos valores recolhidos indevidamente aos cofres públicos.[106] Diversos são os argumentos e as teorias que amparam a repetição de indébito. Todas elas encontram esteio em fundamentos normativos que refletem conteúdos éticos e axiológicos centrais nos ordenamentos jurídicos contemporâneos.

Giuliani Fonrouge,[107] fortemente influenciado por conceitos do direito civil, identifica na *equidade* o fundamento que veda o enriquecimento de uma pessoa à custa de outra. Garcia Nóvoa, por sua vez, aponta como esteio retórico do indébito *a responsabilidade da administração por danos* (denominada no Brasil de responsabilidade objetiva, prevista no art. 37, § 6º, da Constituição Federal).[108]

---

105. A respeito da legitimidade ativa na ação de repetição de indébito, vide: Dalla Pria, Rodrigo. *Legitimidade ativa na ação de repetição de indébito tributário. In:* CONRADO, Paulo Cesar (Coord.). Processo Tributário Analítico. Vol. II1. São Paulo: Noeses, 2016, p. 1-68.

106. Convém transcrever voto no julgamento do Recurso Especial nº 1.229.303, processado sob o rito do art. 543-C do antigo Código de Processo Civil, proferido pelo então Ministro do Superior Tribunal de Justiça Teori Albino Zavascki, o qual salientou que considerar aquele que assumiu o encargo financeiro como ilegítimo para ingressar com a ação de repetição de indébito inviabiliza a tutela jurisdicional contra eventuais arbitrariedades cometidas pelo Estado. In verbis: *O EXMO. SR. MINISTRO TEORI ALBINO ZAVASCKI: Sr. Presidente, temos, realmente, um precedente tomado em recurso repetitivo segundo o qual o contribuinte de fato, jamais será legitimado ativo para repetição de indébito. Tenho severíssimas reservas em relação a esse recurso repetitivo, cuja interpretação deve ser restrita às hipóteses nele previstas. As razões do Sr. Ministro Cesar Asfor Rocha, neste caso, apontam para uma hipótese importante em que se deve relativizar a afetação do precedente. Afinal de contas, como S. Exa. deixou bem demonstrado, ou legitimamos quem assumiu encargo financeiro ou, na prática, inviabilizaremos a tutela jurisdicional contra eventuais exigências arbitrárias por parte do fisco. Essa solução atende, portanto, ao princípio do acesso à justiça. Acompanho o voto do Sr. Ministro Relator com esses pequenos acréscimos. (REsp 1299303/SC, Rel. Ministro CESAR ASFOR ROCHA, PRIMEIRA SEÇÃO, julgado em 08.08.2012, DJe 14.08.2012).*

107. FONROUGE, Carlos M. Giuliani. Algunas consideraciones sobre la aplicación de la equidad en el derecho tributario. Rev. Impuestos, t. I, 1987. p. 818 apud NOVOA, César García. *La devolución de ingresos tributarios recibidos*. Madrid: Marcial Pons, 1993, p. 36.

108. CF/88. Art. 37 [...] § 6º. As pessoas jurídicas de direito público e as de direito

É digna de referência, ainda, a vedação ao enriquecimento sem causa, princípio classificado como direito natural por Mirta B. Cacciolato.[109] Através do art. 37 da Constituição Federal Brasileira de 1988,[110] esse princípio encontra positivação no ordenamento jurídico brasileiro, como aponta Celso Antônio Bandeira de Mello, em excelente monografia sobre o tema.[111]

O princípio da *moralidade,* expressamente previsto pelo art. 37, *caput,* da Constituição Federal, constitui inquestionável raiz constitucional ao direito de indébito tributário. Apesar da elasticidade semântica desse princípio e da sua respectiva subjetividade (a atribuição do predicado *moral* ou *imoral* é fortemente influenciada pela ideologia), pode-se afirmar que há casos facilmente enquadrados na zona de claridade desse conceito (moralidade) e casos dele excluídos, situados na zona escura. Entre esses últimos, está a conduta representada pela apropriação de parcela do patrimônio e da riqueza dos contribuintes em desacordo com as regras do jogo fixadas pela Constituição e pela legislação infraconstitucional, cumulada com a negativa de restabelecimento do *status quo ante* (realização do indébito), a partir de um argumento de autoridade estatal.

A apropriação de parte do patrimônio dos contribuintes em desconformidade com o regramento tributário perfectibiliza inegável confisco, prática coibida pelo art. 150, IV, da Constituição Federal, abaixo reproduzido:

---

privado prestadoras de serviços públicos responderão pelos danos que seus agentes, nessa qualidade, causarem a terceiros, assegurado o direito de regresso contra o responsável nos casos de dolo ou culpa.

109. CACCIOLATTO, Mirta B. Reclamo y demanda de repetición. *In:* ALTAMIRANO, Alejandro C, *op.cit.*, p. 370.

110. Art. 37. A administração pública direta e indireta de qualquer dos Poderes da União, dos Estados, do Distrito Federal e dos Municípios obedecerá aos princípios de legalidade, impessoalidade, moralidade, publicidade e eficiência e, também, ao seguinte: [...].

111. MELLO, Celso Antônio Bandeira de. O princípio do enriquecimento sem causa em direito administrativo. *Revista Eletrônica de Direito Administrativo Econômico* – REDAE. Salvador, n. 5, fev.-abr. 2006.

> Art. 150. Sem prejuízo de outras garantias asseguradas ao contribuinte, é vedado à União, aos Estados, ao Distrito Federal e aos Municípios:
>
> [...]
>
> IV - utilizar tributo com efeito de confisco;

O dispositivo acima transcrito constitui inegável fundamento constitucional do direito à restituição do valor pago indevidamente a título de tributo. O confisco surge não apenas na fixação de alíquotas ou de bases de cálculo escorchantes. Quando algum valor é recolhido a título de tributo e, posteriormente, verifica-se que a relação jurídica material que lhe serviu de nexo de causalidade é considerada inválida, a negativa de restituição desses valores implicará inequívoco e injustificado confisco da propriedade do contribuinte.

A plena restituição, por fim, atende aos próprios interesses fazendários, pois a certeza do restabelecimento do *status quo ante* afasta questionamentos judiciais precoces e inconsistentes, diante da convicção de que o Estado não deixará de devolver valores por ele apropriados injustamente.

3.2 Restituição, reembolso e compensação

Alguns doutrinadores distinguem o reembolso tributário da devolução. O reembolso decorreria de um ingresso conforme a lei, mas em excesso; a devolução, por sua vez, corresponderia a um pagamento realizado a título de tributo, em desconformidade com o direito.[112] A tese, com o devido respeito, parece equivocada. Em primeiro lugar, porque distingue a invalidade da relação a partir da dicotomia entre (i) invalidade da hipótese legal e (ii) invalidade do ato de aplicação.

O pagamento indevido sempre se revela incompatível – total ou parcialmente – com o ordenamento jurídico. Essa

---

112. Vide, a respeito: CASA MARINA, F. *La devolución de ingresos indebidos en materia tributaria*. Madrid: La Ley, 1992 *apud* CACCIOLATTO, Mirta B. *Reclamo y demanda de repetición*. *In:* ALTAMIRANO, Alejandro C, *op.cit.*, p. 376.

incompatibilidade pode tanto decorrer de uma definição equivocada da base de cálculo de um tributo, como do reconhecimento da inconstitucionalidade da norma que impõe o pagamento de determinada exação.

É certo que o ordenamento jurídico atribui procedimentos diferentes para cada modalidade de repetição, vedando, por exemplo, a compensação de valores considerados indevidos por pretensa contrariedade à Constituição ainda não reconhecida pelo STF.

O importante, no entanto, é observar que tanto o valor pago a maior por um equívoco no cálculo como o realizado a partir de uma lei inconstitucional configuram obrigações inválidas que reclamam a restituição do valor porventura recolhido aos cofres públicos. A distinção do procedimento não altera a identidade comum que deve ser atribuída a essas hipóteses.

Em outros termos, os motivos utilizados para identificação de um indébito tributário possuem relevância, tendo em vista a presunção de constitucionalidade das leis em contraste com, por exemplo, um equívoco aritmético na apuração da base de cálculo. Entretanto, a maior restrição à utilização autônoma de uma premissa (inconstitucionalidade) em detrimento de outra (equívoco na apuração do critério quantitativo da hipótese normativa tributária) não tem o condão de alterar-lhes o indissociável laço comum de invalidade.

A diversidade de situações que revelam a existência de um pagamento indevido foi analisada por Mirta B. Cacciolato[113] em estudo no qual foram observadas e agrupadas as principais situações que, extraídas do cotidiano tributário, são identificadas como fundamentos ao direito de indébito, conforme divisão abaixo reproduzida:

i) pagamento equivocado a maior: erro de cálculo, pagamento em duplicidade, interpretação equivocada

113. CACCIOLATTO, Mirta B. *Reclamo y demanda de repetición. In:* ALTAMIRANO, Alejandro, *op.cit.*, p. 365.

da legislação que estabelece o critério quantitativo da hipótese normativa tributária;

ii) pagamento de um tributo contrário aos comandos condicionais que vinculam a tributação válida: violação de garantias como a legalidade, a irretroatividade, a capacidade contributiva, ou outros limites materiais que fixam o contorno da competência tributária desenhada pelo legislador constituinte;

iii) pagamento realizado a partir de um ato de aplicação que se revele incompatível com a forma e com a estrutura previstas no ordenamento jurídico, como o procedimento fiscal nulo;[114]

iv) constituição do crédito tributário em desacordo com as normas que lhe servem de fundamento material de validade (hipótese normativa tributária, Constituição Federal), situação que ocorre nos casos em que o crédito tributário é constituído sem a correspondência entre os elementos integrantes pela regra tributária e as características de tempo, de lugar, de ação, de espaço e de sujeitos revelados pelo evento tributário pretensamente subsumido.

No plano infraconstitucional, o Código Tributário Nacional, diploma que exerce a função de norma geral tributária em nosso ordenamento, estende ao sujeito passivo tributário o direito à restituição total ou parcial do tributo pago indevidamente, independentemente de prévio protesto, seja qual for a modalidade do seu pagamento. O Digesto Tributário estabelece, também, que a restituição total ou parcial do tributo dá lugar à restituição, na mesma proporção, dos juros de mora e

114. Art. 142 do CTN: Compete privativamente à autoridade administrativa constituir o crédito tributário pelo lançamento, assim entendido o procedimento administrativo tendente a verificar a ocorrência do fato gerador da obrigação correspondente, determinar a matéria tributável, calcular o montante do tributo devido, identificar o sujeito passivo e, sendo caso, propor a aplicação da penalidade cabível.

das penalidades pecuniárias, salvo as referentes a infrações de caráter formal, não prejudicadas pela causa da restituição.

Os procedimentos ligados à satisfação do indébito tributário variam de legislação para legislação, pois União, Estado e Município possuem competência para regulamentar o indébito tributário, respeitados os limites previstos na Constituição e o arquétipo construído pelo legislador nacional, inserido no Código Tributário Nacional.

A Instrução Normativa 1.717, de 17 de julho de 2017, sintetiza e disciplina a restituição e a compensação das quantias recolhidas a título de tributo administrado pela Secretaria da Receita Federal do Brasil, bem como das outras receitas da União arrecadadas mediante Documento de Arrecadação de Receitas Federais (Darf) ou Guia da Previdência Social (GPS). Regulamenta, também, o ressarcimento e a compensação de créditos decorrentes da apuração dos tributos não cumulativos, como o Imposto sobre Produtos Industrializados (IPI), a Contribuição para o PIS/Pasep e a Contribuição para o Financiamento da Seguridade Social (Cofins).

A distinção que deve ser corretamente estabelecida, levando-se em consideração os próprios critérios alinhados pela aludida Instrução, encontra-se centrada na origem do direito subjetivo[115] do contribuinte. Tratando-se de pagamento indevido (tenha ele esteio no questionamento da validade da lei, tenha ele decorrência em equívoco aritmético na apuração do valor devido), fala-se de *indébito* (chamado de restituição pela IN RFB 1.717/2017) Tratando-se de saldo decorrente de créditos escriturais[116] (saldo

---

115. Acerca da noção de direito subjetivo, consultar: PRIA, Rodrigo Dalla. *O direito ao processo*. *In:* CONRADO, Paulo Cesar (Coord.). *Processo tributário analítico*. São Paulo: Dialética, 2003, p. 16.

116. Súmula nº 411 do STJ: É devida a correção monetária ao creditamento do IPI quando há oposição ao seu aproveitamento decorrente de resistência ilegítima do Fisco. O STF chancela esse entendimento: Ementa: TRIBUTÁRIO. EMBARGOS DE DECLARAÇÃO NO AGRAVO REGIMENTAL NO RECURSO EXTRAORDINÁRIO. ICMS. CRÉDITOS EXTEMPORÂNEOS. OPOSIÇÃO INJUSTIFICADA DO FISCO A SUA ESCRITURAÇÃO. CORREÇÃO MONETÁRIA. CABIMENTO. 1. Apesar de ter sido alegado durante todo o processo que a escrituração tardia dos créditos tributários se deu em razão de óbice imposto pelo Estado, tal alegação não foi apreciada pelo acórdão

credor que nasce do confronto entre créditos e débitos, na apuração do valor devido nos tributos não cumulativos – IPI, PIS, COFINS), tem-se o *ressarcimento*. Tanto a restituição como o ressarcimento, de acordo com a IN 1.717/2017, podem ser objeto de compensação com outros tributos federais, ressalvadas as restrições legalmente previstas (Lei 9.430/96, art. 74, §3º).[117]

---

embargado. Configurada, assim, omissão passível de correção por meio de embargos de declaração. 2. Fazem jus à correção monetária os créditos tributários tardiamente escriturados em função de oposição injustificada do Fisco (RE 200.379-ED-ED-EDv, rel. Min. Sepúlveda Pertence, Tribunal Pleno, *DJ* 05.05.2006). 3. Embargos de declaração acolhidos, com efeitos infringentes, para dar provimento ao recurso extraordinário e reconhecer o direito da demandante à correção monetária dos créditos tributários pleiteados. (RE 372975 AgR-ED, Relator(a): Min. TEORI ZAVASCKI, Segunda Turma, julgado em 21.0.2013, ACÓRDÃO ELETRÔNICO *DJe*-104 DIVULG 03.06.2013 PUBLIC 04.06.2013)
[...]
EMENTA: CONSTITUCIONAL. TRIBUTÁRIO. CRÉDITO. CORREÇÃO MONETÁRIA. DEFINIÇÃO DO ÍNDICE, PERÍODO, MONTANTE. QUESTÕES INFRACONSTITUCIONAIS OU QUE DEPENDEM DE PROVA. CRÉDITO ESCRITURADO EXEDENTE. CORREÇÃO INDEVIDA. RESISTÊNCIA ILEGÍTIMA DO ESTADO EM RECONHECER CRÉDITOS EM FAVOR DO CONTRIBUINTE. SITUAÇÃO DIVERSA. CORREÇÃO MONETÁRIA DEVIDA. EMBARGOS ACOLHIDOS PARCIALMENTE. I - Discussão sobre definição do índice de correção monetária, período de incidência e fixação do valor devido. Questões infraconstitucionais ou que dependem da análise de provas. II - Correção monetária. Créditos escriturais excedentes. Questão constitucional. Correção monetária indevida. Benefício fiscal que só pode ser concedido pelo Poder Legislativo. Inexistência de ofensa aos postulados da não cumulatividade e da isonomia. III - Correção monetária. Créditos escriturais não utilizados no tempo devido por ilegítima resistência do Estado. Questão constitucional diversa do item anterior. Correção monetária devida durante o período de oposição do Estado. IV - Entendimentos aplicáveis ao ICMS e ao IPI. V - Embargos de declaração acolhidos parcialmente para, mantendo a parte dispositiva do acórdão, sanar os vícios alegados. (RE 411861 AgR-ED, Relator(a): Min. RICARDO LEWANDOWSKI, Primeira Turma, julgado em 01.06.2010, *DJe*-116 DIVULG 24.06.2010 PUBLIC 25.06..2010 EMENT VOL-02407-04 PP-00810 LEXSTF v. 32, n. 380, 2010, p. 192-196).

117. Art. 74. O sujeito passivo que apurar crédito, inclusive os judiciais com trânsito em julgado, relativo a tributo ou contribuição administrado pela Secretaria da Receita Federal, passível de restituição ou de ressarcimento, poderá utilizá-lo na compensação de débitos próprios relativos a quaisquer tributos e contribuições administrados por aquele Órgão. [...] § 3º Além das hipóteses previstas nas leis específicas de cada tributo ou contribuição, não poderão ser objeto de compensação mediante entrega, pelo sujeito passivo, da declaração referida no § 1º: I - o saldo a restituir apurado na Declaração de Ajuste Anual do Imposto de Renda da Pessoa Física; II - os débitos relativos a tributos e contribuições devidos no registro da Declaração de Importação. III - os débitos relativos a tributos e contribuições administrados pela Secretaria da Receita Federal que já tenham sido encaminhados à Procuradoria-Geral da Fazenda Nacional para inscrição em Dívida Ativa da União; IV - o débito consolidado em qualquer modalidade de parcelamento

Não se pode confundir a origem do direito contra o Estado (pagamento indevido ou crédito escritural apurado em tributos não cumulativos) com a forma de satisfação desse direito (compensação ou devolução em espécie, também chamada restituição).[118] Desse modo, sugere-se a seguinte classificação:

Classificação dos direitos subjetivos contra o Estado, quanto à origem:	→ *Ressarcimento* (créditos escriturais de tributos não cumulativos); → *Indébito* (pagamento indevido)
Forma de realização do direito subjetivo contra o Estado	→ *Compensação* → *Devolução (também chamada "restituição")*

Na devolução (também chamada "restituição"), o pleito está dirigido ao recebimento, em espécie, pelo contribuinte, dos valores por ele pagos a maior, a título de tributo. O pedido formulado pelo contribuinte é feito diretamente à fazenda pública, instaurando um procedimento administrativo que culminará numa decisão.

A fazenda pública, ao final de um processo administrativo de restituição, poderá reconhecer o direito pleiteado pelo contribuinte, prolatando uma decisão na qual estará materializada e concretizada a relação de indébito tributário. Nesse caso, a existência do direito subjetivo depende de um ato concreto de anuência do devedor do indébito tributário, estampado no ato-norma de indébito.

---

concedido pela Secretaria da Receita Federal - SRF; V - o débito que já tenha sido objeto de compensação não homologada, ainda que a compensação se encontre pendente de decisão definitiva na esfera administrativa; VI - o valor objeto de pedido de restituição ou de ressarcimento já indeferido pela autoridade competente da Secretaria da Receita Federal do Brasil, ainda que o pedido se encontre pendente de decisão definitiva na esfera administrativa; VII - o crédito objeto de pedido de restituição ou ressarcimento e o crédito informado em declaração de compensação cuja confirmação de liquidez e certeza esteja sob procedimento fiscal; VIII - os valores de quotas de salário-família e salário-maternidade; e IX - os débitos relativos ao recolhimento mensal por estimativa do Imposto sobre a Renda das Pessoas Jurídicas (IRPJ) e da Contribuição Social sobre o Lucro Líquido (CSLL) apurados na forma do art. 2º desta Lei.

118. A expressão padece de ambiguidade e requer elucidação de sentido.

A maioria das legislações prevê, no caso de indeferimento, a prerrogativa de recurso para outra instância, constituída, em geral, por órgãos colegiados dotados de formação paritária (parte dos julgadores é representante da fazenda, parte é representante dos contribuintes).

O procedimento administrativo de restituição encontra previsão no art. 169 do Código Tributário Nacional,[119] dispositivo que trata do prazo prescricional de dois anos para o ajuizamento da ação anulatória da *decisão administrativa que denega a restituição*. Interessante observar que a ação judicial, nesse caso, é anulatória, adstrita aos termos e aos limites do pedido administrativamente formulado pelo contribuinte. O procedimento de restituição pode ser esquematicamente sintetizado da seguinte forma:

ESQUEMA VII:

PROCEDIMENTO ADMINISTRATIVO (GENÉRICO) DE RESTITUIÇÃO

1. PROTOCOLO ADMINISTRATIVO

Diligências

(Informações complementares solicitadas pela Fazenda acerca dos cálculos, de critérios de atualização, de tabelas, de comprovantes de pagamento etc.)

⇩

2. DECISÃO "A"

Recurso (voluntário ou de ofício) ⇩

3. DECISÃO "B"

Recurso especial ⇩

4. DECISÃO "C"

Diversos Tribunais administrativos, como o Tribunal de Impostos e Taxas de São Paulo (TIT), estabelecem a possibilidade

119. Art. 169. Prescreve em dois anos a ação anulatória da decisão administrativa que denegar a restituição.

de interposição de recurso especial, quando a decisão proferida por uma Câmara que integra o Tribunal julga determinada matéria em sentido divergente do adotado por outra Câmara.[120] O *ressarcimento*, conforme descrito anteriormente, encontra-se regulado pela Instrução Normativa nº 1.717/2017 da Receita Federal do Brasil, tendo cabimento nos casos de tributos não cumulativos, administrados por aquele órgão (PIS, COFINS e IPI).

Os créditos do IPI, escriturados na forma da legislação específica, são utilizados pelo estabelecimento que os apurou, na dedução, em sua escrita fiscal, dos débitos de IPI decorrentes das saídas de produtos tributados. Eventual saldo credor apurado em determinado período pode ser mantido na escrita fiscal do estabelecimento para posterior dedução de débitos futuros de IPI.

Caso remanesçam créditos do IPI passíveis de ressarcimento, ao final de cada trimestre-calendário, o estabelecimento matriz da pessoa jurídica poderá também requerer à RFB seu ressarcimento, bem como utilizá-los na compensação de débitos próprios relativos aos tributos administrados pela Receita Federal do Brasil.

Da mesma forma, os créditos apropriados pelo contribuinte, no regime não cumulativo de recolhimento da Contribuição para o Programa de Integração Social (PIS) e da Contribuição para Financiamento da Seguridade Social (COFINS),[121] que não puderem ser utilizados no desconto de débitos das respectivas contribuições poderão ser objeto de ressarcimento somente após o encerramento do trimestre-calendário e desde que decorram de custos, de despesas e de encargos vinculados:

---

120. Lei Estadual SP nº 13.457/2009:
Artigo 42. Poderão ser interpostos perante o Tribunal de Impostos e Taxas os seguintes recursos: [...] III - recurso especial;
[...]
Artigo 49. Cabe recurso especial, interposto tanto pelo autuado como pela Fazenda Pública do Estado, fundado em dissídio entre a interpretação da legislação adotada pelo acórdão recorrido e a adotada em outro acórdão não reformado, proferido por qualquer das Câmaras do Tribunal de Impostos e Taxas.

121. Apurados na forma do art. 3º da Lei nº 10.637, de 30 de dezembro de 2002, e do art. 3º da Lei nº 10.833, de 29 de dezembro de 2003.

I - às receitas resultantes das operações de exportação de mercadorias para o exterior, da prestação de serviços à pessoa física ou jurídica residente ou domiciliada no exterior cujo pagamento represente ingresso de divisas e das vendas à empresa comercial exportadora, com o fim específico de exportação; ou

II - às vendas efetuadas com suspensão, com isenção, com alíquota 0 (zero) ou com não incidência.

Além da devolução, os direitos subjetivos correspondentes à *restituição* e ao *ressarcimento* poderão ser realizados mediante compensação com outros tributos vincendos e vencidos (desde que não encaminhados à inscrição em dívida ativa), administrados pela Receita Federal do Brasil. A compensação é efetuada pelo sujeito passivo mediante apresentação da Declaração de Compensação gerada a partir do programa PER/DCOMP ou, na impossibilidade de sua utilização, mediante apresentação à Receita do formulário Declaração de Compensação, constante do Anexo IV da IN 1.717/2017, ao qual deverão ser anexados documentos comprobatórios do indébito.

Uma vez declarada à Receita, a compensação extinguirá o crédito tributário compensado com o indébito reputado existente, seja com o transcurso do prazo previsto para homologação tácita, seja em função de homologação expressa eventualmente realizada pela autoridade fiscal. Essa sistemática *permite que muitos contribuintes constituam as próprias relações de indébito* e, com elas, extingam créditos tributários dos quais é titular a fazenda pública, que deverá anuir expressa ou implicitamente com o ato-norma praticado pelo contribuinte.[122]

---

122. Nesse sentido, destaca-se o estudo desenvolvido por Paulo Cesar Conrado: "É bem certo que, como oposição a tais afirmações, poder-se-ia sustentar que, procedendo-se à compensação por sua conta, estaria o contribuinte atuando no lugar do sujeito ativo e, quiçá, em prejuízo desse último. Sem pretender resolver questões que parecem mais ideológicas do que qualquer outra coisa, insistimos, de todo modo, que a compensação é, no sistema brasileiro vigente, um procedimento cometido, observadas certas condições, ao contribuinte, tal como se passa, aliás, com o autolançamento, em que há o asseguramento à Administração do direito (dever, em rigor) de verificar a regularidade do ato compensatório. Ao lado do direito subjetivo do contribuinte de compensar, coexistirá e, portanto e invariavelmente, o direito (dever, repita-se) da Administração verificar se a compensação efetivada o foi de acordo com os critérios e

O indébito tributário, nascido no plano efectual com o pagamento indevido, é inserido no direito pela PER/DCOMP (âmbito federal), o que demonstra que o nascimento *normativo* do direito ao indébito e a sua realização (mediante extinção de um crédito tributário) dependem única e exclusivamente do contribuinte. Como corolário, verifica-se que, admitida dentre as situações hipotéticas de compensação previstas na lei regente, a autocompensação confere inequívoca natureza potestativa ao direito material que realiza. Esse, por sua vez, sujeita-se apenas à condição resolutiva – inocorrência de homologação expressa ou tácita. Nesse contexto, o prazo assinalado para autocompensação, na legislação tributária, possui natureza decadencial (e não prescricional), conforme vetusta lição de Agnelo Amorim Filho.[123]

Existe a possibilidade de a compensação declarada pelo sujeito passivo ser indeferida pela fazenda nacional.[124] Nesses casos, este poderá apresentar, no prazo de trinta dias – contados da ciência da decisão administrativa que não homologou a compensação por ele efetuada – manifestação de inconformidade, ato cabível, também, nos casos em que o pedido de restituição ou de ressarcimento é negado, no âmbito federal.

---

diretrizes a que está jungido o contribuinte" (CONRADO, Paulo Cesar. *Compensação tributária e processo*. 2. ed. rev. São Paulo: Quartier Latin, 2010. p. 134).

123. Agnelo Amorim Filho distingue os direitos potestativos (direitos formativos, na doutrina alemã) dos direitos a uma prestação. O direito potestativo consiste no poder que a lei concede a alguém para, com sua manifestação de vontade, influir sobre a condição jurídica de outrem. Nele não existe o direito de exigir da outra parte a realização de uma prestação (como ocorre na restituição tributária). Por manifestação unilateral de vontade, o titular do direito cria, modifica ou extingue uma situação jurídica em que outrem é diretamente interessado (AMORIM FILHO, Agnelo. *Critério científico para distinguir a prescrição da decadência e para identificar as ações imprescritíveis*. São Paulo: Revista dos Tribunais, v. 300, 2000, pp. 7-37). A respeito do tema, Hugo de Brito Machado ressalta que "o direito à compensação não se confunde com direito à restituição. Esse é direito a uma prestação. Aquele um direito potestativo. Por isto mesmo, o prazo prescritivo, restrição legalmente prevista para o direito de pleitear a restituição do tributo pago indevidamente, não se aplica ao direito de compensar" (MACHADO, Hugo de Brito. *Problemas de processo judicial tributário*. São Paulo: Dialética, v.2, 1998, p. 118).

124. A competência para julgar manifestação de inconformidade é da Delegacia da Receita Federal do Brasil de Julgamento (DRJ) em cuja circunscrição territorial se inclua a unidade da RFB que indeferiu o pedido de restituição ou de ressarcimento ou que não homologou a compensação, observada a competência material em razão da natureza do direito creditório em litígio.

Com a apresentação da manifestação de inconformidade, o crédito tributário terá sua exigibilidade suspensa,[125] conforme previsão contida no art. 151, III, do Código Tributário Nacional e reconhecida pelo art. 74, § 11, da Lei nº 9.430/96.[126]

Caso a decisão julgue improcedente a manifestação de inconformidade apresentada pelo contribuinte, o mesmo poderá interpor recurso ao Conselho Administrativo de Recursos Fiscais. Sendo mantida a decisão contra a qual foi interposto recurso pelo contribuinte, o crédito tributário será encaminhado à inscrição em dívida ativa. De acordo com o parágrafo único do art. 136 da IN nº 1.717/2017 da Receita Federal do Brasil,[127] não cabe recurso de ofício da decisão que julgar procedente o pedido de compensação, de ressarcimento ou de restituição. O caminho descrito nos parágrafos anteriores pode ser esquematizado da seguinte forma:

ESQUEMA VIII:

COMPENSAÇÃO

1. REALIZAÇÃO DA COMPENSAÇÃO (ENVIO PER/DCOMP)

Diligências ⇩

2. DECISÃO "A" (não homologatória)

Manifestação de inconformidade ⇩

3. DECISÃO "B" (não homologatória)

Recurso ⇩

4. DECISÃO "C"

125. A respeito do complexo tema relacionado à compensação tributária e à execução fiscal, vide MENDES, Frana Elizabeth. Compensação tributária e execução fiscal. *Revista da Seção Judiciária do Rio de Janeiro (SJRJ)*, vol. 15, n. 23, 2008, p. 21-27.

126. Art. 74. [...] § 11. A manifestação de inconformidade e o recurso de que tratam os §§ 9º e 10 obedecerão ao rito processual do *Decreto nº 70.235, de 6 de março de 1972*, e enquadram-se no disposto no *inciso III do art. 151 da Lei nº 5.172, de 25 de outubro de 1966 - Código Tributário Nacional*, relativamente ao débito objeto da compensação.

127. Art. 136. [...]. Parágrafo único. Não caberá recurso de ofício da decisão que considerar procedente manifestação de inconformidade em processos relativos à restituição, ressarcimento, reembolso ou compensação.

O pleito judicial de restituição encontra previsão, também, no art. 169 do CTN, quando suceder um indeferimento administrativo, e no art. 168 do CTN,[128] nos casos de ação judicial proposta sem qualquer pedido de restituição administrativo prévio, circunstância que não constitui requisito à propositura da ação judicial, diante do livre acesso ao órgão jurisdicional, previsto na Constituição Federal de 1988. Nesse caso, o processo judicial pode ser sintetizado da seguinte forma:

ESQUEMA IX:

INDÉBITO JUDICIAL

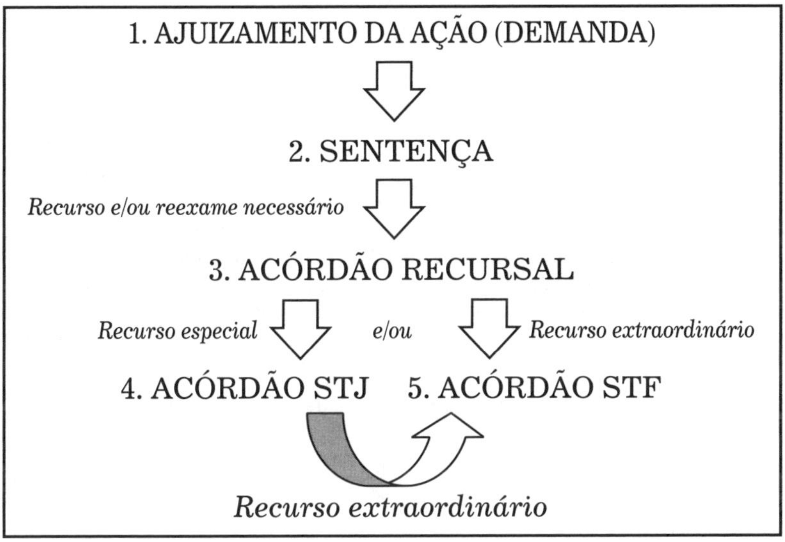

O processo judicial de indébito, como qualquer outro, tem início com a demanda (distribuição da ação), que confere ao contribuinte o direito subjetivo concreto à tutela jurisdicional, atendido mesmo com uma sentença que, proferida com

128. Art. 168. O direito de pleitear a restituição extingue-se com o decurso do prazo de 5 (cinco) anos, contados: I - nas hipótese dos incisos I e II do artigo 165, da data da extinção do crédito tributário; II - na hipótese do inciso III do artigo 165, da data em que se tornar definitiva a decisão administrativa ou passar em julgado a decisão judicial que tenha reformado, anulado, revogado ou rescindido a decisão condenatória.

base no art. 485 do CPC/2015,[129] deixa de analisar a relação jurídica de indébito.[130]

Dessa decisão caberá recurso de apelação ou reexame necessário. Este, nas hipóteses previstas pelo art. 496 CPC/2015; aquele, com as restrições contidas no art. 1.011, inciso I, cumulado com o art. 932, inciso IV, alíneas "a", "b" e "c" do diploma processual.[131]

Quando o acórdão proferido pelos tribunais de segunda instância contrariar tratado ou lei federal (ou negar-lhes vigência), julgar válido ato de governo local contestado em face de lei federal ou der à lei federal interpretação divergente da que lhe haja atribuído outro tribunal, poderá a parte

---

129. Art. 485. O juiz não resolverá o mérito quando: I - indeferir a petição inicial; II - o processo ficar parado durante mais de 1 (um) ano por negligência das partes; III - por não promover os atos e as diligências que lhe incumbir, o autor abandonar a causa por mais de 30 (trinta) dias; IV - verificar a ausência de pressupostos de constituição e de desenvolvimento válido e regular do processo; V - reconhecer a existência de perempção, de litispendência ou de coisa julgada; VI - verificar ausência de legitimidade ou de interesse processual; VII - acolher a alegação de existência de convenção de arbitragem ou quando o juízo arbitral reconhecer sua competência; VIII - homologar a desistência da ação; IX - em caso de morte da parte, a ação for considerada intransmissível por disposição legal; e X- nos demais casos prescritos neste Código.

130. Sobre as controvérsias a respeito do direito de ação, vide: PANDOLFO, Rafael, *op.cit.*, cap. 8.

131. Art. 1.011. Recebido o recurso de apelação no tribunal e distribuído imediatamente, o relator: I - decidi-lo-á monocraticamente apenas nas hipóteses do art. 932, incisos III a V;
[...]
Art. 932. Incumbe ao relator: [...]
III - não conhecer de recurso inadmissível, prejudicado ou que não tenha impugnado especificamente os fundamentos da decisão recorrida;
IV - negar provimento a recurso que for contrário a: a) súmula do Supremo Tribunal Federal, do Superior Tribunal de Justiça ou do próprio tribunal; b) acórdão proferido pelo Supremo Tribunal Federal ou pelo Superior Tribunal de Justiça em julgamento de recursos repetitivos; c) entendimento firmado em incidente de resolução de demandas repetitivas ou de assunção de competência;
V - depois de facultada a apresentação de contrarrazões, dar provimento ao recurso se a decisão recorrida for contrária a: a) súmula do Supremo Tribunal Federal, do Superior Tribunal de Justiça ou do próprio tribunal; b) acórdão proferido pelo Supremo Tribunal Federal ou pelo Superior Tribunal de Justiça em julgamento de recursos repetitivos; c) entendimento firmado em incidente de resolução de demandas repetitivas ou de assunção de competência;

prejudicada interpor recurso especial ao STJ,[132] Corte responsável pela uniformização da jurisprudência infraconstitucional. Da mesma sorte, quando a decisão proferida pelo tribunal recursal ordinário contrariar dispositivo da Constituição Federal, declarar a inconstitucionalidade de tratado ou de lei federal, julgar válida lei ou ato de governo local contestado em face da Constituição Federal ou julgar válida lei local contestada em face de lei federal, caberá recurso extraordinário ao Supremo Tribunal Federal, desde que reste demonstrada a repercussão geral da matéria por ele veiculada. O recurso extraordinário também será cabível quando a decisão proferida pelo STJ ingressar em matéria constitucional.

A análise do recurso pelo STF encerra o ciclo de vida possível da relação processual, dando lugar à coisa julgada formal. Após o transcurso do prazo de dois anos para propositura da ação rescisória, previsto no art. 975 do CPC/2015,[133] tem-se a coisa julgada material, desde que, evidentemente, o comando judicial analisado defina a relação jurídica material (indébito) controvertida, à luz do art. 487 do CPC/2015.[134] Afinal, se não há coisa julgada material sem coisa julgada formal, o inverso não pode ser dito, uma vez que toda relação jurídica processual alcança seu momento de preclusão endoprocessual, denominado coisa julgada formal, mesmo nos casos em que o encerramento decorre do reconhecimento da ausência de uma das condições da ação.

---

132. CF/88: art. 105. Compete ao Superior Tribunal de Justiça: [...] III - julgar, em recurso especial, as causas decididas, em única ou última instância, pelos Tribunais Regionais Federais ou pelos tribunais dos Estados, do Distrito Federal e Territórios, quando a decisão recorrida: a) contrariar tratado ou lei federal, ou negar-lhes vigência; b) julgar válido ato de governo local contestado em face de lei federal; c) der a lei federal interpretação divergente da que lhe haja atribuído outro tribunal.

133. Art. 975. O direito à rescisão se extingue em 2 (dois) anos contados do trânsito em julgado da última decisão proferida no processo.

134. Art. 487. Haverá resolução de mérito quando o juiz: I - acolher ou rejeitar o pedido formulado na ação ou na reconvenção; II - decidir, de ofício ou a requerimento, sobre a ocorrência de decadência ou prescrição; III - homologar: a) o reconhecimento da procedência do pedido formulado na ação ou na reconvenção; b) a transação; c) a renúncia à pretensão formulada na ação ou na reconvenção.

Com a coisa julgada formal, a sentença que definiu a relação jurídica de indébito encerra qualquer possibilidade ordinária de alteração. O processo de estabilização normativa chega ao seu ocaso, surgindo a lei entre as partes. Remanesce, apenas, a excepcional via rescisória.

4. PRINCÍPIOS TRIBUTÁRIOS

4.1 Cláusula pétrea

O art. 60, §4º, da Constituição Federal de 1988[135] veda a deliberação de proposta de emenda constitucional tendente a abolir os direitos e as garantias individuais dos cidadãos. Entre os direitos e as garantias subsumidos ao aludido dispositivo, estão, sem dúvida, os enunciados identificados com os limites constitucionais que, tutelando os contribuintes, impõem um obstáculo ao exercício da competência tributária das diversas pessoas jurídicas de direito público.[136]

Esses enunciados constitucionais foram alçados pelo legislador constituinte originário à condição de cláusula pétrea, porque sua finalidade revela uma das essências do texto constitucional e deve servir de critério às incursões interpretativas

---

135. Art. 60. A Constituição poderá ser emendada mediante proposta: [...] § 4º - Não será objeto de deliberação a proposta de emenda tendente a abolir: I - a forma federativa de Estado; II - o voto direto, secreto, universal e periódico; III - a separação dos Poderes; IV - os direitos e garantias individuais.

136. O *caput* do art. 150 da Constituição Federal, como bem ressaltam Marcelo de Lima Castro Diniz e Marília do Amaral Felizardo, estabelecem o diálogo do sistema constitucional com o sistema constitucional tributário, reafirmando que as garantias estendidas aos contribuintes ultrapassam os limites das referidas nos tópicos constitucionais específicos. (DINIZ, Marcelo de Lima Castro; FELIZARDO, Marília do Amaral. *Medida Cautelar Fiscal. In: 30 anos da Constituição Federal e o sistema tributário*. SOUZA, Priscila; CARVALHO, Paulo de Barros. São Paulo: Noeses, 2018, p. 785).

sobre eles realizadas. A inserção dos princípios constitucionais no rol de garantias e de direitos individuais já foi reconhecida pelo STF no julgamento da ADI 939,[137] ajuizada contra a Emenda Constitucional 3, de 17 de março de 1993, que, ao instituir o IPMF (precursor da extinta CPMF), tentou excepcionar esse imposto, entre outras restrições constitucionais, ao limite representado pelo art. 150, III, "b" da Constituição então vigente (princípio da anterioridade).

Conforme apontado pelo Ministro Celso de Mello na decisão acima referida, os princípios constitucionais tributários, por representarem importante conquista político-jurídica dos contribuintes, constituem expressão fundamental dos direitos outorgados pelo ordenamento positivo aos sujeitos passivos

---

137. Direito Constitucional e Tributário. ADI de Emenda Constitucional e de Lei Complementar. I.P.M.F. Imposto Provisório sobre a Movimentação ou a Transmissão de Valores e de Créditos e Direitos de Natureza Financeira - I.P.M.F. Artigos 5., par. 2., 60, par. 4., incisos I e IV, 150, incisos III, "b", e VI, "a", "b", "c" e "d", da Constituição Federal. 1. Uma Emenda Constitucional, emanada, portanto, de Constituinte derivada, incidindo em violação à Constituição originária, pode ser declarada inconstitucional, pelo Supremo Tribunal Federal, cuja função precípua é de guarda da Constituição (art. 102, I, "a", da C.F.). 2. A Emenda Constitucional n. 3, de 17.03.1993, que, no art. 2º, autorizou a União a instituir o I.P.M.F., incidiu em vício de inconstitucionalidade, ao dispor, no parágrafo 2º desse dispositivo, que, quanto a tal tributo, não se aplica "o art. 150, III, "b" e VI", da Constituição, porque, desse modo, violou os seguintes princípios e normas imutáveis (somente eles, não outros): 1. - o princípio da anterioridade, que é garantia individual do contribuinte (art. 5., par. 2., art. 60, par. 4., inciso IV e art. 150, III, "b" da Constituição); 2. - o princípio da imunidade tributária recíproca (que veda à União, aos Estados, ao Distrito Federal e aos Municípios a instituição de impostos sobre o patrimônio, rendas ou serviços uns dos outros) e que é garantia da Federação (art. 60, par. 4º, inciso I, e art. 150, VI, "a", da C.F.); 3. - a norma que, estabelecendo outras imunidades impede a criação de impostos (art. 150, III) sobre: "b"): templos de qualquer culto; "c"): patrimônio, renda ou serviços dos partidos políticos, inclusive suas fundações, das entidades sindicais dos trabalhadores, das instituições de educação e de assistência social, sem fins lucrativos, atendidos os requisitos da lei; e "d"): livros, jornais, periódicos e o papel destinado à sua impressão; 3. Em consequência, é inconstitucional, também, a Lei Complementar n. 77, de 13.07.1993, sem redução de textos, nos pontos em que determinou a incidência do tributo no mesmo ano (art. 28) e deixou de reconhecer as imunidades previstas no art. 150, VI, "a", "b", "c" e "d" da C.F. (arts. 3º, 4º e 8º do mesmo diploma, L.C. n. 77/93). 4. ADI julgada procedente, em parte, para tais fins, por maioria, nos termos do voto do Relator, mantida, com relação a todos os contribuintes, em caráter definitivo, a medida cautelar, que suspendera a cobrança do tributo no ano de 1993. (STF. ADI 939. Relator(a): Min. SYDNEY SANCHES. Tribunal Pleno. Julgado em 15.12.1993. *DJ*: 18.03.1994 PP-05165 EMENT VOL-01737-02 PP-00160 *RTJ* VOL-00151-03 PP-00755).

das obrigações fiscais. Esses comandos têm por destinatário exclusivo o poder estatal, que se submete, quaisquer que sejam os contribuintes, à imperatividade de suas restrições.

4.2 Segurança jurídica

A segurança jurídica não é uma questão específica do direito tributário, mas um problema do conjunto da ordem jurídica, na relação comunicativa que estabelece com os cidadãos e que permite a esses tomarem suas decisões com possibilidade de previsão das respectivas consequências. É, ainda, uma condição do que se propugna como normal funcionamento da economia, já que a realização de investimentos e de novos negócios pelos agentes econômicos assenta no pressuposto de manutenção de certa ordem, dotada de regras claras de jogo. Aquilo que temos de específico no direito tributário é apenas uma manifestação mais intensa dessa necessidade, apenas porque é também mais intensa a intromissão operada nesses ramos do direito na vida das pessoas e das empresas.[138]

Para o economista Adam Smith, a incerteza e a insegurança dos contribuintes, diante de suas obrigações fiscais, constituem problemas mais gravosos que a própria desigualdade contributiva:

> *El impuesto que cada individuo está obligado a pagar debe ser cierto y no arbitrario. El tiempo de su cobro, la forma de pago, la cantidad adeudada, todo debe ser claro y preciso, lo mismo para el contribuyente que para cualquier otra persona. Donde ocurra lo contrario resultará que cualquier persona sujeta a la obligación de contribuir estará más o menos sujeta a la férula del recaudador, quien puede muy bien agravar la situación contributiva en caso de malquerencia, o bien lograr ciertas dádivas mediante amenazas. La incertidumbre de la contribución da pábulo al abuso y favorece la corrupción de ciertas gentes que son impopulares por la naturaleza misma de sus cargos, aun cuando no incurran en corrupción y abuso. La certeza de lo que cada individuo tiene obligación de pagar es*

---

138. SANCHES, J. L. Saldanha. *Manual do direito fiscal.* Coimbra: Ed. Coimbra, 2007, p. 169.

> *cuestión de tanta importancia, a nuestro modo de ver, que aun una desigualdad considerable en el modo de contribuir, no acarrea un mal tan grande – según la experiencia de muchas naciones – como la más leve incertidumbre en lo que se ha de pagar.*[139]

A ideia de previsibilidade constitui ponto-chave de um sistema tributário erigido sob a égide da segurança jurídica, pois ela pode ser identificada como a certeza dos contribuintes sobre as consequências jurídicas decorrentes dos seus atos, no campo fiscal. Essa certeza corresponde à chamada univocidade de resultados – *eindeutiges Ergebnis* – e funciona, conforme demonstrou César García Novoa,[140] como limitador aos atos de aplicação da legislação tributária pela Administração e pelos Tribunais, ponto que será abordado adiante.

As expectativas e a incerteza quanto ao modo de tributação ou quanto ao nível das exações fiscais afetam as decisões de investimento e as decisões de consumo. Por isso, pode-se afirmar, considerando o ordenamento jurídico como um todo, que a perspectiva de continuidade, fornecendo um grau superior de segurança jurídica, favorece a racionalidade das decisões que exigem uma lei previsível. A mudança retroativa cria a impossibilidade de previsão, ao aplicar uma lei nova a um fato total ou parcialmente verificado.[141]

A Constituição Federal, no *caput* dos arts. 5º e 6º,[142] reconhece a segurança como um direito a ser tutelado.[143] Esse

---

139. Destaque nosso. SMITH, Adam. *Investigación sobre la naturaleza y causas de La riqueza de las naciones*. Trad. ao espanhol de Gabriel Franco. 2. ed., 9. reimpressão. México: Fondo de Cultura Económica, 1997. livro V: "De los ingresos del Soberano o de La República", cap. II: "Sobre las fuentes donde proceden los ingresos públicos y generales de la sociedad", parte II: "De los impuestos", parágrafo II: "Certidumbre". p. 727.

140. NOVOA, César García, 2000, *op.cit.*, p. 113.

141. SANCHES, J. L. Saldanha, *op.cit.*, pp. 186-187.

142. Art. 6º. São direitos sociais a educação, a saúde, a alimentação, o trabalho, a moradia, o transporte, o lazer, a segurança, a previdência social, a proteção à maternidade e à infância, a assistência aos desamparados, na forma desta Constituição.

143. Confirmando esse entendimento, transcreve-se o trecho do voto proferido pelo Min. Celso de Mello no RE 377.457: "não se desconhece que, na cláusula que

preceito tem como conteúdo mínimo a segurança jurídica, pressuposto que é inerente ao estado de direito e que não pode ser afastado, sob pena de retirar a eficácia social do próprio ordenamento jurídico.[144]

Desse modo, a segurança jurídica é decorrência do estado de direito e resguarda os indivíduos, não só apontando o direito válido, como protegendo-os da arbitrariedade, como bem aponta Leandro Paulsen.[145] O cidadão deve ter condições de prever as possíveis intervenções do Estado na sua vida e no seu patrimônio. Deve, ainda, confiar que seu comportamento estará sujeito aos efeitos jurídicos previstos pelo ordenamento quando da sua ocorrência. A presença dessas características confere calculabilidade às ações e às iniciativas dos agentes econômicos, expressão cunhada por Humberto Ávila.[146]

Os regimes jurídicos aplicáveis aos contribuintes deverão ser aqueles com os quais seus destinatários podiam razoavelmente contar, tendo em face deles estabelecido seus planos e realizado suas opções. Em homenagem à segurança jurídica, a *norma nova* não deverá se aplicar às relações constituídas no domínio da *norma anterior*, pois, de outro modo, todas as razoáveis expectativas sobre as consequências das opções dos membros de uma sociedade seriam defraudadas.[147] Esse

---

contempla o direito à segurança, inclui-se a positivação da segurança jurídica, sob pena de ignorar, com grave lesão aos cidadãos, o atributo da previsibilidade das ações estatais, que norteia e estimula a adoção de padrões de comportamento por parte das pessoas em geral (e dos contribuintes em particular)".

144. BVerfGE 7, 129, 152; 11, 64, 72.

145. PAULSEN, Leandro. *Segurança jurídica, certeza do direito e tributação:* a concretização da certeza quando à instituição de tributos através das garantias da legalidade, da irretroatividade e da anterioridade. Porto Alegre: Livraria do Advogado, 2006, p. 32.

146. Conforme o autor: "Calculabilidade significa a capacidade de o cidadão antecipar as consequências alternativas atribuíveis pelo Direito a fatos ou a atos, comissivos ou omissivos, próprios ou alheios, de modo que a consequência efetivamente aplicada no futuro se situe dentro daquelas alternativas reduzidas e antecipadas no presente." (ÁVILA, Humberto. *Teoria da segurança jurídica*. 4. ed., rev., atual. e ampl. São Paulo: Malheiros, 2016. p. 609).

147. MARTÍNEZ, Soares, *op.cit.*, pp. 152-153.

ponto foi repisado, no plano infraconstitucional, pela Lei 13.655/2018, Diploma que ao alterou a Lei de Introdução às Normas do Direito Brasileiro (LINDB) e elevou o nível de segurança jurídica do ordenamento jurídico brasileiro.

Afirmar que a segurança jurídica viabiliza o próprio Estado de Direito[148] importa compreender que ela está diretamente ligada à confiança dos cidadãos no respeito pelas instituições encarregadas pela inserção e pela definição das obrigações tributárias (Legislativo, Executivo e Judiciário), dos significantes e dos significados vigentes durante a ocorrência de cada fato jurídico tributário. O transcurso do tempo juridicamente positivado estabiliza – para certos efeitos e relações jurídicas – a possibilidade de alteração semântica e sintática do ordenamento.

A estabilização sintática ocorre, por exemplo, com a passagem do tempo no qual deveriam ter sido praticados atos, pelo sujeito ativo tributário, ligados tanto à constituição de relações jurídicas tributárias (prazo decadencial)[149] como à possibilidade de deflagrar reflexos patrimoniais a partir de relações já constituídas, mediante expropriação (prazo prescricional). Do mesmo modo, o sentido de um evento passado adquire contorno próprio, decorrente do significado vigente atribuído à lei à qual foi subsumido, tornando-se imune às alterações atribuídas por lei posterior.[150]

---

148. Quanto à relação entre o princípio da segurança jurídica e o Estado de Direito, afirma Roque Antônio Carrazza: "O princípio da segurança jurídica hospeda-se nas dobras do Estado Democrático de Direito, consagrado já no art. 1º da Constituição Federal, e visa *(sic)* proteger e preservar as justas expectativas das pessoas. Para tanto, veda a adoção de medidas legislativas, administrativas e judiciais, capazes de frustrar a confiança que as pessoas depositam nas normas jurídicas em vigor" (CARRAZZA, Roque Antônio. *Segurança jurídica e eficácia temporal das alterações jurisprudenciais. In:* FERRAZ JUNIOR, Tercio Sampaio. Efeito *ex nunc* e as decisões do STJ. 2. Ed. Barueri: Manole, 2009, p. 43).

149. CTN, art, 150, § 4º, e art. 173, I.

150. FERRAZ JÚNIOR, Tercio Sampaio. Segurança jurídica, coisa julgada e justiça. *Revista do Instituto de Hermenêutica Jurídica*. Porto Alegre, v. 1, n. 3, 2005. p. 266.

Sob uma análise temporal, a segurança jurídica – no direito tributário – projeta seus vetores para o passado e para o futuro, a partir das seguintes perspectivas: intangibilidade do passado (afastando regimes retroativos mais gravosos) e previsibilidade do futuro. Essa função pode ser demonstrada a partir da seguinte representação gráfica:

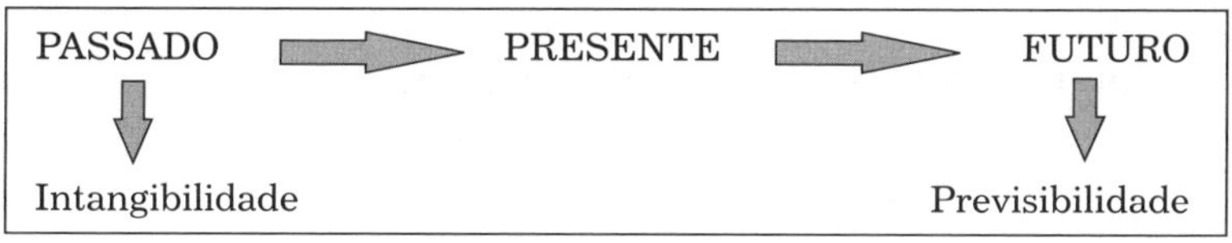

Como bem apontou o Tribunal Constitucional Alemão, a proibição à eficácia retroativa das leis tributárias deriva do princípio da proteção da confiança, em harmonia com o princípio do estado de direito.[151] Segundo o BVerfG, do princípio da segurança jurídica (subprincípio do estado democrático de direito) decorre a proibição da retroatividade de leis que impõem gravames. As leis devem dar condições necessárias para que os contribuintes possam planejar seus comportamentos com antecedência.[152]

As observações contidas no parágrafo anterior ganham ainda maior relevância quando se observa que cumpre aos contribuintes, na grande maioria dos casos, a constituição do crédito tributário mediante a figura do autolançamento, que lhes imputa o ônus de interpretação e de aplicação, num primeiro momento, da regra tributária.

4.3 Legalidade

4.3.1 Introdução e conteúdo

A presença (plano sintático), o reconhecimento (plano semântico) e o respeito revelado pelos atos de aplicação (plano

151. TIPKE, Klaus. La retroactividad en el derecho tributario. *In:* AMATUCCI, Andrea, *op.cit.*, p. 341. No mesmo sentido: NEUMARK, Fritz. *Principios de la imposición.* Madrid: Instituto de Estudios Fiscales, 1974, pp. 410 e 432.

152. *Ibid.*, p. 342.

pragmático) do princípio de legalidade, numa sociedade, revelam a condição de súditos ou de cidadãos livres dos seus membros.

Numa sociedade democraticamente estável, o modelo legal apresenta relativa estabilidade, o que permite seu controle pela população e a verificação do respeito aos seus limites pelo Poder Executivo. As constantes alterações normativas,[153] sob a retórica da justiça ou de qualquer outro *topói* ideológico indeterminado, exigem a presença de um órgão codificador que, reunindo o emaranhado normativo que prolifera dia a dia, reconstrói o conteúdo prescritivo (na melhor acepção derridiana), não só quanto ao conteúdo, como quanto à vigência dos próprios enunciados prescritivos. Não raro, assuntos de relativa complexidade são resolvidos a partir de critérios interpretativos extraídos de atos declaratórios, de instruções normativas e de outras normas infralegais.

Isso ocorre, porque a ausência de lei, na realidade, deve ser identificada com a ausência de um comando legal que fixe balizas indispensáveis à escolha e à realização de uma conduta numa determinada situação. Isso pode ocorrer tanto pela ausência de lei em sentido estrito como pela poluição normativa que – assim como numa obra de arte – apaga e confunde o objeto sob análise. A analogia é simples, mas aplicável: imaginemos o condutor de um veículo que, antes de um entroncamento, deve decifrar o significado de dez placas sucessivas

---

153. A multiplicidade de tributos constitui dado que, por si, revela a evidente complexidade da legislação tributária. A. D. Giannini já salientava que "*dada la multiplicidad de impuestos y su variación en el tiempo, debido a la necesidad de acomodarlos a las exigencias financieras del Estado y a las cambiantes condiciones económicas del país, la legislación tributaria está sujeta, más que ninguna otra rama del Derecho, a continuos cambios y retoques, que hacen más difícil su sistematización orgánica*" (GIANNINI, A. D. *Instituciones de derecho tributario*. Madrid: Editorial de Derecho Financiero, 1957, p. 34.). Se agregarmos a esse dado as constantes (quase diárias) inovações normativas existentes no Brasil, alterando regimes jurídicos de diversas exações, constataremos que esse é o primeiro grande problema a ser enfrentado em busca da estabilidade. A título de curiosidade, vide as recentes alterações promovidas, através da Medida Provisória 413/08 (convertida na Lei nº 11.727/2008) – no regime de recolhimento do PIS/COFINS e do IPI sobre bebidas, acrescentaram-se à Lei nº 10.833/2003 os artigos 58-A a 58-U. [Nota do editorial: os arts. 58-A a 58-V foram revogados pela Lei 13.097/2015].

para chegar à conclusão da conduta correta (virar à direita ou à esquerda). Se simples mudanças na rotina do trânsito atrapalham o caminho habitual e o planejamento de diversas pessoas, o que dizer das constantes alterações do sistema tributário e de suas consequências para o planejamento e para a segurança dos contribuintes?

A multiplicidade gera perplexidade e confusão, trazendo a insegurança. Além disso, dificulta o controle do respeito pelas partes interessadas do limite legalmente entabulado e impede o regramento da vida a partir de um comando legal plenamente cognoscível, como destaca Cesar García Novoa:

> *Una segunda causa productora de incertidumbre jurídica es, por el contrario, la excesiva producción normativa, traducida, bien en un exceso de reglamentismo. Así lo ha destacado recientemente Isensee, refiriéndose al sistema fiscal alemán, en unas consideraciones perfectamente reproducibles respecto a nuestro ordenamiento tributario; la excesiva proliferación de normas tributarias y, consiguientemente, la dificultad de determinar el régimen de vigencias y derogaciones, hace que el contribuyente no conozca la ley fiscal que es aplicable.*[154]

Essas observações iniciais são importantes para realçar a importância capital da legalidade e para constatar que a crise por que passa esse princípio é diretamente proporcional à crise por que passam as instituições democráticas no Brasil.[155]

Para que se verifique o conteúdo e a própria existência de uma obrigação, não raro recorre-se, inadequadamente, a

154. NOVOA, César García. *El principio de seguridad jurídica en materia tributaria.* Madrid: Marcial Pons, 2000, p. 139.

155. O direito assenta-se sobre a tradição e sobre renovação e encontra-se permanentemente entre o imperativo da estabilidade e a necessidade de adaptação. O direito tributário tem-se revelado como um dos segmentos mais sensíveis às constantes alterações normativas. Na disputa dessas forças de contração e de expansão, não se pode deixar seduzir pelo discurso fácil de reformismo, tampouco se deve defender a inalterabilidade do ordenamento tributário. O caminho adequado parece ser o do reconhecimento de limites mínimos, que asseguram a modificação normativa sem desconsiderar as premissas até então adotadas pelos contribuintes no planejamento das suas atividades.

enunciados prescritivos ou descritivos produzidos pelo Poder Executivo, destinatário histórico do freio legal, e não seu criador.

4.3.2 Noções históricas relevantes

O tema da legalidade surgiu, nos ordenamentos modernos, ligado, basicamente, a duas matérias: a definição de delitos e de penas (princípio da legalidade penal) e o estabelecimento de tributos (princípio da legalidade tributária). A legalidade parte da ideia de que, em uma sociedade livre, apenas a comunidade pode impor a si mesma os comandos prescritivos que definem delitos e penas e que fixam os tributos (isto é, a parcela do patrimônio com que cada um de seus membros deve sustentar os gastos da coletividade).[156]

Em sua origem, o significado de tributo sempre esteve ligado ao poder de violência do Estado frente ao particular. A arbitrariedade na instituição dos tributos, diante da ausência de limites formais (ligados às fontes) e materiais (ligados ao conteúdo) estabelecidos como garantia pública, conhecida por toda a comunidade, criava um estado de insegurança e de temor, bem como um sentimento de injustiça.

A mudança do quadro descrito acima ocorreu justamente com o advento da legalidade,[157] a partir do qual o poder tributário começou a se converter na faculdade de ditar normas jurídicas que criam os tributos e que permitem sua cobrança. Essa garantia formal, ligada ao sistema de produção de normas, completa-se quando surgem outras ligadas ao conteúdo das normas instituidoras do tributo (garantias materiais), como o princípio da capacidade contributiva, o princípio da isonomia, o princípio da irretroatividade, o princípio da

156. LAPATZA, José Juan Ferreiro, *op.cit.*, p. 9.

157. Em direito tributário, o princípio da legalidade consagra o seguinte aforismo: "não há tributo sem lei que o estabeleça". Nesse sentido, é estabelecida íntima ligação com o conhecido princípio penal *nullum crimen, nulla poena, sine lege*. Vide: COSTA, Ramón Valdés. *Instituciones de Derecho Tributario*. Buenos Aires: Depalma, 2004, p. 121; CASÁS, José Osvaldo, *op.cit.*, p. 218.

razoabilidade e o princípio da vedação à utilização do tributo como forma de confisco.[158]

O evento histórico comumente associado ao princípio da legalidade é a *Magna Charta Libertatum*, documento imposto pelos barões ingleses ao Rei João Sem Terra, no ano de 1215. Irmão de Ricardo Coração de Leão (que foi como cruzado à Terra Santa), o monarca foi um péssimo gestor e, diante da onerosa e prolongada guerra estabelecida contra a França, obrigou seus vassalos ao crescente pagamento de tributos. Revoltados com o abuso do poder real, os vassalos aprisionaram o Rei João numa ilha do Tâmisa, próxima ao povoado de Runnymede, e fizeram-no assinar o documento – Carta Magna – pelo qual o rei se comprometia a preservar antigos direitos de seus súditos, como a vedação da criação de novos tributos sem o consentimento comum do reino. Embora fosse essencialmente um documento dirigido contra um rei que violara as práticas feudais,[159] a Carta Magna definiu os poderes de um rei como jamais se fizera antes.[160]

Entre nós, o princípio da legalidade tem sido reconhecido e albergado pelos textos constitucionais desde a Constituição Federal de 1824, que, em seu art. 179, I, estabelecia:

> Art. 179. A inviolabilidade dos Direitos Civis, e Políticos dos cidadãos brasileiros, que tem por base a liberdade, a segurança individual, e a propriedade, é garantida pela Constituição do Império, pela maneira seguinte:
>
> I - Nenhum cidadão pode ser obrigado a fazer, ou deixar de fazer alguma cousa, senão em virtude de Lei.

---

158. VILLEGAS, Héctor Belisario. *Curso de finanzas, derecho financiero y tributario*. Buenos Aires: Astrea, 2003, p. 254.

159. Conforme PERRY, Marvin, *op.cit.*, p. 170. Segundo o autor: "Aos poucos, esse direito passou a significar que o rei não podia criar impostos sem o consentimento do parlamento que representava o povo inglês".

160. Cf. VAN LOON, Hendrick Willen, *op.cit.*, p. 189. Essa identificação é bastante controvertida, existindo forte resistência ao reconhecimento de uma Constituição e de um limite (lei) aos governantes antes da *Bill of Rights* 1689. Vide, a respeito, os interessantes apontamentos de Fernando Maida Gonçalves (GONÇALVES, Fernando Maida. *O Princípio da Legalidade Tributária*.). Disponível em: http://www.uj.com.br/publicacoes/doutrinas/default.asp?action=doutrina&iddoutrina=3792. Acesso em: 20 jul. 2008.

As demais Constituições Brasileiras (republicanas) reproduziram o enunciado, como se observa no art. 72 da Constituição Federal de 1891[161] e no art. 113 da Carta Magna de 1934.[162]

Na Constituição Federal de 1946, a Legalidade, além da previsão genérica do art. 141, § 2º,[163] teve sua observância no campo tributário reforçada, retoricamente, pelo §34 desse mesmo artigo.[164] De igual modo, o texto constitucional de 1967 previu a legalidade genérica no art. 150, § 2º,[165] reiterada no campo tributário pelo art. 20, I.[166]

O princípio da legalidade foi, novamente, ressaltado de modo expresso pelo legislador constituinte de 1988, que fez questão de reforçar a obrigatoriedade desse princípio no campo tributário, ao fazer constar, no art. 150, I, da atual Constituição[167] (em

---

161. Art. 72 - A Constituição assegura a brasileiros e a estrangeiros residentes no País a inviolabilidade dos direitos concernentes à liberdade, à segurança individual e à propriedade, nos termos seguintes:
§ 1º - Ninguém pode ser obrigado a fazer ou deixar de fazer alguma coisa senão em virtude de lei.
§ 2º - Todos são iguais perante a lei.

162. Art. 113- A Constituição assegura a brasileiros e a estrangeiros residentes no País a inviolabilidade dos direitos concernentes à liberdade, à subsistência, à segurança individual e à propriedade, nos termos seguintes: 1) Todos são iguais perante a lei. Não haverá privilégios, nem distinções, por motivo de nascimento, sexo, raça, profissões próprias ou dos pais, classe social, riqueza, crenças religiosas ou ideias políticas. 2) Ninguém será obrigado a fazer, ou deixar de fazer alguma coisa, senão em virtude de lei. 3) A lei não prejudicará o direito adquirido, o ato jurídico perfeito e a coisa julgada. 4) Por motivo de convicções filosófica, políticas ou religiosas, ninguém será privado de qualquer dos seus direitos, salvo o caso do art. 111, letra *b*.

163. § 2º Ninguém pode ser obrigado a fazer ou deixar de fazer alguma coisa senão em virtude de lei.

164. § 34 - Nenhum tributo será exigido ou aumentado sem que a lei o estabeleça; nenhum será cobrado em cada exercício sem prévia autorização orçamentária, ressalvada, porém, a tarifa aduaneira e o imposto lançado por motivo de guerra.

165. CF/67. Art. 150 [...] § 2º. Ninguém será obrigado a fazer ou deixar de fazer alguma coisa senão em virtude de lei.

166. CF/67. Art. 20. É vedado à União, aos Estados, ao Distrito Federal e aos Municípios: I - instituir ou aumentar tributo sem que a lei o estabeleça, ressalvados os casos previstos nesta Constituição; [...].

167. Art. 150. Sem prejuízo de outras garantias asseguradas ao contribuinte, é vedado à União, aos Estados, ao Distrito Federal e aos Municípios: I - exigir ou aumentar tributo sem lei que o estabeleça; [...].

dispositivo integrante do capítulo reservado ao Sistema Tributário Nacional), a explícita vedação imposta à União, aos Estados, ao Distrito Federal e aos Municípios para a criação ou para o aumento de tributos desacompanhados do respectivo veículo legal.

4.3.3 Legalidade e República

Conforme a brilhante lição do saudoso Professor Geraldo Ataliba,[168] para se compreender, adequadamente, o conteúdo, o sentido e o alcance do princípio da legalidade, no Brasil, é imperioso compreender sua ligação umbilical com o princípio republicano, idealizado por Montesquieu. Esse princípio funciona como eixo central no esquema de tripartição dos poderes e foi adotado pelo ordenamento constitucional brasileiro.

Na República Brasileira, como bem esclarece o art. 1°, parágrafo único, da Carta Magna,[169] o poder emana do povo, que o exerce através dos seus representantes, eleitos diretamente. A criação do direito, através das leis, é expressamente estendida aos mandatários designados pelo povo, que, mediante o voto, destina *a indivíduos distintos as funções de legislar e administrar, que constituem poderes harmônicos e independentes.* Nesse contexto, como decorrência da forma de governo adotada, o art. 5°, II, da Carta Maior,[170] refletindo o princípio republicano, determinou, no capítulo de direitos e garantias individuais, que somente o produto do trabalho dos representantes do povo – lei – eleitos para essa finalidade é que constitui instrumento normativo apto a criar, a extinguir e a modificar direitos.[171]

---

168. ATALIBA, Geraldo. *República e constituição.* 2ª. ed. São Paulo: Malheiros, 2001, p. 123.

169. Parágrafo único. Todo o poder emana do povo, que o exerce por meio de representantes eleitos ou diretamente, nos termos desta Constituição.

170. Art. 5°. Todos são iguais perante a lei, sem distinção de qualquer natureza, garantindo-se aos brasileiros e aos estrangeiros residentes no País a inviolabilidade do direito à vida, à liberdade, à igualdade, à segurança e à propriedade, nos termos seguintes: [...] II - ninguém será obrigado a fazer ou deixar de fazer alguma coisa senão em virtude de lei; [...].

171. O conceito de representação popular por meio da lei é bem definido por Valdés Costa, que, ao comentar o princípio da legalidade, ressalta: "*El principio está secularmente*

Essa engrenagem representa uma conquista histórica contra o arbítrio e o desvio do poder e deve ser ainda mais observada quando seu funcionamento tem por finalidade a normatização de restrições impostas ao patrimônio dos cidadãos, matéria localizada no ponto central da tensão que está ligada às raízes da própria Constituição enquanto fenômeno jurídico indispensável ao convívio social, desde a Idade Moderna.

A lei representa a vontade de autonormatização de uma coletividade que não reconhece outros poderes além daqueles que emanam do conjunto de cidadãos que fazem parte dela. Se o povo é titular da *res publica* e se o governo, como mero administrador, há de realizar a vontade do povo, é preciso que essa seja clara e solene. Ademais, é necessário que seja inequivocamente expressa. Tal é a função da lei: elaborada pelos mandatários do povo, exprime a vontade popular. Em consequência, nenhuma expressão de vontade estatal será compulsória se não amparada em lei. Só a lei obriga, salvo as exceções expressas, que devem ser restritivamente interpretadas.[172]

O princípio da legalidade, portanto, domina a atuação de todos os órgãos do Poder.[173] Essa é a razão pela qual deve ser encarada não apenas como uma mera legitimação formal-normativa, mas como um pilar central dentro da Constituição,[174] assegurando a preservação da República e desempenhando as seguintes funções substanciais: (i) proteção do direito de propriedade, que é um condicionante da liberdade humana; (ii) garantia de segurança jurídica, trazida pela característica

---

identificado con la idea de autoimposición, en el sentido de obligación consentida por los obligados por medio de sus representantes en los parlamentos, cortes o Estados generales..." (COSTA, Ramón Valdés. *Instituciones de Derecho Tributario.* Buenos Aires: Depalma, 2004. p. 125).

172. ATALIBA, Geraldo, 2001, *op.cit.*, p. 122.

173. Cf. SOUZA JÚNIOR, Cezar Saldanha, *op.cit.*, p. 54.

174. Quanto ao âmbito constitucional do princípio da legalidade, Valdés Costa comenta: "Conforme al dogma de la subordinación de todas las ramas jurídicas a la Constitución [...], la existencia de una ley no es suficiente por sí sola; es imprescindible, además, que la ley se ajuste a las normas y principios establecidos expresa o implícitamente en la Constitución..." (COSTA, Ramón Valdés. *Instituciones de Derecho Tributario.* Buenos Aires: Depalma, 2004. p. 123).

estabilizadora da lei e essencial ao desenvolvimento de valores como a confiança e a boa-fé no ordenamento jurídico; (iii) publicidade e democracia, pois a criação de obrigações jurídicas através do Poder Legislativo possibilita o debate democrático e público na sociedade.[175]

Em um estado democrático de direito, conforme ensina Klaus Tipke, o princípio da legalidade tem, no mínimo, dois desdobramentos. O primeiro diz respeito à atribuição das cargas tributárias. O nascimento da obrigação tributária pressupõe que seja preenchido um tipo legal, ao qual a lei conecta uma obrigação patrimonial como consequência jurídica (*tipicidade da imposição*). Mas a consequência jurídica também precisa resultar da lei. A segunda consequência é que os regulamentos jurídicos e os atos administrativos não podem se chocar contra a lei (*Vorrang des Gesetzes*).[176]

Se a ação estatal de tributar (tributação) atinge a liberdade e o patrimônio – e se esses bens encontram na sua proteção a própria razão de ser da Constituição –, é bem de ver que aquela faculdade que ao Estado se reconhece há de ser disciplinada estritamente em termos constitucionais. Em outras palavras: é matéria substancialmente constitucional.[177]

Enfim, como já apontava Hensel, em um sistema tributário estruturado a partir de garantias mínimas de um estado de direito,[178] o princípio da legalidade deve ser observado integralmente e sem qualquer margem de consideração.[179] Somente esse respeito assegurará o cumprimento do princípio republicano e a criação de um ordenamento jurídico dotado

---

175. Vide, a respeito, RODRÍGUEZ, Maria José, *op.cit.*, pp. 143-144.

176. Ou primado da lei, conforme o autor. TIPKE, Klaus; LANG, Joaquim. *Direito Tributário*. Porto Alegre: Fabris, 2008, pp. 235-236.

177. ATALIBA, Geraldo, 2001, *op.cit.*, p. 127.

178. Sobre o estado de direito como limitação (formal e material) ao poder de tributar, vide: PORTO, Éderson Garin. *Estado de direito e direito tributário*. Porto Alegre: Livraria do Advogado Editoria, 2009.

179. HENSEL, Albert, *op.cit.*, p. 133.

de segurança jurídica, de previsibilidade e de certeza acerca dos efeitos decorrentes dos atos praticados.

Ilustrativamente, o princípio da legalidade tributária pode ser compreendido como uma moeda. Em uma das faces, estará contida a determinação de que somente as obrigações respaldadas em veículo normativo próprio (lei) têm aptidão de criar hipóteses normativas tributárias válidas no nosso sistema. A atividade da Administração (Poder Executivo), através de decretos, de instruções normativas, de portarias ou de outras espécies normativas, estará, sempre, adstrita aos limites legais, sendo supletiva e secundária. O desenho legal da obrigação não poderá ser alterado ou inovado por outro veículo que não a lei.

No outro lado da moeda, tem-se a determinação de que todos os elementos necessários ao surgimento da obrigação tributária (coordenadas de tempo, de lugar, de quantidade, de sujeitos e de evento) devem estar pormenorizadamente descritos nas hipóteses normativas, conferindo ao contribuinte condições plenas de antever, com exatidão, não apenas todos os elementos componentes da situação cuja ocorrência poderá ensejar o nascimento da obrigação jurídica tributária, como também a definição precisa do montante devido. A primeira face da moeda é, dogmaticamente, denominada "Legalidade Formal" ou "Legalidade"; a segunda, "Legalidade Material"[180] ou "Tipicidade".[181]

---

180. Qualquer hipótese normativa, como é cediço, possui um *descritor*, no qual está inserida uma determinada situação (hipótese) e um *prescritor*, que atribui consequências jurídicas ao fato e/ou situação previstos no descritor. Tratando-se de hipótese normativa tributária, o descritor será composto por três elementos (lugar, tempo, fato jurígeno), que definem coordenadas indispensáveis à identificação da situação normativamente prevista. O prescritor, por sua vez, conterá uma obrigação de cunho econômico (obrigação de dar), que terá um sujeito ativo – titular da capacidade tributária – e um sujeito passivo, responsável pela realização da conduta correspondente ao pagamento de determinado valor. Esse, por fim, será o resultado da multiplicação de uma base de cálculo por uma alíquota.
Cada um dos elementos que compõe a hipótese normativa tributária deve estar claramente definido e identificado pela lei instituidora da exação sujeita ao princípio. Somente assim estará atendida a legalidade material ou a tipicidade. Em breve síntese, pode-se dizer que a hipótese normativa tributária válida deve ter respaldo legal (legalidade formal), no qual estejam previstos todos os seus elementos definidores (legalidade material ou tipicidade).

181. Na doutrina latino-americana, José Osvaldo Casás, por exemplo, adota tal distinção (CASÁS, José Osvaldo, *op.cit.*, p. 221).

A lei, portanto, deve conter não só o fundamento da conduta da Administração, mas também o próprio critério de decisão do órgão de aplicação do direito no caso concreto. Partindo dessa premissa, as normas que instituem tributos são verdadeiras normas de decisão material (*Sachentscheidungsnormen*), na terminologia de Werner Flume. Ao contrário do que sucede nas normas de ação (*Handlungsnormen*), não se limitam a autorizar o órgão de aplicação do direito a exercer, mais ou menos livremente, um poder, mas lhe impõem o critério da decisão concreta, predeterminando integralmente o conteúdo normativo.[182]

Desse modo, sujeito ativo, sujeito passivo, critérios materiais, espaciais, temporais, base de cálculo e alíquota devem estar descritos em diploma legal. Se a lei for omissa ou obscura em qualquer desses pontos, descabe ao administrador (que aplica a lei de ofício) e ao juiz (que aplica a lei contenciosamente) integrarem a lei, suprindo a lacuna. Nesse caso, o juiz deve sentenciar a inaplicabilidade da lei por insuficiência normativa, somente suprível através de ato formal e materialmente legislativo.[183]

A subsunção tributária que, na lição clássica do direito tributário, dá origem à obrigação jurídica tributária, ocorre a partir da identidade entre o conceito da norma e o conceito do fato, de forma que os elementos que compõem aquele estejam presentes neste.

A ausência de subsunção, portanto, pode decorrer tanto de hipótese normativa incompleta, na qual pelo menos um dos critérios estruturais (conotativos) da obrigação tributária não se encontra presente, como na hipótese de insuficiência do fato, ou seja: o fato considerado não possui todos os atributos e as circunstâncias definidos na hipótese legal.

---

182. XAVIER, Alberto, *op.cit.*, pp. 17-18.

183. Nesse sentido, vide ADI 1600 (STF. ADI 1600. Tribunal Pleno. Relator:. Min. Sydney Sanches. Relator para acórdão: Min. Nelson Jobim. D.J.U.: 20.06.2003), que afastou a cobrança do ICMS sobre o transporte aéreo.

4.3.4 Legalidade e medida provisória

O art. 62 da Constituição Federal autoriza a utilização pelo Poder Executivo de espécies normativas chamadas medidas provisórias nos casos de relevância e de urgência.[184] O § 2º desse artigo[185] esclarece que a medida provisória que implique a instituição ou a majoração de impostos, exceto os previstos no art. 153,[186] I (Imposto de Importação), II (Imposto de Exportação), IV (Imposto sobre Produtos Industrializados), V (Imposto sobre Operações de Crédito, Câmbio Seguro e operações com Títulos e Valores Mobiliários) e o previsto no art. 154, II[187] (Impostos Extraordinários), deverá ser convertida em lei até o encerramento do exercício em que foi editada, para que tenha eficácia a partir do exercício seguinte ao da edição.

Considerando o posicionamento já adotado pelo Supremo Tribunal Federal, que admitia a utilização de medida provisória para criação e para instituição de tributos[188] antes da Emenda Constitucional 33/2001, a nova redação trouxe as seguintes alterações como consequências:

---

184. Art. 62. Em caso de relevância e urgência, o Presidente da República poderá adotar medidas provisórias, com força de lei, devendo submetê-las de imediato ao Congresso Nacional.

185. § 2º Medida provisória que implique instituição ou majoração de impostos, exceto os previstos nos arts. 153, I, II, IV, V, e 154, II, só produzirá efeitos no exercício financeiro seguinte se houver sido convertida em lei até o último dia daquele em que foi editada.

186. Art. 153. Compete à União instituir impostos sobre: I - importação de produtos estrangeiros; II - exportação, para o exterior, de produtos nacionais ou nacionalizados; III - renda e proventos de qualquer natureza; IV - produtos industrializados; V - operações de crédito, câmbio e seguro, ou relativas a títulos ou valores mobiliários; VI - propriedade territorial rural; VII - grandes fortunas, nos termos de lei complementar.

187. Art. 154. A União poderá instituir: [...] II - na iminência ou no caso de guerra externa, impostos extraordinários, compreendidos ou não em sua competência tributária, os quais serão suprimidos, gradativamente, cessadas as causas de sua criação.

188. Recurso extraordinário. 2. Medida provisória. Força de lei. 3. A Medida Provisória, tendo força de lei, é instrumento idôneo para instituir e modificar tributos e contribuições sociais. Precedentes. 4. Agravo regimental a que se nega provimento (STF. Segunda Turma. AI 236.976. Relator: Min. Néri da Silveira. *D.J.U.*: 24.09.1999).

i) criou restrição à utilização da medida provisória apenas a alguns impostos, ressalvando os impostos expressamente referidos pelo art. 62, § 2º, além de todos os demais tributos;

ii) retirou a vigência da medida provisória quando utilizada para majoração ou para criação de impostos inseridos na ressalva acima referida. Nesse caso, ter-se-á uma norma existente, válida, mas desprovida de vigência (e também de eficácia),[189] uma vez que ela não criará obrigação alguma até o exercício seguinte àquele em que houver sido convertida a medida provisória em lei.

4.4 Irretroatividade

4.4.1 Introdução e conteúdo

O tema da irretroatividade[190] está ligado às noções de passado, de presente e de futuro, enquanto caminho, transcurso numa linha do tempo. A existência do direito enquanto sistema prescritivo apto a solucionar conflitos e a fixar parâmetros para a adoção de condutas pelos indivíduos depende, inexoravelmente, da inviolabilidade das dimensões obrigacionais surgidas no passado. Sem isso, a autoridade na qual está

---

189. Vide, a respeito dos conceitos de existência, de validade e de eficácia, os interessantes apontamentos de Tácio Lacerda Gama (GAMA, Tácio Lacerda. *Competência tributária: fundamentos para uma teoria da nulidade*. São Paulo: Noeses, 2009. pp. 301-320). Ao analisar a validade das normas, Cristiano Carvalho alinha interessante classificação sob enfoque sintático, semântico e pragmático (CARVALHO, Cristiano. *Ficções jurídicas no direito tributário*. São Paulo: Noeses, 2008, pp 180-182.

190. Embora o BVerfG já tenha admitido a distinção da retroatividade em (i) retroatividade própria (quando a lei intervém posteriormente, modificando preceitos do passado) da (ii) retroatividade imprópria (quando a lei atua sobre situações jurídicas ainda não definitivamente consolidadas), em direito tributário, jamais se reconheceu como admissível qualquer caso de retroatividade imprópria. Tipke, em estudo coordenado por Andrea Amatucci, critica a distinção traçada pelo Tribunal Constitucional Alemão. Segundo o jurista, essa distinção estaria acoplada ao conceito de periodicidade (anualidade). A respeito, vide: TIPKE, Klaus. La retroactividad en el derecho tributario. *In:* AMATUCCI, Andrea, *op.cit.*, pp. 345 e 346.

investida a lei é relativizada, o que colocaria em xeque a própria força prescritiva do ordenamento jurídico, abalado em sua justificativa existencial.

Fica fácil entender o motivo por que a vedação à retroatividade é tão antiga como a própria civilização. Ela está umbilicalmente ligada à segurança dos indivíduos e à proteção da propriedade, fatores que tornaram necessário o surgimento de comandos prescritivos genéricos de controle social. As palavras de Portalis a esse respeito são lapidares:

> o homem, que não ocupa senão um ponto no tempo e no espaço, seria o mais infeliz dos seres, se não se pudesse julgar seguro, nem sequer quanto à sua vida passada. Por essa parte de sua existência, já não carregou todo o peso do seu destino? O passado pode deixar dissabores, mas põe termo a todas as incertezas. Na ordem da natureza, só o futuro é incerto e esta própria incerteza é suavizada pela esperança, a fiel companheira de nossa fraqueza. Seria agravar a triste condição da humanidade, querer mudar, através do sistema da legislação, o sistema da natureza, procurando, para o tempo que já se foi, fazer reviver as nossas dores, sem nos restituir as nossas esperanças.[191]

O respeito à República depende do respeito à lei, cuja autoridade está diretamente ligada à sua capacidade de disciplinar e de definir situações jurídicas a ela subsumidas, prescrevendo as respectivas consequências jurídicas. Assim, o império da lei é violado sempre que é suprimido seu vigor,[192] revelado pelas consequências jurídicas já disciplinadas pelo veículo legal e estabilizadas no tempo. Esse é o motivo pelo qual boa parte da doutrina considera que ***a irretroatividade é uma consequência da legalidade***, como Rubén Oscar Asorey,[193] para quem a certeza e a segurança jurídica não

191. Apud RÁO, Vicente, *op.cit.*, p. 389.

192. Vigor é a qualidade da norma que diz respeito à sua força vinculante, que deve persistir, em geral, mesmo quando ela não mais integra o ordenamento jurídico, pois a norma seguirá disciplinando as relações jurídicas nascidas sob a égide da sua vigência. Nesse sentido, vide FERRAZ JÚNIOR, 2001, *op.cit.*, p. 199.

193. ASOREY, Rúben Oscar. *Legalidad, certeza y irretroactividad fiscal. Apud* CA-

constituem um critério limite para a retroatividade, mas um conteúdo da legalidade, do qual decorre a irretroatividade.

Mesmo que não seja admitida como consequência lógica da legalidade, é inegável que a reserva legal, sem a garantia da irretroatividade, fica destituída de sua função estabilizadora, restringindo-se a um mero requisito formal ligado às fontes do direito. Como acertadamente pondera Dino Jarach, a adoção da legalidade significa que as situações jurídicas dos contribuintes devem ser regidas por lei, mas não por qualquer lei, senão pela lei anterior e vigente aos atos que se sujeitam ao seu império.[194]

Apenas a Constituição Brasileira do Império (1824)[195] e a primeira Carta Republicana (1891)[196] impediam, de maneira incondicional, a irretroatividade das leis. As demais Constituições – seguindo o modelo instituído pela Constituição de 1934 – tornaram intangíveis apenas certas situações consolidadas no passado, a saber: o ato jurídico perfeito, o direito adquirido e a coisa julgada.

Especificamente no campo tributário, o art. 150, III, "a", da Constituição de 1988, prescreve:

> Art. 150. Sem prejuízo de outras garantias asseguradas ao contribuinte, é vedado à União, aos Estados, ao Distrito Federal e aos Municípios:

SÁS, José Osvaldo, *op.cit.*, p. 798.

194. JARACH, Dino. *Curso superior de derecho tributario*. Buenos Aires: Ed. Cima, 1957. p. 112.

195. CF/1824. Art. 179. A inviolabilidade dos Direitos Civis, e Políticos dos Cidadãos Brazileiros, que tem por base a liberdade, a segurança individual, e a propriedade, é garantida pela Constituição do Imperio, pela maneira seguinte. I. Nenhum Cidadão póde ser obrigado a fazer, ou deixar de fazer alguma cousa, senão em virtude da Lei. II. Nenhuma Lei será estabelecida sem utilidade publica. III. A sua disposição não terá effeito retroactivo.

196. CF/1891. Art. 11 - É vedado aos Estados, como à União: 1º) criar impostos de trânsito pelo território de um Estado, ou na passagem de um para outro, sobre produtos de outros Estados da República ou estrangeiros, e, bem assim, sobre os veículos de terra e água que os transportarem; 2º) estabelecer, subvencionar ou embaraçar o exercício de cultos religiosos; 3º) prescrever leis retroativas.

> III - cobrar tributos:
>
> a) em relação a fatos geradores ocorridos antes do início da vigência da lei que os houver instituído ou aumentado;

No capítulo de direitos e garantias individuais e coletivos da Constituição Federal (art. 5º, XXXVI),[197] está previsto que a lei não prejudicará a coisa julgada, o ato jurídico perfeito e o direito adquirido. Já o art. 150, III, "a", anteriormente transcrito, estabelece o princípio da irretroatividade – no direito tributário – em qualquer situação, ou seja, independentemente da configuração de coisa julgada, ato jurídico perfeito ou direito adquirido.[198] A prescrição é ampla e não comporta exceções decorrentes de qualquer classificação (retroatividade própria, imprópria, máxima, média, mínima).[199]

A irretroatividade, conforme acentuado por Cassiano Menke, significa a proibição de que os atos estatais emanados dos três poderes de estado estabeleçam consequências mais gravosas, relativamente à disciplina anterior, aos atos de disposição de direitos fundamentais realizados antes da sua entrada em vigor.[200] Em suma, sempre que uma lei tributária agravar a situação do contribuinte, sob qualquer aspecto, não poderá ser dotada de eficácia retroativa.

Como bem explica Tercio Sampaio Ferraz Júnior,[201] pela irretroatividade, cada fato-evento sucessivo fica protegido

---

197. CF/88. Art. 5º. [...] XXXVI - a lei não prejudicará o direito adquirido, o ato jurídico perfeito e a coisa julgada; [...].

198. Conforme VELLOSO, Carlos Mário da Silva. *O Princípio da Irretroatividade da lei tributária*. Revista Trimestral de Direito Público, São Paulo, n. 15, 1996, p. 14.

199. De acordo com VELLOSO (*Ibid.*, p. 18), a retroatividade é máxima quando a lei retroage para atingir coisa julgada ou fatos jurídicos consumados é média quando atinge direitos exigíveis, mas não realizados antes dela, vale dizer, já existentes, mas ainda não integrados ao patrimônio do titular (efeitos ainda pendentes de atos praticados antes da nova lei); é mínima quando atinge os efeitos de fatos anteriores à sua edição, a contar da vigência da lei.

200. MENKE, Cassiano. *Irretroatividade tributária material: definição, conteúdo e eficácia*. São Paulo: Malheiros, 2015, p. 299.

201. FERRAZ JÚNIOR, Tercio Sampaio, fev. 2001, *op.cit.*, p. 131.

contra a lei a eles posterior, na sua singularidade. Protege-se a expectativa legítima neles contida enquanto fatos pretéritos. Por ela, impede-se que eles sejam atingidos, ainda que considerados componentes de uma materialidade mais ampla. O fato de possuírem relevância jurídica ditada pela norma tributária, mesmo enquanto partes de um todo, torna sua expressão e sua relevância, perante o ordenamento jurídico vigente na data da sua ocorrência, inalteráveis. Assim, ocorridos antes de uma lei nova que lhes confira enquadramento jurídico mais gravoso, restam cobertos pelo manto da irretroatividade.

Ao contrário do destaque expressamente conferido ao tema pelo legislador constituinte originário, diversos ordenamentos jurídicos estrangeiros sequer possuem previsão expressa da irretroatividade, que, no campo tributário, é considerado corolário do princípio da capacidade contributiva.

Para a doutrina italiana, uma norma tributária com efeito retroativo estaria em manifesto confronto com o art. 53, § 1º, da Constituição Italiana, enunciado identificado como princípio da capacidade contributiva, que determina que "todos estão obrigados a contribuir com os gastos públicos de acordo com sua capacidade contributiva". Ignacio Manzoni, ao analisar esse artigo, afirma que a Constituição Italiana fixa como exigência à imposição tributária que o gravame tributário atinja capacidades contributivas atuais, jamais buscando representações de riqueza anteriores à vigência[202] da nova lei tributária.[203]

---

202. Vigência não se confunde com vigor. Vigência é uma qualidade da norma que diz respeito ao tempo em que ela atua, podendo ser invocada para produzir efeitos. Vigor diz respeito à força vinculante da norma, enquanto ela foi vigente. Conforme Tercio Sampaio Ferraz Júnior: "é de se admitir, via de regra, vigência e vigor tendem a coincidir. Isto é, a norma válida adquire vigência na data da sua publicação e desde então tem vigor. O vigor, contudo, não se confunde nem com a vigência nem com a validade. Que uma norma tem vigor, tem força, significa que ela é vinculante, ou seja, não há como subtrair-se ao seu comando, ao seu império" (FERRAZ JÚNIOR. Tercio Sampaio. *ICMS sobre Bens Importados*. Disponível em: https://bit.ly/2lFsu6K Acesso em: 09 set. 2019.

203. MANZONI, Ignacio. *Sul problema de la constitucionalità delle leggi tributarie retroattive.* Rivista de Diritto Finanzziario e Scienza delle Finanze, n. 963, v.1, p. 519 apud CASÁS, José Osvaldo, *op.cit.*, p. 803.

O princípio da capacidade contributiva exige contemporaneidade, de tal sorte que só se pode falar em capacidade contributiva atual, jamais em capacidade contributiva pretérita. Nem mesmo a omissão do legislador, ao deixar de tributar determinado evento que inequivocamente seja identificado como signo presuntivo de riqueza (na acepção cunhada por Alfredo Augusto Becker) e que tenha denotado aptidão tributária no passado, constitui justificativa para atribuição de eficácia retroativa a uma norma. Como bem aponta Moschetti,[204] toda manifestação de capacidade contributiva deve corresponder a uma riqueza atual, pois, em caso contrário, o contribuinte estaria num estado de permanente incerteza.

É interessante observar como o significado de um enunciado dentro de cada ordenamento está ligado à existência e ao conteúdo atribuídos aos demais enunciados existentes no sistema. No Brasil, em virtude da determinação expressa da vedação à retroatividade no campo tributário, contida no art. 150, III, "a", da Constituição, o princípio da capacidade contributiva é associado, em geral, ao evento descrito na hipótese normativa tributária, que deve revelar uma situação que denote riqueza atribuída ao indivíduo situado no polo passivo da sujeição legal. Nos países em que não existe previsão específica acerca da vedação à retroatividade da lei tributária, o princípio da capacidade contributiva possui um alcance semântico muito maior, pois engloba o conteúdo da irretroatividade.

Sobre a consolidação da irretroatividade enquanto conteúdo integrante da capacidade contributiva, José Osvaldo Casás,[205] a partir do excelente estudo desenvolvido por Regina Gaya Sicilia,[206] sintetiza a concepção doutrinária absorvida pela Corte Constitucional Italiana e pelos países cujas

---

204. MOSCHETTI, Francesco. *El Principio de la capacidad contributiva.* Madrid: Instituto de Estudios Fiscales, 1980, pp. 359-360.

205. CASÁS, José Osvaldo, *op.cit.*, p. 806.

206. GAYA SICILIA, Regina. *El principio de irretroactividad de las leyes en la jurisprudencia constitucional.* Madrid: Montecorvo, 1987, p. 356 *apud* CASÁS, José Osvaldo, *op.cit.*, p. 807.

Constituições não conferiram destaque específico ao princípio da irretroatividade. A clareza das palavras utilizadas pelo professor argentino reclama transcrição:

> *Las notas características de los precedentes referidos, y de otros muchos, marcaran una relación inescindible entre la subsistencia de capacidad contributiva en cabeza del destinatario legal tributario y la posibilidad de acción retroactiva de las leyes en la materia, lo cual ha obligado a ponderar distanciamiento temporal entre la hipótesis de incidencia tributaria y el momento de devengo de la prestación, como la previsibilidad de las medidas fiscales. De tal modo, el juego del art. 53, primer párrafo, de la constitución italiana cumple una importante función garantista de la libertad y la propiedad del ciudadano.*

Seja em decorrência de previsão expressa no texto constitucional – caso da Constituição Brasileira –, seja como corolário implícito do princípio da capacidade contributiva (Constituição Italiana), seja, enfim, enquanto conteúdo indissociável do princípio da segurança jurídica e da legalidade, o fato é que o princípio da irretroatividade é identificado como barreira constitucional, reconhecida em quase todos os ordenamentos jurídicos, o que condiciona o válido exercício da competência tributária pelos entes tributantes.

4.4.2 Leis interpretativas

A vedação à retroatividade das leis possui como ponto nevrálgico o caso das leis interpretativas. Parte representativa da doutrina nacional afasta qualquer possibilidade de "esclarecimento prescritivo" implementado por determinado diploma legal sobre outro diploma legal (interpretado), com efeitos retroativos.

Nesse sentido, Roque Carrazza, em brilhante lição, demonstra que, sob uma perspectiva rigorosa, não existem leis interpretativas. Partindo da divisão de poderes desenhada na Carta Constitucional, o doutrinador pondera que a lei é o direito objetivo que inova, inaugura, no ordenamento jurídico, uma nova realidade. A função de interpretar leis é cometida a seus aplicadores, basicamente ao Poder Judiciário, que aplica as leis aos casos concretos submetidos à sua apreciação, definitivamente e com força institucional. Nesse sentido, apoiado na lição de Ravà, afirma que o acolhimento das chamadas "leis interpretativas" cria um círculo vicioso, uma vez que elas também devem ser interpretadas. Isso fatalmente acabaria por acarretar uma série infinita de interpretações (... *per cui potrebe andare all´infinito*).[207]

O Supremo Tribunal Federal, enfrentando o tema, através de decisão tomada pelo seu Plenário (ADI 6053),[208] entendeu

---

207. CARRAZZA, Roque Antônio, *op.cit.*, p. 314.

208. ADI - MEDIDA PROVISÓRIA DE CARÁTER INTERPRETATIVO - LEIS INTERPRETATIVAS - A QUESTÃO DA INTERPRETAÇÃO DE LEIS DE CONVERSÃO POR MEDIDA PROVISÓRIA - PRINCÍPIO DA IRRETROATIVIDADE - CARÁTER RELATIVO - LEIS INTERPRETATIVAS E APLICAÇÃO RETROATIVA - REITERAÇÃO DE MEDIDA PROVISÓRIA SOBRE MATÉRIA APRECIADA E REJEITADA PELO CONGRESSO NACIONAL - PLAUSIBILIDADE JURÍDICA - AUSÊNCIA DO "PERICULUM IN MORA" - INDEFERIMENTO DA CAUTELAR.
– É plausível, em face do ordenamento constitucional brasileiro, o reconhecimento da admissibilidade das leis interpretativas, que configuram instrumento juridicamente idôneo de veiculação da denominada interpretação autêntica.
– As leis interpretativas - desde que reconhecida a sua existência em nosso sistema de direito positivo - não traduzem usurpação das atribuições institucionais do Judiciário e, em consequência, não ofendem o postulado fundamental da divisão funcional do poder.
– Mesmo as leis interpretativas expõem-se ao exame e à interpretação dos juízes e tribunais. Não se revelam, assim, espécies normativas imunes ao controle jurisdicional.
– A questão da interpretação de leis de conversão por medida provisória editada pelo Presidente da República.
– O princípio da irretroatividade somente condiciona a atividade jurídica do Estado nas hipóteses expressamente previstas pela Constituição, em ordem a inibir a ação do Poder Público eventualmente configuradora de restrição gravosa (a) ao "status libertatis" da pessoa (CF, art. 5º, XL), (b) ao "status subjectionais" do contribuinte em matéria tributária (CF, art. 150, III, "a") e (c) à segurança jurídica no domínio das relações sociais (CF, art. 5º, XXXVI).
– Na medida em que a retroprojeção normativa da lei não gere e nem produza os gravames referidos, nada impede que o Estado edite e prescreva atos normativos com efeito retroativo.
– As leis, em face do caráter prospectivo de que se revestem, devem, ordinariamente, dispor para o futuro. O sistema jurídico-constitucional brasileiro, contudo, não assentou, como postulado absoluto, incondicional e inderrogável, o princípio da irretroatividade.
– A questão da retroatividade das leis interpretativas
STF. ADI 6053. Relator:. Min. Celso de Mello, *D.J.U.*: 05.05.1993.

que não existe, na Carta Constitucional, vedação *genérica* à retroatividade das leis, como existia nas Constituições de 1824 e de 1891. A barreira temporal representada pela irretroatividade, segundo o STF, tem lugar apenas nos seguintes casos:

– quando for de encontro à garantia assegurada pelo art. 5º, XL,[209] da Constituição (irretroatividade em matéria penal);

– quando estiver em choque com o preceito inserido no art. 150, III, "a", da Carta Magna (irretroatividade em matéria tributária).

No âmbito do direito tributário, o Código Tributário Nacional – norma geral tributária que cumpre a função prevista pelo art. 146, III, da Constituição Federal[210] – admite, de modo explícito, a possibilidade de aplicação retroativa da lei tributária nos casos em que ela for considerada interpretativa, ao prescrever, no art. 106, I,[211] que *a lei aplica-se a ato ou fato pretérito em qualquer caso, quando seja expressamente interpretativa.* Como conjugar esse dispositivo com a interpretação adotada pelo STF, a partir do art. 150, III, "a", da Constituição Federal? Referido dispositivo teria sido recepcionado pela Carta Constitucional de 1988?

A Constituição é dotada de força normativa e semântica que condiciona a interpretação e a aplicação de toda a legislação infraconstitucional. Assim, o conteúdo do art. 106, I, do

---

209. CF/88. Art. 5º. [...] XL - a lei penal não retroagirá, salvo para beneficiar o réu; [...].

210. CF/88. Art. 146. Cabe à lei complementar: III - estabelecer normas gerais em matéria de legislação tributária, especialmente sobre: a) definição de tributos e de suas espécies, bem como, em relação aos impostos discriminados nesta Constituição, a dos respectivos fatos geradores, bases de cálculo e contribuintes; b) obrigação, lançamento, crédito, prescrição e decadência tributários; c) adequado tratamento tributário ao ato cooperativo praticado pelas sociedades cooperativas. d) definição de tratamento diferenciado e favorecido para as microempresas e para as empresas de pequeno porte, inclusive regimes especiais ou simplificados no caso do imposto previsto no art. 155, II, das contribuições previstas no art. 195, I e §§ 12 e 13, e da contribuição a que se refere o art. 239.

211. CTN. Art. 106. A lei aplica-se a ato ou fato pretérito: I - em qualquer caso, quando seja expressamente interpretativa, excluída a aplicação de penalidade à infração dos dispositivos interpretados; [...].

CTN deve ser construído a partir do significado atribuído ao art.150, III, "a", da Carta Maior, e não o contrário. A melhor forma de compatibilizar o art. 106, I, do CTN, com a Constituição Federal é conjugá-lo com os princípios da não surpresa, da confiança e da segurança jurídica. Desse modo, quando se estiver diante de lei interpretativa que, a pretexto de esclarecer determinado enunciado normativo interpretado, agrave a situação do sujeito passivo tributário, sua aplicação retroativa deverá ser prontamente afastada.

Em sentido contrário, quando a lei tributária interpretativa, ao esclarecer dúvida ou controvérsia existente entre os integrantes da relação tributária, fixar conteúdo semântico que assegure posição menos gravosa ao contribuinte, sua aplicação poderá ser retroativa.

É importante observar que a lei interpretativa é sempre prescritiva e inovadora, pois, ao modificar ou ao esclarecer o conteúdo semântico do enunciado interpretado, altera a norma resultante (significado), estabilizando seu alcance no ordenamento jurídico. Como bem apontou o Min. Sepúlveda Pertence no precedente há pouco referido:

> Para mim, no sistema brasileiro, lei interpretativa ou é inócua ou é lei nova.
>
> Se é mera interpretação de lei preexistente e veicula – se isso é possível – a única interpretação admissível dessa lei preexistente, a lei interpretativa vale exatamente o que valer a interpretação que traduz, isto é, vale nada, porque, evidentemente, se é a única interpretação, ou não, a afirmação, no caso concreto, continuará entregue ao Poder Judiciário.
>
> Se, no entanto, a título de lei interpretativa, a segunda lei extrapola da interpretação, é lei nova, que altera a lei antiga, modificando-a ou adicionado-lhe normas inexistentes. E assim há de ser examinada.

Enfim, não se admite que lei pretensamente interpretativa – que implique a criação ou a majoração de qualquer espécie de obrigação, de dever ou de ônus – retroaja, atingindo situações passadas. Esse foi o fundamento pelo qual a Corte Especial do

STJ, ao apreciar a Arguição de Inconstitucionalidade nos Embargos de Divergência em Recurso Especial nº 644.726, reconheceu a inconstitucionalidade do art. 3º da Lei Complementar nº 118, de 09 de fevereiro de 2005, abaixo transcrito:

> Art. 3º. Para efeito de interpretação do inciso I do art. 168 da Lei nº 5.172, de 25 de outubro de 1966 – Código Tributário Nacional, a extinção do crédito tributário ocorre, no caso de tributo sujeito a lançamento por homologação, no momento do pagamento antecipado de que trata o § 1º do art. 150 da referida Lei.

O art. 168, I, do CTN dispõe que o prazo para restituição do indébito tributário é de 5 (cinco) anos, contados da extinção do crédito tributário. A extinção do crédito tributário, nos tributos sujeitos ao lançamento por homologação, ocorria cinco anos após o evento tributário (fato gerador), uma vez ausente a homologação expressa, conforme prescrevia o art. 150, § 4º, do CTN.[212] O STJ, a partir dessas premissas, havia pacificado o entendimento de que a contagem do prazo de cinco anos para pedir a restituição de eventual indébito tinha início somente após a verificação da homologação tácita, com a qual se dava a extinção do crédito tributário (cinco anos contados do evento tributário, do fato gerador). A conjugação desses dois elementos (prazo da extinção do crédito tributário e prazo para repetição) perfazia um lapso temporal total de dez anos.

Sob pretexto de interpretar o art. 168, I, do CTN, o art. 3º da LC 118/2005 prescreveu que a extinção do crédito tributário ocorreria não mais com a homologação tácita, mas com o pagamento antecipado, previsto no art. 150, § 1º, do CTN.[213] A finalidade

---

212. CTN. Art. 150. [...] § 4º Se a lei não fixar prazo a homologação, será ele de cinco anos, a contar da ocorrência do fato gerador; expirado esse prazo sem que a Fazenda Pública se tenha pronunciado, considera-se homologado o lançamento e definitivamente extinto o crédito, salvo se comprovada a ocorrência de dolo, fraude ou simulação.

213. Art. 150. O lançamento por homologação, que ocorre quanto aos tributos cuja legislação atribua ao sujeito passivo o dever de antecipar o pagamento sem prévio exame da autoridade administrativa, opera-se pelo ato em que a referida autoridade, tomando conhecimento da atividade assim exercida pelo obrigado, expressamente a homologa. [...]

desse dispositivo foi encurtar o lapso de tempo estendido pelo ordenamento jurídico para a repetição do indébito tributário.

Valendo-se da previsão contida no art. 106, I, do CTN, pretendeu ainda o legislador infraconstitucional que essa alteração dotada de inequívoca índole modificativa tivesse aplicação retroativa a todos os casos atuais e aos passados nos quais pudesse influenciar.

Ocorre que a Corte Especial do STJ,[214] reconhecendo a inequívoca natureza prescritiva do art. 3º da LC 118/2005,

---

§ 2º Não influem sobre a obrigação tributária quaisquer atos anteriores à homologação, praticados pelo sujeito passivo ou por terceiro, visando à extinção total ou parcial do crédito.
§ 3º Os atos a que se refere o parágrafo anterior serão, porém, considerados na apuração do saldo porventura devido e, sendo o caso, na imposição de penalidade, ou sua graduação.

214. CONSTITUCIONAL. TRIBUTÁRIO. LEI INTERPRETATIVA. PRAZO DE PRESCRIÇÃO PARA A REPETIÇÃO DE INDÉBITO, NOS TRIBUTOS SUJEITOS A LANÇAMENTO POR HOMOLOGAÇÃO. LC 118/2005: NATUREZA MODIFICATIVA (E NÃO SIMPLESMENTE INTERPRETATIVA) DO SEU ARTIGO 3º. INCONSTITUCIONALIDADE DO SEU ART. 4º, NA PARTE QUE DETERMINA A APLICAÇÃO RETROATIVA.
1. Sobre o tema relacionado com a prescrição da ação de repetição de indébito tributário, a jurisprudência do STJ (1ª Seção) é no sentido de que, em se tratando de tributo sujeito a lançamento por homologação, o prazo de cinco anos, previsto no art. 168 do CTN, tem início, não na data do recolhimento do tributo indevido, e sim na data da homologação – expressa ou tácita - do lançamento. Segundo entende o Tribunal, para que o crédito se considere extinto, não basta o pagamento: é indispensável a homologação do lançamento, hipótese de extinção albergada pelo art. 156, VII, do CTN. Assim, somente a partir dessa homologação é que teria início o prazo previsto no art. 168, I. E, não havendo homologação expressa, o prazo para a repetição do indébito acaba sendo, na verdade, de dez anos a contar do fato gerador. 2. Esse entendimento, embora não tenha a adesão uniforme da doutrina e nem de todos os juízes, é o que legitimamente define o conteúdo e o sentido das normas que disciplinam a matéria, já que se trata do entendimento emanado do órgão do Poder Judiciário que tem a atribuição constitucional de interpretá-las. 3. O art. 3º da LC 118/2005, a pretexto de interpretar esses mesmos enunciados, conferiu-lhes, na verdade, um sentido e um alcance diferente daquele dado pelo Judiciário. Ainda que defensável a 'interpretação' dada, não há como negar que a Lei inovou no plano normativo, pois retirou das disposições interpretadas um dos seus sentidos possíveis, justamente aquele tido como correto pelo STJ, intérprete e guardião da legislação federal. 4. Assim, tratando-se de preceito normativo modificativo, e não simplesmente interpretativo, o art. 3º da LC 118/2005 só pode ter eficácia prospectiva, incidindo apenas sobre situações que venham a ocorrer a partir da sua vigência. 5. O artigo 4º, segunda parte, da LC 118/2005, que determina a aplicação retroativa do seu art. 3º, para alcançar inclusive fatos

aceitou, apenas, sua eficácia prospectiva, vedando qualquer aplicação retroativa, cuja inconstitucionalidade foi acolhida. O tema foi posteriormente enfrentado pelo STF (Recurso Extraordinário nº 566.621),[215] que, apesar de divergir quanto

passados, ofende o princípio constitucional da autonomia e independência dos poderes (CF, art. 2º) e o da garantia do direito adquirido, do ato jurídico perfeito e da coisa julgada (CF, art. 5º, XXXVI). 6. Arguição de inconstitucionalidade acolhida. (BRASIL. Superior Tribunal de Justiça. Arguição de Inconstitucionalidade nos Embargos de Divergência em Recurso Especial nº 64.736, Corte Especial. Relator: Min. Teori Zavascki. Brasília, DF, 06 de junho de 2007.)

215. DIREITO TRIBUTÁRIO - LEI INTERPRETATIVA - APLICAÇÃO RETROATIVA DA LEI COMPLEMENTAR Nº 118/2005 - DESCABIMENTO - VIOLAÇÃO À SEGURANÇA JURÍDICA - NECESSIDADE DE OBSERVÂNCIA DA VACACIO LEGIS - APLICAÇÃO DO PRAZO REDUZIDO PARA REPETIÇÃO OU COMPENSAÇÃO DE INDÉBITOS AOS PROCESSOS AJUIZADOS A PARTIR DE 9 DE JUNHO DE 2005. Quando do advento da LC 118/2005, estava consolidada a orientação da Primeira Seção do STJ no sentido de que, para os tributos sujeitos a lançamento por homologação, o prazo para repetição ou compensação de indébito era de 10 anos contados do seu fato gerador, tendo em conta a aplicação combinada dos arts. 150, § 4º, 156, VII, e 168, I, do CTN. A LC 118/2005, embora tenha se autoproclamado interpretativa, implicou inovação normativa, tendo reduzido o prazo de 10 anos contados do fato gerador para 5 anos contados do pagamento indevido. Lei supostamente interpretativa que, em verdade, inova no mundo jurídico deve ser considerada como lei nova. Inocorrência de violação à autonomia e independência dos Poderes, porquanto a lei expressamente interpretativa também se submete, como qualquer outra, ao controle judicial quanto à sua natureza, validade e aplicação. A aplicação retroativa de novo e reduzido prazo para a repetição ou compensação de indébito tributário estipulado por lei nova, fulminando, de imediato, pretensões deduzidas tempestivamente à luz do prazo então aplicável, bem como a aplicação imediata às pretensões pendentes de ajuizamento quando da publicação da lei, sem resguardo de nenhuma regra de transição, implicam ofensa ao princípio da segurança jurídica em seus conteúdos de proteção da confiança e de garantia do acesso à Justiça. Afastando-se as aplicações inconstitucionais e resguardando-se, no mais, a eficácia da norma, permite-se a aplicação do prazo reduzido relativamente às ações ajuizadas após a *vacatio legis*, conforme entendimento consolidado por esta Corte no enunciado 445 da Súmula do Tribunal. O prazo de *vacatio legis* de 120 dias permitiu aos contribuintes não apenas que tomassem ciência do novo prazo, mas também que ajuizassem as ações necessárias à tutela dos seus direitos. Inaplicabilidade do art. 2.028 do Código Civil, pois, não havendo lacuna na LC 118/2008, que pretendeu a aplicação do novo prazo na maior extensão possível, descabida sua aplicação por analogia. Além disso, não se trata de lei geral, tampouco impede iniciativa legislativa em contrário. Reconhecida a inconstitucionalidade art. 4º, segunda parte, da LC 118/2005, considerando-se válida a aplicação do novo prazo de 5 anos tão somente às ações ajuizadas após o decurso da *vacatio legis* de 120 dias, ou seja, a partir de 9 de junho de 2005. Aplicação do art. 543-B, § 3º, do CPC aos recursos sobrestados. Recurso extraordinário desprovido. (RE 566621, Relator(a): Min. ELLEN GRACIE, Tribunal Pleno, julgado em 04.08.2011, REPERCUSSÃO GERAL - MÉRITO *DJe*-195 DIVULG 10.10.2011 PUBLIC 11.10.2011 EMENT VOL-02605-02 PP-00273).

ao marco temporal do novo prazo prescricional, confirmou a afronta à Constituição.

Assim, qualquer lei pretensamente interpretativa que crie restrição ao estado jurídico reconhecido como existente pelos contribuintes, prescrevendo, por exemplo, que um enunciado tem um sentido que já havia sido descartado pelo Poder Judiciário e que era mais gravoso aos contribuintes deve ter sua aplicação retroativa expressamente vedada, conforme já assentado pelo STF ao apreciar a ADI 6053, cuja decisão foi acima transcrita. Esse ponto será aprofundado no tópico seguinte.

4.4.3 Irretroatividade da norma tributária

Tanto uma palavra utilizada para definir algum aspecto essencial da obrigação jurídica pode ser alterada (suprimida, por exemplo) como o significado atribuído a essa palavra – que constitui o que se denomina norma jurídica – podem sofrer alterações a partir de manifestações de órgãos competentes, que modificam o alcance dessa expressão e, consequentemente, o espectro dessa norma jurídica. A primeira alteração ocorre no plano sintático. Ela é drástica, porque interfere no objeto que será submetido à interpretação do aplicador ou intérprete, razão pela qual está adstrita ao Poder Legislativo.

A segunda alteração está no plano do significado. Essa abordagem é importante, porque quebra o raciocínio nascido com a Escola da Exegese após a Revolução Francesa. Esse raciocínio, que perdura até hoje, desconsidera a atividade construtiva do intérprete, em virtude da supervalorização do mito da legalidade e do legislador onipotente.

O reconhecimento de que o contorno da obrigação jurídica é definido e relativamente estabilizado pelos atos de aplicação que atuam no plano do significado não é nova. Hans Kelsen,[216] ao analisar a interpretação autêntica do direito, afirmava que,

216. KELSEN, Hans, 1987, *op.cit.*, pp. 368-369.

além do significado usual atribuído a essa expressão (interpretação de caráter geral, produzida pela fonte produtora de leis ou de tratados internacionais), ela deve ser utilizada, também, nas aplicações do direito realizadas em casos concretos, através de normas individuais. Nesses casos, segundo o jurista, a interpretação nasce de um ato de vontade,[217] a partir do qual o órgão aplicador, ao escolher entre as interpretações cognoscitivas[218] aceitas ou existentes, cria o direito, após o trânsito em julgado.

Com o passar do tempo e com a evolução dos estudos, verificou-se que a escolha do significado pelo aplicador vai achatando e modificando a própria moldura preexistente, através de um sistema de retroalimentação que faz com que o direito seja um sistema semanticamente vivo.

Assim, a opção exercida pelo órgão aplicador modifica a moldura semântica desenhada pela doutrina, afetando seu espectro deôntico. Sobre esse ponto, Ricardo A. Guibourg,[219] ao analisar a importante função desenvolvida pelos juízes, afirma: *"verdaderos creadores de normas individuales, sus decisiones no son meramente declaratorias, sino constitutivas, tanto cuanto a los hechos que examinan, como el referente al derecho que aplican"*.

A importância da função criadora desempenhada pelo Judiciário é reiterada pelo jurista argentino, ao afirmar que, para o direito, nenhum fato existe antes da sua declaração pelo juiz. É depois da decisão do magistrado que o fato se torna indiscutível, porque sua existência jurídica não se funde numa realidade interpretada por cada um a seu modo, mas

---

217. Segundo Chiassoni, para a solução não cognitivista, a interpretação textual não é atividade puramente cognitiva, mas também, e necessariamente, uma atividade volitiva, ou seja, sempre envolve alguma decisão ou qualquer escolha, embora, às vezes, inconscientemente, pelo intérprete. (CHIASSONI, Pierluigi. *Tecnica dell'interpretazione giuridica*. Bologna: Il Mulino, 2007, p. 143-144).

218. Dogmáticas.

219. GUIBOURG, Ricardo A. *Derecho, sistema y realidad*. Buenos Aires: Editorial Astrea, 1986, p. 18. A respeito da função de enunciação normativa exercida pelos juízes, vide: MOUSSALEM, Tárek Moysés. *Fontes do direito tributário*. São Paulo: Max Limonad, 2001, pp 160-162.

decorre da própria sentença, fruto e expressão de um entendimento sobre fato e sobre direito.[220]

Nesse contexto, é importante repisar a premissa que pauta a abordagem realizada no presente estudo: os contornos da obrigação tributária são definidos pelo legislador no plano sintático e pelo intérprete no plano do significado. É no plano do significado que nasce a norma jurídica e é através da interpretação que são fixados de maneira mais clara os contornos da conduta efetivamente esperada do sujeito passivo.

No direito tributário, seja em função da proliferação normativa hoje existente, seja em função da própria indeterminação da linguagem, a incerteza gerada pelos comandos tributários é estabilizada, num primeiro momento, pelos órgãos fazendários que, através de soluções de consulta e de atos declaratórios, definem o significado dos termos e expressões utilizados pelo legislador.

Num segundo e derradeiro momento, o significado pode ser redefinido pelo Poder Judiciário, pressupondo-se controvérsia e antagonismo entre a interpretação fazendária e a defendida pelos contribuintes.

É importante erradicar o vício de se restringir o princípio da irretroatividade a uma limitação imposta exclusivamente ao legislador. O princípio da irretroatividade aplica-se à totalidade das fontes de formação do Direito, subordinando tanto as alterações sintáticas provocadas nos enunciados prescritivos objeto de interpretação (leis, Constituição) como a modificação da norma jurídica em sentido estrito, ou seja, a modificação de uma interpretação já estabilizada e digna de confiança tutelável juridicamente. Como bem anota J. L. Saldanha Sanches:[221]

> Podemos também deparar com mudanças no ordenamento tributário que resultam de formas temporalmente diversas de aplicar

---

220. *Ibid.*, p. 46.

221. GUIBOURG, Ricardo A, *op.cit.*, p. 180.

> a mesma norma:[222] a lei é a mesma, são as suas interpretações que vão se tornando diferentes com a utilização de novas interpretações correctivas ou de alargamentos do significado de certos textos legais, por se ter verificado uma mudança de concepções – mudanças doutrinárias ou mudanças jurisprudenciais, ambas com possíveis repercussões nas orientações administrativas.

Como se verifica, tanto as decisões proferidas pelo Poder Judiciário no campo tributário (normas judiciais tributárias) como os atos e decisões do Poder Executivo estão regidos e submetidos ao princípio da irretroatividade. Somente assim a segurança jurídica e a proteção da confiança, como valores elementares do estado democrático de direito, podem ser asseguradas. Ao contrário do que se supõe, somente assim a igualdade e a evolução do direito se tornam possíveis,[223] erigidas sobre uma base de confiança.

A estabilidade das interpretações adotadas pelo Poder Executivo e pelo Poder Judiciário constitui ponto central do estado de direito. Afinal, "*seguridad jurídica y confianza se ven perjudicadas cuando no es el legislador sino otros poderes públicos (ejecutivo, judicial), mediante su aplicación de la ley, los que endurecen una situación jurídica retroactivamente.*"[224] Esclarecendo esse ponto, Tipke complementa:

> *Realmente, la prohibición de retroactividad incide, ante determinados presupuestos, no solo en la acción del legislador sino también en cualquier acto de la administración con eficacia retroactiva e imprevista. Los límites y los principios que vinculan al legislador afectan del mismo modo a la administración y a los órganos jurisdiccionales, ya que la situación jurídica en que el contribuyente deposita su confianza no está condicionada por el mero texto de la ley, sino también*

---

222. Considerando a distinção traçada no presente estudo, a expressão "norma" corresponde a "significado", ao passo que o jurista português a utiliza para "significante", nessa transcrição.

223. DERZI, Misabel Abreu Machado. A irretroatividade do direito no direito tributário. *In:* MELLO, Celso Antônio Bandeira de (Org.). *Estudos em homenagem a Geraldo Ataliba.* São Paulo: Malheiros, 1997, p. 180.

224. TIPKE, Klaus. La retroactividad en el derecho tributario. *In:* AMATUCCI, Andrea, *op.cit.*, p. 350.

> *por la forma como la administración y los órganos jurisdiccionales la apliquen, si es o no correcta. A la hora de aplicar es necesario considerar, como regla general, que se debe decidir de manera que no se incline en forma desfavorable al contribuyente, según los criterios de interpretación que han guiado su propio comportamiento.*[225]

A Administração e o Poder Judiciário devem tratar os casos que estão no passado a partir do esquema de agir compreendido como correto à época do ato praticado pelo contribuinte, no qual o mesmo depositou sua confiança.[226] Isso absolutamente não significa que o entendimento administrativo ou judicial definido não possa ser alterado. Significa apenas que, uma vez alterado, só pode alcançar os casos futuros.[227]

O maior beneficiado com o respeito à irretroatividade das normas judiciais e administrativas tributárias é o próprio Estado, que ganha credibilidade e confiança dos contribuintes e investidores.

Os cidadãos têm de poder confiar na interpretação da lei realizada pelos órgãos aplicadores da lei. Tercio Sampaio Ferraz Jr.,[228] ao abordar a importância do aspecto pragmático na relação comunicacional e a sua relevância ao estudo do direito, afirma que um comando qualquer, como "faça isso" ou "não faça aquilo", pode ser bipartido em relato e cometimento. Para explicar sucintamente cada relação, realiza-se uma breve incursão nos motivos que podem levar um indivíduo ao desrespeito desse comando.

Numa primeira hipótese, o destinatário desse comando não reconhece a autoridade de quem está proferindo o comando, razão pela qual as determinações não precisam ser seguidas. Temos, nesse caso, uma contestação ligada à fonte

---

225. *Ibid.*, p. 351.

226. Autor cita BALEEIRO, Aliomar. *Limitações constitucionais ao poder de tributar*. Rio de Janeiro: Forense, 2001, p. 193.

227. CARRAZZA, Roque Antônio, *op.cit.*, p. 317.

228. FERRAZ JR., Tercio Sampaio. *Introdução ao estudo do direito*. 3. ed. São Paulo: Atlas, 2001, pp. 105-106.

produtora dos comandos. Um problema na relação de cometimento (relação autoridade/sujeito). Na segunda hipótese, o destinatário deixa de adotar a conduta prescrita – embora reconheça a autoridade de quem a está afirmando –, pois discorda do conteúdo do relato, que é o comando em si.

Essas observações servem para ressaltar a importância da credibilidade conferida pelos cidadãos aos comandos, normas proferidas tanto no âmbito legislativo como no âmbito judicial. Sua instabilidade e alteração retroativa fazem com que nasça, na sociedade, um questionamento acerca da própria autoridade atribuída aos órgãos aplicadores da lei.

A razão é óbvia: se não existe certeza de que a norma, tal qual interpretada hoje, manterá, no futuro, o mesmo significado sobre os fatos ocorridos, a função referencial do direito é perdida, circunstância que pode acarretar uma crise institucional de confiança de relevante importância. Essa circunstância deve ser considerada por quem se propõe a enfrentar o presente tema.

4.4.3.1 Irretroatividade das normas administrativas

Conforme demonstrado nos tópicos anteriores, todas alterações normativas ou interpretativas que fundamentam atos administrativos não podem instituir, retroativamente, regimes jurídicos mais gravosos aos cidadãos, como explica CARRAZZA:

> Também no âmbito administrativo, a irretroatividade é de rigor.
>
> Concordamos que a Administração Pública pode rever seus próprios atos, melhor os ajustando aos ditames constitucionais e legais. Todavia, quaisquer atos administrativos que alterem a orientação do Estado sobre uma dada matéria, devem limitar seus efeitos para o futuro, deixando assim intocadas as situações passadas.
>
> Por igual modo, a Administração Fazendária não pode tratar eventos pretéritos, de modo a fazer com que se desviem da prática até então consagrada e na qual o contribuinte confiou, para, por exemplo, estruturar seus negócios.
>
> Sendo mais explícitos, os novos critérios jurídicos adotados pela Administração Fazendária não podem retroagir para prejudicar

> os contribuintes, sob pena de manifesta afronta ao disposto no art. 146 do CTN, que estabelece: [...].[229]

Grande parte dos tributos integrantes do ordenamento tributário brasileiro está sujeita ao lançamento por homologação. Nessa forma de constituição do crédito tributário, o papel definidor da relação jurídica tributária é atribuído ao sujeito passivo. É ele que, interpretando os enunciados existentes, construirá a obrigação tributária, sujeita à revisão pela Administração. Nesses casos, a importância da estabilidade semântica do ordenamento é ainda maior.

J. L. Saldanha Sanches, comentando esse aspecto comum ao sistema português, ressalta que a obtenção da segurança jurídica constitui um imperativo ainda maior do que nos tempos em que uma Administração encaminhava o sujeito passivo ao longo dos caminhos tradicionais do lançamento da liquidação. A obtenção da segurança jurídica exige, consequentemente, a existência de mecanismos que reduzam a incerteza e que permitam a aplicação do direito com um grau razoável de certeza jurídica. Segundo o jurista português, há de ser considerado o caráter de massa do processo fiscal, caráter esse que exige a definição de largas áreas de consenso e a obtenção de segurança jurídica pela aplicação frequente e reiterada de certas normas a certos casos, reduzindo assim a zona de incerteza.[230]

Uma das formas pelas quais a zona de incerteza é reduzida decorre do que a dogmática alemã denomina "normas do caso". Elas podem ser definidas como uma aplicação reiterada das regras jurídicas feita pelos contribuintes e tacitamente aceita pela Administração, gerando, assim, "normas de aceitação". O processo permite a sedimentação pragmática de conceitos indeterminados e a obtenção de larga margem de consenso e

229. CARRAZZA, Roque Antônio. Segurança Jurídica e eficácia temporal das alterações jurisprudenciais. *In:* FERRAZ JUNIOR, Tercio Sampaio. *Efeito ex nunc e as decisões do STJ*. 2. Ed. Barueri: Manole, 2009, p. 53-54.

230. SANCHES, J. L. Saldanha, *op.cit.*, p. 175.

de segurança.[231] O conceito de "normas do caso" subsume-se perfeitamente à prescrição contida no art. 100, III, do Código Tributário Nacional – práticas reiteradamente observadas pelas autoridades administrativas – mas sua função é desempenhada, também, pelos demais atos prescritivos e descritivos elencados pelos outros incisos do art. 100, abaixo transcrito:

> Art. 100. São normas complementares das leis, dos tratados e das convenções internacionais e dos decretos:
>
> I - os atos normativos expedidos pelas autoridades administrativas;
>
> II - as decisões dos órgãos singulares ou coletivos de jurisdição administrativa, a que a lei atribua eficácia normativa;
>
> III - as práticas reiteradamente observadas pelas autoridades administrativas;
>
> IV - os convênios que entre si celebrem a União, os Estados, o Distrito Federal e os Municípios.
>
> Parágrafo único. A observância das normas referidas neste artigo exclui a imposição de penalidades, a cobrança de juros de mora e a atualização do valor monetário da base de cálculo do tributo.

Nesse sentido, as modificações na Lei de Introdução às Normas do Direito Brasileiro – LINDB – introduzidas pela Lei 13.655/2018, confirmaram o reconhecimento das "normas do caso" no âmbito administrativo brasileiro, conforme se depreende do disposto no parágrafo único de seu art. 24:

> Art. 24. A revisão, nas esferas administrativa, controladora ou judicial, quanto à validade de ato, contrato, ajuste, processo ou norma administrativa cuja produção já se houver completado levará em conta as orientações gerais da época, sendo vedado que, com base em mudança posterior de orientação geral, se declarem inválidas situações plenamente constituídas.
>
> Parágrafo único. Consideram-se orientações gerais as interpretações e especificações contidas em atos públicos de caráter geral ou em jurisprudência judicial ou administrativa majoritária,

231. Vide, a respeito, SANCHES, J. L. Saldanha, *op.cit.*, p. 176.

> e ainda as adotadas por prática administrativa reiterada e de amplo conhecimento público.

O balizamento fornecido por essas normas do caso concreto como conceito mínimo reconhecido pela Administração possui crucial importância na proteção da segurança jurídica. Servem como limite mínimo de segurança ao planejamento das atividades exercidas pelo contribuinte e limite máximo de atuação da Administração.

Embora desnecessária, a previsão contida no art. 105 do Digesto Tributário[232] reafirma que a aplicação da irretroatividade não está adstrita à lei, em sentido estrito, mas a toda a legislação tributária, expressão que engloba os atos normativos produzidos pela Administração, expressamente referidos pelo art. 100 do CTN e pelo parágrafo único do art. 24 da LINDB, acima transcrito. A propósito, leia-se a lição de CARRAZZA sobre o tema:

> Quando se sustenta que as normas jurídicas devem ser irretroativas, não se está simplesmente a enunciar que as leis não podem retroagir, mas que também aos demais atos jurídicos estatais (atos administrativos e decisões judiciais reiteradas, que forma a jurisprudência) é interdito fazê-lo, sob pena de deixar as pessoas sob o guante da incerteza e da insegurança.[233]

Reafirmando o conteúdo do art. 105, do CTN, o art. 103 desse Código[234] prescreve, também, que os atos administrativos expedidos pela autoridade administrativa entrem em vigor na data de sua publicação (inciso I), salvo disposição

---

232. Art. 105. A legislação tributária aplica-se imediatamente aos fatos geradores futuros e aos pendentes, assim entendidos aqueles cuja ocorrência tenha tido início mas não esteja completa nos termos do artigo 116.

233. CARRAZZA, Roque Antônio. Segurança Jurídica e eficácia temporal das alterações jurisprudenciais. *In:* FERRAZ JUNIOR, Tercio Sampaio. *Efeito ex nunc e as decisões do STJ*. 2. Ed. Barueri: Manole, 2009. p. 63.

234. Art. 103. Salvo disposição em contrário, entram em vigor: I - os atos administrativos a que se refere o inciso I do artigo 100, na data da sua publicação; II - as decisões a que se refere o inciso II do artigo 100, quanto a seus efeitos normativos, 30 (trinta) dias após a data da sua publicação; III - os convênios a que se refere o inciso IV do artigo 100, na data neles prevista.

em contrário, e as decisões, apenas trinta dias após sua publicação (inciso II). Isso significa que, em determinados casos, quando a alteração da interpretação de uma lei levada a cabo por determinada instrução normativa implicar aumento de carga tributária, sua aplicação será não apenas irretroativa, como também de acordo com o princípio da anterioridade.

Da mesma forma, José Osvaldo Casás afirma que, "*conforme una jurisprudencia consolidada de la Corte Suprema de Justicia de la Nación, los cambios de criterio interpretativo que pudieran adoptar los organismos fiscales no pueden ser aplicados con efecto retroactivo*".[235]

Os efeitos decorrentes da alteração da interpretação da lei pela Administração constituem tema que sempre causou muita apreensão aos contribuintes, seja essa mudança (i) materializada numa norma geral e abstrata, como uma instrução normativa, seja essa alteração (ii) o reflexo de uma nova convicção, manifestada através de uma guinada nos critérios utilizados para solução de casos individuais, como pedidos de consulta e processos de fiscalização.

Otto Bachof, relatando que poucos temas têm despertado maior interesse na doutrina de jurisprudência, conclui que o próprio princípio do anulamento dos atos administrativos foi substituído pelo da impossibilidade do anulamento, em homenagem à boa-fé e à segurança jurídica. Segundo o jurista, a prevalência do princípio da legalidade sobre o da proteção da confiança jurídica só se dá quando há vantagem obtida pelo destinatário por meios ilícitos por ele utilizados.[236]

Embora fosse despiciendo – diante das garantias constitucionais já analisadas – o legislador federal, procurando dar maior concretude e reforçar a determinação desse comando constitucional nos procedimentos administrativos federais,

---

235. CASÁS, José Osvaldo, *op.cit.*, p. 853.

236. BACHOF, Otto. *Verfassungsrecht, Verwaltungsrecht, Verfahrensrecht in der Rechtsprechung des Bundesverwaltungsgerichts.* Tubingen, 1966, 3. Auflage, vol. I, p. 257 e segs.; vol II, 1967, p. 339 e segs. apud COUTO E SILVA, Almiro do, *op.cit.*, pp. 21-22.

inseriu, no art. 2º, parágrafo único, XIII, da Lei nº 9.784/99, o dispositivo abaixo transcrito:

> Art. 2º A Administração Pública obedecerá, dentre outros, aos princípios da legalidade, finalidade, motivação, razoabilidade, proporcionalidade, moralidade, ampla defesa, contraditório, segurança jurídica, interesse público e eficiência.
>
> Parágrafo único. Nos processos administrativos serão observados, entre outros, os critérios de:
>
> I - atuação conforme a lei e o Direito;
>
> [...]
>
> XIII - interpretação da norma administrativa da forma que melhor garanta o atendimento do fim público a que se dirige, vedada aplicação retroativa de nova interpretação.[237]

O fato é que, como claramente se verifica, a proibição da retroatividade restringe não apenas a ação do legislador, como também condiciona qualquer ato da Administração com eficácia retroativa e imprevista.[238]

As novas interpretações surgidas do comando legal em questão – estejam elas materializadas em instruções normativas ou reveladas através de publicações de soluções de consulta – devem respeitar o primado da interpretação anterior, na qual foi

---

237. Os §§6º, 7º e 8º da Instrução Normativa RFB 740, de 02 de maio de 2007, ao reconhecer os efeitos das consultas, sobre a alteração de entendimento, referem o seguinte:
§ 6º Na hipótese de alteração de entendimento expresso em Solução de Consulta, a nova orientação alcança apenas os fatos geradores que ocorrerem após a sua publicação na Imprensa Oficial ou após a ciência do consulente, exceto se a nova orientação lhe for mais favorável, caso em que esta atingirá, também, o período abrangido pela solução anteriormente dada.
§ 7º Na hipótese de alteração ou reforma, de ofício, de Solução de Consulta sobre classificação de mercadorias, aplicar-se-ão as conclusões da Solução alterada ou reformada em relação aos atos praticados até a data em que for dada ciência ao consulente da nova orientação.
§ 8º Havendo divergência de conclusões entre soluções de consultas relativas a uma mesma matéria, fundada em idêntica norma jurídica, proferida pela mesma autoridade administrativa, poderá a decisão ser revista pela autoridade que a proferiu aplicando-se, nesse caso, o disposto no § 6º.

238. Conforme TIPKE, Klaus. La retroactividad en el derecho tributario. *In:* AMATUCCI, Andrea, *op.cit.*, p. 351.

depositada confiança e boa-fé pelos contribuintes. Essa conclusão é corolário não só do princípio da irretroatividade, dos arts. 103 e 105 do CTN, da Lei nº 9.784/99, como também do art. 146 do CTN,[239] do art. 24 da LINDB e do posicionamento do STJ.[240]

---

239. Art. 146. A modificação introduzida, de ofício ou em consequência de decisão administrativa ou judicial, nos critérios jurídicos adotados pela autoridade administrativa no exercício do lançamento somente pode ser efetivada, em relação a um mesmo sujeito passivo, quanto a fato gerador ocorrido posteriormente à sua introdução.

240. TRIBUTÁRIO. MODIFICAÇÃO DE CRITÉRIO JURÍDICO. LANÇAMENTOS ANTERIORES. REVISÃO. IMPOSSIBILIDADE. CAUÇÃO. CERTIDÃO POSITIVA COM EFEITO DE NEGATIVA. VIABILIDADE. CONTRIBUIÇÕES PREVIDENCIÁRIAS. PRESTAÇÃO DE SERVIÇOS. RESPONSABILIDADE SOLIDÁRIA. BENEFÍCIO DE ORDEM.
1. O reenquadramento de contribuinte pelo Fisco de autarquia para empresa pública, em decorrência de decisão do Supremo, que examinou a natureza jurídica da entidade, não autoriza a cobrança das diferenças tributárias porventura existentes antes dessa alteração. Incidência do art. 146 do CTN.
2. "A mudança de critério jurídico adotado pelo Fisco não autoriza a revisão de lançamento" (Súmula 227 do extinto Tribunal Federal de Recursos).
3. É lícito ao contribuinte, antes do ajuizamento da execução fiscal, oferecer caução no valor do débito inscrito em dívida ativa com o objetivo de, antecipando a penhora que garantiria o processo de execução, obter certidão positiva com efeitos de negativa. Precedentes da Turma e da Seção.
4. A responsabilidade solidária pelo adimplemento da contribuição previdenciária na contratação de quaisquer serviços por cessão de mão de obra somente fica elidida caso o executor comprove o recolhimento prévio das contribuições incidentes sobre a remuneração dos segurados incluída na nota fiscal ou fatura correspondente aos serviços executados no momento da quitação. Precedentes.
5. Recurso especial provido em parte (STJ, Segunda Turma, Recurso Especial 881.804, Rel. Min. Castro Meira, *D.J.U.* 02.03.2007).
Do voto do Ministro Relator, colhe-se o seguinte trecho:
Cumpre verificar se a mudança de enquadramento do Banco Regional de Desenvolvimento do Extremo Sul-BRDE de autarquia para empresa pública configura modificação do critério jurídico segundo o preconizado no dispositivo transcrito.
Segundo consta do aresto atacado, a Segunda Turma do Pretório Excelso assentou que o BRDE possui natureza jurídica de empresa pública e não de autarquia como era definido no instrumento jurídico que o criou.
Contudo, o próprio INSS não adotou de plano essa definição dada pelo Supremo Tribunal Federal acerca da natureza jurídica do recorrido, vindo a redefinir o seu enquadramento apenas com a Notificação Fiscal de Lançamento de Débito-NFLD nº 35.066.900-7.
Ou seja, a mudança de classificação do contribuinte, no caso, não importa em mera correção de erro de fato, possível a qualquer momento pelo fisco, como afirmado pelo INSS. Com efeito, trata-se de modificação nos critérios jurídicos adotados pelo fisco no lançamento, sendo que o próprio Supremo Tribunal Federal foi chamado a interpretar a sua natureza jurídica.
Ainda que mesmo tendo a 2ª Turma do STF entendido que o BRDE possui natureza de empresa pública, tal entendimento não foi acolhido de pronto pela autarquia

---

previdenciária, que realizou lançamento em momento posterior, continuando a tratá-lo como autarquia' (fl. 462).

O novo enquadramento do contribuinte como empresa pública implicou na alteração de regra técnica e, portanto, deve ser considerado como alteração do critério jurídico para fins de proteção do artigo 146 do CTN, pois o próprio Pretório Excelso foi chamado a deliberar a respeito de sua natureza jurídica.

Essa norma proíbe a revisão ou a realização de outro lançamento tributário pelo Fisco para alterar aquele já realizado segundo os critérios jurídicos praticados anteriormente, em nome do princípio da segurança jurídica.

No caso dos autos, o INSS passou a tratar o BRDE como autarquia a partir da NFLD de 21.12.99. Confira-se o seguinte excerto do julgado:

'Desta forma, julgo que se aplica ao caso o art. 146 do CTN para impedir que a nova classificação do contribuinte, cujos efeitos tributários merecem exame mais aprofundado do que este, feito em sede de antecipação de tutela, não alcance os fatos geradores anteriores à notificação (NFLD), isto é, os fatos geradores ocorridos anteriormente a 21.12.1999, em defesa do princípio da não surpresa' (fl. 462-v).

Ressalto que o INSS em 1995, quando da elaboração de uma notificação ao BRDE, tratou-o expressamente como autarquia. Calha a seguinte transcrição:

'De fato, o agravante traz aos autos NFLD de 1995, em que ainda é caracterizada pelo INSS como autarquia (FPAS 582)' (fl. 462).'

Assim, todas as revisões dos lançamentos tributários constantes da NFLD de 21.12.99 não podem prevalecer, pois esse ato administrativo constituiu o marco da modificação introduzida de ofício pela autoridade administrativa relativamente aos critérios jurídicos adotados no lançamento tributário.

O extinto Tribunal Federal de Recursos havia cristalizado esse entendimento na Súmula 227, assim redigida:

'A mudança de critério jurídico adotado pelo Fisco não autoriza a revisão de lançamento'.

Por oportuno, colaciono o posicionamento de Hugo de Brito Machado:

'A imodificabilidade do critério jurídico na atividade de lançamento tributário é um requisito para a preservação da segurança jurídica. Na verdade a atividade de apuração do valor do tributo devido é sempre uma atividade vinculada. A possibilidade de mudança de critério jurídico, seja pela mudança de interpretação, seja pela mudança do critério de escolha de uma das alternativas legalmente permitidas, transformaria a atividade de lançamento em atividade discricionária, o que não se pode admitir em face da própria natureza do tributo, que há de ser cobrado, por definição, mediante atividade administrativa plenamente vinculada.

Nesse sentido, aliás, já transcrevemos:

'Para evitar surpresas, determina o Código que a modificação introduzida de ofício ou em consequência de decisão administrativa ou judicial dos critérios jurídicos adotados pela autoridade administrativa no exercício do lançamento somente pode ser efetivada, em relação a um mesmo sujeito passivo, quanto a fato gerador ocorrido posteriormente à sua introdução (CTN, art. 146).

Não se trata da questão relativa ao erro. Mudança de critério jurídico não se confunde com erro de fato nem mesmo com erro de direito, embora a distinção relativamente a este último, seja sutil.' " (MACHADO, Hugo de Brito. *Comentários ao Código Tributário Nacional*. São Paulo: Atlas, 2005. v. 3. pp. 125-126).

Dessa forma, em análise perfunctória da questão, pois se trata de recurso especial em agravo de instrumento, reconheço a impossibilidade da revisão dos tributos pelo INSS.

Enfim, os critérios jurídicos aceitos à época do fato analisado não podem ser desconsiderados pelas autoridades administrativas em apreciações futuras. Essa diretiva decorre não apenas das garantias constitucionais, como encontra claros desdobramentos nos dispositivos infraconstitucionais acima referidos.

4.4.3.2 Irretroatividade das normas judiciais

Os órgãos judiciais também estão sujeitos à limitação temporal representada pela irretroatividade, que não condiciona apenas o exercício da atividade legislativa exercida pelo Estado. O contribuinte deposita sua confiança não no mero texto de lei (significante), mas no alcance a ele conferido pelos atos de interpretação e aplicação realizados pelo Estado em suas distintas personificações (Poder Legislativo, Executivo e Judiciário – significado).

Nesse contexto, Klaus Tipke afirma que a majoritária doutrina alemã defende que a jurisprudência constante e consolidada é digna de confiança, razão pela qual uma guinada jurisprudencial não poderia atingir situações consolidadas sob a égide do entendimento até então cristalizado.[241] Sobre esse ponto, César García Novoa retrata que a jurisprudência, após uma inicial negação, passou a admitir a aplicação dos limites retroativos às alterações jurisprudenciais, conforme revela o trecho abaixo reproduzido na obra do Professor da Universidade de Santiago de Compostela:

> *Pero ha sido la jurisprudencia constitucional alemana la que con mayor rotundidad ha afirmado que la protección de la confianza se puede erigir también en limite a los cambios injustificados de jurisprudencia. Se bien inicialmente el Tribunal defendía que no era posible trasladar a la jurisprudencia las limitaciones de la retroactividad de las leyes, su opinión varió cuando tuvo que enfrentarse a modificaciones de líneas consolidadas de jurisprudencia de los Bundesfinanzhof. Altamente significativa resulta al respecto la resolución del recurso de amparo (Verfassungsbeschwerde) BvR 287/92, de*

241. TIPKE, Klaus, La retroactividad en el derecho tributario. *In:* AMATUCCI, Andrea, *op.cit.*, p. 351.

> *24 de febrero de 1992, en la que el Alto Tribunal ha de pronunciarse sobre una reclamación contra el cambio de jurisprudencia. Este cambio consistió en que una sentencia del Bundesfinanzhof de 26 de junio de 1991 exigió hacer constar como valor en el desaparecido Impuesto sobre el Patrimonio - Vermögensteuer – el valor "general"- germein Wert – en lugar del "valor unitario" – Einheistwert –. Este último valor fue el que el reclamante había reflejado en su declaración del año 1981, basándose en una consolidadísima jurisprudencia del Bundesfinanzhof, desarrollada entre los años 1962 a 1978 y que entendía que el comprador podía hacer constar el valor unitario que en la práctica venía a ser la mitad del valor de mercado.*[242]

A interpretação de qualquer enunciado normativo está diretamente ligada à função que lhe é atribuída, dentro do sistema. Essa perspectiva exige o imediato abandono da interpretação literal e isolada do dispositivo, cuja implementação levaria à construção de um corpo normativo desprovido das características essenciais de um sistema: unidade e coerência.[243]

Não há como deixar de observar que a função sistemática estabilizadora desempenhada pela irretroatividade exige sua aplicação não apenas aos atos legislativos, como também aos atos administrativos e, sobretudo, aos atos judiciais. Afinal de contas, o que a Constituição garante, por meio da irretroatividade, é a perenidade do direito expresso em lei e, em certo momento, revelado por um ato administrativo ou judicial. A irretroatividade é da norma e alcança a irretroatividade da inteligência da lei aplicada a certo caso concreto.[244]

A inalterabilidade dos atos judiciais pretéritos é reforçada pelo art. 146 do Código Tributário Nacional, dispositivo que abrange expressamente as alterações de critérios jurídicos fundados em decisões judiciais – sejam elas de índole constitucional ou não –, tutelando a confiança do contribuinte. Esse dispositivo cumpre a função desempenhada pelo art. 176 do Código

242. NOVOA, César García, 2000, *op. cit.*, pp. 207-208.

243. CANARIS, Claus-Wilhelm, *op. cit.*, pp. 9-25.

244. Cf. DERZI, Misabel Abreu Machado. A irretroatividade do direito no direito tributário. *In:* MELLO, Celso Antônio Bandeira de, 1997, *op.cit.*, p. 188.

Germânico de 1977 (Abgabenordnung) que dispõe que, na anulação ou na alteração de lançamento notificado, não podem ser considerados em detrimento do contribuinte os fatos de (i) a Corte Constitucional Federal declarar a nulidade de uma lei em que até então se baseava o lançamento; (ii) um tribunal superior federal não poder aplicar uma norma em que até então se baseava o lançamento, por considerá-la inconstitucional; (iii) ter-se alterado a jurisprudência de um tribunal superior a qual havia sido aplicada pela autoridade fiscal nos lançamentos anteriores.[245]

Além dos dispositivos próprios do subsistema tributário, a alteração na LINDB agregou nova garantia aplicável a todo o ordenamento jurídico. Tal garantia foi estampada no art. 24, conforme já referido no tópico anterior. Segundo esse dispositivo, a revisão judicial quanto à validade de ato cuja produção já se houver completado levará em conta as orientações gerais da época, sendo vedado que, com base em mudança posterior de orientação geral, se declarem inválidas situações plenamente constituídas. Seu parágrafo único define como orientações gerais a jurisprudência judicial majoritária.

O autolançamento realizado pelo contribuinte é um ato jurídico através do qual o crédito tributário é constituído. Sendo realizado conforme critério chancelado pela jurisprudência *majoritária* à época em que o ato foi praticado, sua validade remanescerá hígida, mesmo que outro entendimento futuro seja cristalizado. O comando não apenas protege o contribuinte como confere confiabilidade à jurisdição.

4.4.3.3 Compatibilização de enunciados: arts. 100, parágrafo único, 146 e 103 do CTN; art. 24 da LINDB

Uma leitura desatenta pode fazer com que passe despercebida uma questão de central importância: a que casos se aplica o art. 100, parágrafo único, do CTN e quando tem lugar o comando inscrito pelo art. 146 da Codificação Tributária?

---

245. TORRES, Ricardo Lobo. O Princípio da Proteção da Confiança do Contribuinte. *Revista Fórum de Direito Tributário*, Belo Horizonte, ano 1, n. 6, pp. 9-20, nov./dez. 2003.

A doutrina, de um modo geral, entende que o art. 146 do CTN incide nos casos em que existe um ato administrativo concreto, prévio, no qual estão estribadas a confiança e a segurança jurídica do contribuinte; enquanto o art. 100, parágrafo único, é dirigido às situações nas quais a segurança decorre de uma interpretação implementada pela fazenda de modo genérico ou abstrato.[246]

Como situações inseridas na primeira hipótese (art. 146 do CTN), em sentido estrito, estariam todas aquelas nas quais ocorreu um lançamento de ofício (originário ou suplementar). De modo amplo, a hipótese também abarcaria os critérios respondidos em solução de consulta e os procedimentos fiscalizatórios (termo de início e fim de fiscalização) que chancelaram critérios utilizados pelos contribuintes, nos tributos sujeitos ao lançamento por homologação.

Enquadrados na segunda hipótese, estariam aqueles contribuintes atingidos por novas interpretações carreadas por alterações normativas inseridas em normas gerais e abstratas (instruções normativas, atos interpretativos, ordens de serviço, portarias e decisões proferidas em processos administrativos envolvendo outros contribuintes).

246. Segundo Misabel Abreu Derzi: "O parágrafo único do artigo 100 fixa a norma segundo a qual a observância pelos contribuintes dos atos normativos referidos poderá beneficiá-los (jamais criar para eles embargos novos). Na hipótese de a administração ter errado na interpretação da lei ou mudado de orientação, substituindo--a por outra, os contribuintes ficam obrigados, por força do princípio da legalidade (obrigação *ex lege*), ao pagamento do tributo, mas sem os consectários dos juros, das multas e da correção monetária (...). Portanto, o art. 100 tolera parcialmente a retroatividade do ato administrativo abstrato e genérico, complementar ao regulamento, em homenagem ao princípio da legalidade, por força do qual somente a lei cria, modifica ou extingue obrigação tributária. Mas tal retroatividade é profundamente atenuada para a proteção da segurança e da confiança do contribuinte, proibindo o CTN a cobrança de quaisquer juros, multa ou correção monetária, na hipótese de mudança do teor do ato. Entretanto, se o ato é individual (não normativo), estando o grau de certeza e liquidez determinado a certo contribuinte, a irretroatividade é plena. (...) É o que estabelece outro dispositivo do Código Tributário Nacional, o art. 146". DERZI, Misabel Abreu Machado; BALEEIRO, Aliomar. *Direito Tributário Brasileiro*. 11. ed. Rio de Janeiro: Forense, 1999, pp. 650-651.

A explicação, no entanto, tangencia o art. 103, I e II, do CTN, que determina que os atos normativos expedidos pelas autoridades administrativas entram em vigor na data da sua publicação e que as decisões proferidas pelos órgãos administrativos somente terão vigor trinta dias após sua publicação.

Considere-se o seguinte exemplo: determinado contribuinte recolheu seus tributos a partir de uma base de cálculo prevista em lei. A Instrução Normativa regulamentadora IN nº 01/2002 esclarecia que, na base de cálculo, não deveria ser considerado o valor do transporte, pago a terceiro. A IN nº 03/2003, publicada mais de um ano depois, passa a incluir na base de cálculo desse tributo o valor do frete. Pergunta-se: o contribuinte é obrigado a recolher a diferença do tributo "recolhido a menor", durante a vigência da IN 01/2002, até a publicação da IN nº 03/2003?

A resposta há de ser negativa. O Código Tributário Nacional estabelece o início de vigência de cada norma infralegal acima exemplificada, qual seja, a data da sua publicação. Mesmo que seja considerada "interpretativa", sua aplicação retroativa, majorando a situação do contribuinte que, confiando no Poder Público, adotou o critério fixado pela norma revogada, já foi afastada expressamente pelo STF e pelo STJ, conforme verificado acima, pois se revela inconciliável com o princípio da boa-fé e com o princípio da segurança jurídica.

Desse modo, não há que se falar em recolhimento complementar, mesmo desprovido de correção monetária, de multa e de juros. A fixação de um entendimento exarado pelo Poder Público, mesmo instrumentalizado por uma norma geral e abstrata (instrução normativa, por exemplo), gera inequívoca confiança do administrado, digna de tutela. Nesse sentido, a segurança jurídica e a irretroatividade, estampadas, especificamente para as normas infralegais, no art. 103 do CTN, impedem qualquer agravamento retroativo da situação jurídica dos contribuintes.

A aplicação do art. 100, parágrafo único, do CTN remanescerá para os contribuintes que continuarem adotando o critério fixado pela instrução normativa revogada. Explica-se: ninguém pode alegar o desconhecimento da lei, sobretudo porque ela, exclusivamente, é a fonte normativa original das obrigações tributárias. Exigir mais do que isso, no entanto, é violar a Constituição. Publicada a lei e verificado o entendimento do detentor do direito subjetivo ao seu respeito (fazenda), penalizar o contribuinte porque ele, sob a vigência do mesmo texto legal, segue adotando um procedimento já chancelado pela Fiscalização é subverter as garantias indiretas de estabilidade que defluem do princípio da legalidade.

A Administração paga o preço dos seus equívocos e de sua instabilidade (não cobrando juros, correção monetária e multa), e o contribuinte tem atenuada sua situação jurídica, pois, embora tenha acompanhado todas as alterações *legais*, deixou de observar uma das milhares de inovações infralegais que ocorreram no cipoal normativo tributário brasileiro. Corroborando o raciocínio ora desenvolvido, o parágrafo único do art. 24 da LINDB assegura a validade dos atos praticados conforme as interpretações e as especificações contidas em atos públicos de caráter geral (atos declaratórios interpretativos, instruções normativas etc.).

4.5 Anterioridade

A ideia inicial de anterioridade deve partir de uma garantia individual (cláusula pétrea), estendida pelo ordenamento constitucional aos contribuintes, segundo a qual a cobrança de novos tributos ou a majoração de tributos já existentes deverá vir estabelecida em lei conhecida com suficiente antecedência, o que exige evidente hiato temporal separando sua publicação e vigência.

Entende-se por vigência a aptidão normativa abstrata que uma norma possui de poder incidir sobre eventos descritos no seu antecedente normativo.[247] A norma se diz vigente

247. RAYA, Francisco José Carrera. *Manual de derecho financiero*. Madrid: Tecnos, 1993, v. 1, p. 106.

quando está apta para qualificar fatos e para determinar o surgimento de efeitos de direito, nos limites de espaço e de tempo previstos pelo ordenamento jurídico.[248]

A anterioridade, considerada corruptela da anualidade por Aliomar Baleeiro,[249] com essa não se confunde. Como bem aponta Carrazza,[250] o princípio da anualidade alberga um *plus* em relação ao da anterioridade. Enquanto este se limita a exigir que a cobrança do tributo se perfaça de acordo com as leis vigentes no exercício anterior, aquele exige, também, a autorização orçamentária para que ela ocorra de modo válido.[251]

De acordo com Héctor Villegas Belisario, a anualidade é resultado histórico de lutas pela supremacia, entre o soberano e os representantes do povo. Consequência de um processo que se iniciou com a conquista da legalidade tributária, passou pela interferência dos representantes do povo na definição dos gastos públicos e alcançou a percepção de que tanto gastos como recursos públicos devem ser autorizados anualmente. A transcrição lógica dessa evolução histórica,[252] retratada por Paulsen,[253] merece reprodução:

> Em uma fase inicial, o Princípio da Anualidade identificava-se com a ideia de consentimento que deu suporte ao próprio surgimento da legalidade tributária, porquanto, a cada ano, em uma única lei, se instituíam os tributos a serem cobrados no ano

248. Cf. CARVALHO, Paulo de Barros, 2008, *op.cit.*, p. 406.

249. BALEEIRO, Aliomar, *op.cit.*, p. 50.

250. CARRAZZA, Roque Antonio, *op.cit.*, pp. 181-183. No mesmo sentido, vide: AMARO, Luciano da Silva. O imposto de renda e os princípios da irretroatividade e da anterioridade. *Revista de Direito Tributário*, São Paulo, n. 25/26, 1983, p. 151.

251. VILLEGAS, Héctor Belisario. *Curso de finanzas, derecho financiero y tributario*. Buenos Aires: Depalma, 1972, p. 370.

252. Sobre o assunto, vide, ainda: ALMEIDA, Lise de. Princípio da anterioridade. *Revista de Direito Tributário*, São Paulo, n. 55, pp. 321-331, 1991 e AMARO, Luciano da Silva, 1983, *op.cit.*, pp. 140-158.

253. PAULSEN, Leandro. *Direito tributário:* Constituição e Código Tributário à Luz da Doutrina e da Jurisprudência. Porto Alegre: Livraria do Advogado, 2008, p. 219.

> subsequente conforme as despesas previstas. A própria instituição dos tributos era temporária, anual, exigindo, pois, renovação.
>
> Em uma segunda fase,
>
> Em uma terceira fase, que é a atual, sequer se condiciona a instituição ou majoração de tributos à prévia inclusão na lei orçamentária. Isso porque se entende que, provindo do mesmo órgão legislativo, ainda que não prevista na lei orçamentária, a instituição posterior, por força da lei, pressupõe, ela própria, um juízo contemporâneo quanto à necessidade daquela receita e a autorização para a cobrança após o decurso do prazo constitucional que garante o conhecimento antecipado pelo contribuinte, a anterioridade.

No atual sistema constitucional brasileiro, o princípio da anualidade não configura condição à válida cobrança ou à majoração de tributos, embora, como salientado por Misabel Derzi, institua parâmetros jurídicos indispensáveis, dada sua importância dentro da lógica orçamentária. O princípio é responsável pela fixação (i) do marco temporal imposto expressamente ao legislador financeiro na fixação do exercício; (ii) do marco temporal imposto ao legislador tributário para eficácia e aplicação das leis tributárias que instituem ou que majoram tributo, graças ao princípio da anterioridade; e (iii) do referencial indicativo da periodização dos impostos incidentes sobre a renda e sobre o patrimônio.[254]

O princípio da anterioridade foi a adaptação brasileira encontrada às violações constantes ocorridas ao princípio da anualidade, que, chanceladas pelo STF,[255] colocaram em xeque o referido princípio. Na atual Carta Brasileira, o princípio da anterioridade encontra assento constitucional no art. 150, III, "b", "c" e no art. 195, § 6º.[256] Como bem aponta Alexandre Ávila,

---

254. *Apud* COELHO, Sacha Calmon Navarro. *Curso de direito tributário brasileiro*. Rio de Janeiro: Forense, 2004, pp. 253-255.

255. Na vigência da Constituição de 1946, inobstante a expressa previsão da anualidade no art. 141, § 34, o STF entendeu ser "legítima a cobrança do tributo que houver sido aumentado após o orçamento, mas antes do início do respectivo exercício financeiro" (Súmula 66) e "inconstitucional a cobrança de tributo que houver sido criado ou aumentado no mesmo exercício financeiro" (Súmula 67).

256. Art. 150. Sem prejuízo de outras garantias asseguradas ao contribuinte, é vedado

o exercício financeiro, no Brasil, coincide com o ano civil (art. 34 da Lei nº 4.320/64). Ao exigir o respeito a esse marco temporal, o princípio da anterioridade reforça o da segurança jurídica.[257]

Publicada uma lei criando um novo tributo ou aumentando o valor a ser recolhido em face de um tributo existente, sua vigência fica postergada para o exercício seguinte, desde que o prazo entre a data da publicação da lei e o próximo exercício seja superior a noventa dias. Se o prazo existente entre a data de publicação da lei e o término do exercício fiscal for inferior a noventa dias, a majoração do tributo existente ou o novo tributo criado somente poderão ser exigidos após o transcurso do prazo nonagesimal.

A finalidade da alteração criada pela Emenda Constitucional 42, de 19 de dezembro de 2003, como se observa, parece

---

à União, aos Estados, ao Distrito Federal e aos Municípios:
III - cobrar tributos:
b) no mesmo exercício financeiro em que haja sido publicada a lei que os instituiu ou aumentou;
c) antes de decorridos noventa dias da data em que haja sido publicada a lei que os instituiu ou aumentou, observado o disposto na alínea b; (EC nº 42/2003)
Art. 195. A seguridade social será financiada por toda a sociedade, de forma direta e indireta, nos termos da lei, mediante recursos provenientes dos orçamentos da União, dos Estados, do Distrito Federal e dos Municípios, e das seguintes contribuições sociais:
I - do empregador, da empresa e da entidade a ela equiparada na forma da lei, incidentes sobre:
a) a folha de salários e demais rendimentos do trabalho pagos ou creditados, a qualquer título, à pessoa física que lhe preste serviço, mesmo sem vínculo empregatício;
b) a receita ou o faturamento;
c) o lucro;
II - do trabalhador e dos demais segurados da previdência social, não incidindo contribuição sobre aposentadoria e pensão concedidas pelo regime geral de previdência social de que trata o art. 201;
III - sobre a receita de concursos de prognósticos
IV - do importador de bens ou serviços do exterior, ou de quem a lei a ele equiparar.
[...]
§ 6º As contribuições sociais de que trata este artigo só poderão ser exigidas após decorridos noventa dias da data da publicação da lei que as houver instituído ou modificado, não se lhes aplicando o disposto no art. 150, III, «b».

257. ÁVILA, Alexandre Rossato da Silva. *Curso de Direito Tributário*. Porto Alegre: Livraria do Advogado, 2017, p. 37.

ter sido a de estabelecer uma garantia padronizada, mínima (noventa dias), no aumento de tributos, indo ao encontro da segurança jurídica através da estruturação de uma regra comum a todo sistema. As exceções contidas no § 1º do art. 150 da Carta Constitucional,[258] além da já estabelecida no art. 177, § 4º, da Carta Maior,[259] no entanto, esvaziaram bastante essa garantia, acrescentando complexidade à matéria, que pode ser esquematizada da seguinte forma:

> I. Exceções a qualquer forma de anterioridade (referidas pelas alíneas "b" e "c" do inciso III do art. 150 da CF/88):
>
> i) empréstimos compulsórios criados em virtude de despesas extraordinárias decorrentes de calamidade pública, de guerra externa ou de sua iminência;
>
> ii) imposto de importação;
>
> iii) imposto de exportação;
>
> iv) imposto sobre operações de câmbio, de crédito, de seguros ou relativas a valores mobiliários.
>
> II. Exceções exclusivas à anterioridade referida pelo art. 150, III, "b", da CF/88:[260]
>
> i) imposto sobre produtos industrializados;

---

258. [...] 1º A vedação do inciso III, *b*, não se aplica aos tributos previstos nos arts. 148, I, 153, I, II, IV e V; e 154, II; e a vedação do inciso III, *c*, não se aplica aos tributos previstos nos arts. 148, I, 153, I, II, III e V; e 154, II, nem à fixação da base de cálculo dos impostos previstos nos arts. 155, III, e 156.

259. § 4º A lei que instituir contribuição de intervenção no domínio econômico relativa às atividades de importação ou comercialização de petróleo e seus derivados, gás natural e seus derivados e álcool combustível deverá atender aos seguintes requisitos: I - a alíquota da contribuição poderá ser: a) diferenciada por produto ou uso; b) reduzida e restabelecida por ato do Poder Executivo, não se lhe aplicando o disposto no art. 150, III, *b*; II - os recursos arrecadados serão destinados: a) ao pagamento de subsídios a preços ou transporte de álcool combustível, gás natural e seus derivados e derivados de petróleo; b) ao financiamento de projetos ambientais relacionados com a indústria do petróleo e do gás; c) ao financiamento de programas de infraestrutura de transportes.

260. Art. 150. Sem prejuízo de outras garantias asseguradas ao contribuinte, é vedado à União, aos Estados, ao Distrito Federal e aos Municípios: [...] III - cobrar tributos: [...] b) no mesmo exercício financeiro em que haja sido publicada a lei que os instituiu ou aumentou; [...].

ii) contribuição de intervenção no domínio econômico sobre a comercialização e sobre a importação de petróleo e de seus derivados, de gás natural e de seus derivados, de álcool combustível.[261]

III. Exceções exclusivas à anterioridade nonagesimal, apenas (art. 150, III, "c",[262] e art. 195, §6º, da CF/88):[263]

i) imposto sobre renda e proventos de qualquer natureza;

ii) fixação da base de cálculo do imposto sobre a propriedade territorial urbana e do imposto sobre a propriedade de veículos automotores;

iii) contribuições previdenciárias, que encontram fundamento de validade no art. 195 da CF/88.[264]

A majoração de tributos pode ocorrer sob diversas formas, das mais simples, como o aumento de alíquota e a ampliação da base de cálculo, até as mais complexas, como a restrição à utilização de créditos para abatimento do *quantum debeatur*, nos tributos não cumulativos (IPI, ICMS, PIS, COFINS). Nesse sentido, o STF concedeu medida liminar postergando a aplicação das restrições ao direito de crédito de ICMS, previstas pela

---

261. Sendo restrição criada pelo legislador constituinte derivado à garantia do contribuinte prevista pelo art. 150, III, "b", da CF/88 (cláusula pétrea), entende-se que ela é inconstitucional.

262. Art. 150. Sem prejuízo de outras garantias asseguradas ao contribuinte, é vedado à União, aos Estados, ao Distrito Federal e aos Municípios: [...] III - cobrar tributos: [...] c) antes de decorridos noventa dias da data em que haja sido publicada a lei que os instituiu ou aumentou, observado o disposto na alínea b; [...].

263. § 6º - As contribuições sociais de que trata este artigo só poderão ser exigidas após decorridos noventa dias da data da publicação da lei que as houver instituído ou modificado, não se lhes aplicando o disposto no art. 150, III, "b".

264. Art. 195. A seguridade social será financiada por toda a sociedade, de forma direta e indireta, nos termos da lei, mediante recursos provenientes dos orçamentos da União, dos Estados, do Distrito Federal e dos Municípios, e das seguintes contribuições sociais: I - do empregador, da empresa e da entidade a ela equiparada na forma da lei, incidentes sobre: a) a folha de salários e demais rendimentos do trabalho pagos ou creditados, a qualquer título, à pessoa física que lhe preste serviço, mesmo sem vínculo empregatício; b) a receita ou o faturamento; c) o lucro; II - do trabalhador e dos demais segurados da previdência social, não incidindo contribuição sobre aposentadoria e pensão concedidas pelo regime geral de previdência social de que trata o art. 201; III - sobre a receita de concursos de prognósticos. IV - do importador de bens ou serviços do exterior, ou de quem a lei a ele equiparar.

Lei Complementar 102, de 11 de julho de 2000, para o exercício seguinte (2001), entendendo que sua aplicação, no mesmo exercício, violaria o princípio da anterioridade.[265]

O mesmo raciocínio aplica-se à revogação de norma que estabelece isenção, pois a revogação da isenção nada mais significa do que a instituição de tributo. O Supremo Tribunal Federal, ao julgar o RE 564.255 AgR, reconheceu que a revogação de benefício fiscal implica aumento indireto do tributo, impondo assim a observância das regras de anterioridade:

> IMPOSTO SOBRE CIRCULAÇÃO DE MERCADORIAS E SERVIÇOS – DECRETOS Nº 39.596 E Nº 39.697, DE 1999, DO ESTADO DO RIO GRANDE DO SUL – REVOGAÇÃO DE BENEFÍCIO FISCAL – PRINCÍPIO DA ANTERIORIDADE – DEVER DE OBSERVÂNCIA – PRECEDENTES. Promovido aumento indireto do Imposto Sobre Circulação de Mercadorias e Serviços – ICMS por meio da revogação de benefício fiscal, surge o dever de observância ao princípio da anterioridade, geral e nonagesimal, constante das alíneas "b" e "c" do inciso III do artigo 150, da Carta. Precedente – Medida Cautelar na ADI nº 2.325/DF, de minha relatoria, julgada em 23 de setembro de 2004. MULTA – AGRAVO – ARTIGO 557, § 2º, DO CÓDIGO DE PROCESSO CIVIL. Surgindo do exame do agravo o caráter manifestamente infundado, impõe-se a aplicação da multa prevista no § 2º do artigo 557 do Código de Processo Civil. (RE 564225 AgR, Relator(a): Min. MARCO AURÉLIO, Primeira Turma, julgado em 02/09/2014, ACÓRDÃO ELETRÔNICO *DJe*-226 DIVULG 17.11.2014 PUBLIC 18.11.2014).

Conforme referido anteriormente, enquanto a irretroatividade está ligada à intangibilidade do passado, a anterioridade destina-se ao futuro, assegurando aos contribuintes a fixação de um período mínimo para que planejem suas atividades a partir de uma carga tributária majorada. Isso permite que os contribuintes tenham a plena antevisão das consequências tributárias de seus atos, assegurando o regular desenvolvimento de suas vidas e de suas atividades.

---

265. STF. ADI-MC 2.325. Relator: Min. Marco Aurélio. *D.J.U.*: 06.10.2006, p. 32.

O fim primordial dessa limitação constitucional, portanto, é a tutela da segurança jurídica, especificamente configurada na justa expectativa do contribuinte quanto à certeza e à previsibilidade da sua situação fiscal. Esse ponto constitui o centro a partir do qual devem gravitar todas as questões retóricas e dogmáticas ligadas à anterioridade. Ela constitui uma garantia de estabilidade e de previsibilidade contra o agravamento repentino da posição tributária de um contribuinte reputada estabilizada, seja essa alteração causada por uma alteração legislativa, em sentido estrito, seja ela decorrente da interferência porventura causada pelo Poder Judiciário, modificando expectativas tuteladas por institutos jurídicos estabilizadores, como a coisa julgada.

Antes de encerrar o tópico, não pode passar despercebida a análise, ainda que *en passant*, da Súmula 584 do STF, que dispõe o seguinte: "Ao Imposto de Renda calculado sobre os rendimentos do ano-base, aplica-se a lei vigente no exercício financeiro em que deve ser apresentada a declaração."

A súmula acima reproduzida foi resultado da prevalência da corrente doutrinária que entendia que a lei aplicável à tributação da renda era aquela vigente no final do exercício. Isso porque o evento tributário ("fato gerador") ocorreria somente no final do ano. Dessa forma, qualquer alteração ocorrida antes do ocaso, em 31 de dezembro, não violaria os princípios da anterioridade ou da irretroatividade.

Essa vetusta súmula, embora tenha sido alvo de críticas de boa parte da doutrina brasileira, foi aplicada pelo Supremo Tribunal Federal,[266] mesmo após o advento do novo texto constitucional brasileiro.

---

266. DIREITO CONSTITUCIONAL, TRIBUTÁRIO E PROCESSUAL CIVIL. IMPOSTO DE RENDA SOBRE EXPORTAÇÕES INCENTIVADAS, CORRESPONDENTE AO ANO-BASE DE 1989. MAJORAÇÃO DE ALÍQUOTA PARA 18%, ESTABELECIDA PELO INC. I DO ART. 1º DA LEI Nº 7.968/89. ALEGAÇÃO DE VIOLAÇÃO AO ART. 150, I, "A", DA CONSTITUIÇÃO FEDERAL DE 1988.

1. O Recurso Extraordinário, enquanto interposto com base na alínea "b" do inciso III do art. 102 da Constituição Federal, não pode ser conhecido, pois o acórdão recorrido não declarou a inconstitucionalidade de tratado ou lei federal.

O claro posicionamento do STF acima revelado não arrefeceu as críticas doutrinárias ao conteúdo da Súmula 584 do STF. Sua questionável premissa, inconciliável com a segurança jurídica e com uma interpretação sistemática erigida a partir da confiança dos contribuintes e da previsibilidade das consequências jurídicas decorrentes dos atos e dos negócios por eles praticados ao longo do exercício fiscal,[267] tem feito com que esse posicionamento venha sofrendo severas críticas do próprio Poder Judiciário, como revela a excelente decisão proferida pelo TRF da 4ª Região, que teve como Relator o Desembargador Federal Leandro Paulsen:

> TRIBUTÁRIO. IR E CSL. LIMITAÇÕES À COMPENSAÇÃO DE PREJUÍZO FISCAL E DE BASE DE CÁLCULO NEGATIVA. POSSIBILIDADE. IRRETROATIVIDADE E ANTERIORIDADE. NECESSIDADE DE SUPERAÇÃO DA SÚMULA 584 DO STF.
> - Toda a tributação relacionada a fatos geradores ditos complexivos (como é o caso do lucro anual) dá-se por períodos de tempo,

---

2. Pela letra "a", porém, é de ser conhecido e provido.
3. Com efeito, a pretensão da ora recorrida, mediante Mandado de Segurança, é a de se abster de pagar o Imposto de Renda correspondente ao ano-base de 1989, pela alíquota de 18%, estabelecida no inc. I do art. 1º da Lei nº 7.968, de 28.12.1989, com a alegação de que a majoração, por ela representada, não poderia ser exigida com relação ao próprio exercício em que instituída, sob pena de violação ao art. 150, I, "a", da Constituição Federal de 1988.
4. O acórdão recorrido manteve o deferimento do Mandado de Segurança. Mas está em desacordo com o entendimento desta Corte, firmado em vários julgados e consolidado na Súmula 584, que diz: "Ao Imposto de Renda calculado sobre os rendimentos do ano-base, aplica-se a lei vigente no exercício financeiro em que deve ser apresentada a declaração." Reiterou-se essa orientação no julgamento do R.E. nº 104.259-RJ (*RTJ* 115/1336).
5. Tratava-se, nesse precedente, como nos da Súmula, de Lei editada no final do ano-base, que atingiu a renda apurada durante todo o ano, já que o fato gerador somente se completa e se caracteriza, ao final do respectivo período, ou seja, a 31 de dezembro. Estava, por conseguinte, em vigor, antes do exercício financeiro, que se inicia a 1º de janeiro do ano subsequente, o da declaração.
6. Em questão assemelhada, assim também decidiu o Plenário do Supremo Tribunal Federal, no julgamento do R.E. nº 197.790-6-MG, em data de 19 de fevereiro de 1997. 7. R.E. conhecido e provido, para o indeferimento do Mandado de Segurança. 8. Custas "ex lege" (STF, 1ª Turma, RE 194.612, Rel. Min. Sydnei Sanches, *D.J.U.* 08.05.1998).

267. A própria provisão do Imposto de Renda restaria praticamente inócua, assim como incertos restariam os custos inerentes ao exercício de uma atividade, bem como o lucro existente ao longo do exercício e apurado em balanços intermediários.

relativamente aos quais se afere a dimensão quantitativa do fato gerador – base de cálculo – para fins de apuração do montante devido. As deduções possíveis são aquelas previstas em lei como medida de política fiscal. Fora disso, só se poderia afastar o cômputo daquelas receitas que, por sua natureza, não implicassem renda ou lucro. Inexiste direito adquirido à dedução de prejuízos ou base de cálculo negativa de períodos anteriores.

- Tanto a irretroatividade como a anterioridade constituem garantias do contribuinte em prol da segurança jurídica.

- A não majoração da carga tributária relativa a fatos passados ou situados entre o período de advento da lei nova e o decurso do interstício da anterioridade (de exercício ou nonagesimal) é efeito da irretroatividade e da anterioridade.

- Ainda que tomado como referência o aspecto temporal da hipótese de incidência tributária, não se tem como entender possível que a modificação na legislação, ocorrida em dezembro, venha a gravar o lucro do mesmo ano seja relativamente ao imposto de renda ou à contribuição sobre o lucro, eis que não atende nem à anterioridade de exercício nem à anterioridade nonagesimal.

- O momento de cumprimento de obrigação tributária acessória e o próprio prazo para pagamento dos tributos são dados irrelevantes para a análise da irretroatividade e da anterioridade, pois desbordam do fenômeno da incidência. Não há como continuar-se aplicando, pois, a Súmula 584 do STF.

- Afastam-se as limitações à compensação de prejuízos fiscais e da base de cálculo negativa relativas a exercícios anteriores, impostas pela MP 812, de 30 de dezembro de 1994, na apuração tanto do IRPJ como da CSL relativos ao lucro de 1994, cujos fatos geradores consideram-se ocorridos em 31 de dezembro do mesmo ano.[268]

A discussão acerca do alcance e da extensão da Súmula 584 foi reaberta no âmbito do Recurso Extraordinário n° 183.130. Por maioria, nos termos do voto do Min. Nelson Jobim, o STF manteve a Súmula n° 584/STF. A decisão, contudo, excepcionou aplicação da súmula nas hipóteses de utilização do Imposto de Renda com conotação extrafiscal:[269]

---

268. TRF da 4ª Região. Primeira Turma. AMS 1999.04.01.096386-4. Relator: Des. Leandro Paulsen. D.J.U.: 08.10.2003.

269. RE julgado: CONSTITUCIONAL. TRIBUTÁRIO. IMPOSTO DE RENDA. OPERAÇÕES INCENTIVADAS. LEI 7.988/89, ART. 1°, I. 1. Não é legítima a

> Assim, entendo que é de conservar como interpretação do fato gerador ao IR a SÚMULA 584, bem como a sólida jurisprudência do Tribunal nessa matéria.
>
> Contudo, aqui há distinção a ser feita.
>
> No caso do IR ser utilizado em caráter extrafiscal, a configuração do fato gerador dá-se em outro momento.
>
> O momento da realização da operação.
>
> Destaco, ainda, o vínculo de confiança entre Poder Público e entidade privada, o vínculo de causa e efeito entre redução de alíquota e comportamento econômico desejável.
>
> Por isso, após a realização do comportamento estimulado, a lei nova somente poderia ter eficácia para novas possibilidades de comportamentos sob o risco de ser inconstitucional por violação à irretroatividade das leis em matéria de extrafiscalidade.

Com base nesse entendimento, nos autos do RE 592.396, em repercussão geral (tema 168), o STF firmou tese em que reconheceu a inconstitucionalidade da aplicação retroativa do art. 1º, I, da Lei nº 7.988/89, que majorou a alíquota incidente sobre o lucro proveniente de operações incentivadas ocorridas no passado, ainda que no mesmo ano-base.[270] Nessa ocasião,

---

aplicação retroativa do art. 1º, I, da Lei 7.988/89 que majorou a alíquota incidente sobre o lucro proveniente de operações incentivadas ocorridas no passado, ainda que no mesmo exercício. Relativamente a elas, a legislação havia conferido tratamento fiscal destacado e mais favorável, justamente para incrementar a sua exportação. A evidente função extrafiscal da tributação das referidas operações afasta a aplicação, em relação a elas, da Súmula 584/STF. 2. Recurso Extraordinário improvido. (RE 183130. Relator(a): Min. CARLOS VELLOSO, Relator(a) p/ Acórdão: Min. TEORI ZAVASCKI, Tribunal Pleno. Julgado em: 25.09.2014, *DJe*-225 DIVULG 14.11.2014 PUBLIC 17.11.2014 EMENT VOL-02758-01 PP-00001).

270. RECURSO EXTRAORDINÁRIO. REPERCUSSÃO GERAL. REAFIRMAÇÃO DE JURISPRUDÊNCIA. DIREITO TRIBUTÁRIO. OPERAÇÕES DE EXPORTAÇÃO INCENTIVADAS. IMPOSTO DE RENDA PESSOA JURÍDICA. FUNÇÃO EXTRAFISCAL. SÚMULA 584 DO STF. OCORRÊNCIA DO FATO GERADOR EM CADA OPERAÇÃO. APLICAÇÃO RETROATIVA. RE 183.130, DE RELATORIA PARA ACÓRDÃO DO MINISTRO TEORI ZAVASCKI. PRECEDENTE VINCULANTE. 1. No RE 183.130, de relatoria para o acórdão do Ministro Teori Zavascki, o Plenário desta Corte assentou que a utilização do Imposto de Renda com conotação extrafiscal afasta a incidência da Súmula 584 do STF. 2. O fato gerador se consolida no momento em que ocorre cada operação de exportação incentivada pela redução

por se tratar de uma exceção à regra sumulada, o STF não enfrentou a questão da manutenção da Súmula nº 584/STF.

Contudo, as polêmicas envolvendo o enunciado da Súmula nº 584/STF não estão pacificadas. No curso dos últimos dois julgados sobre o tema, ao menos três ministros da atual composição do STF questionaram a Súmula, indicando a possibilidade de revisão de seu enunciado. Nos autos do RE nº 183.130, os ministros Gilmar Mendes e Luís Roberto Barroso apresentaram em seus votos ressalvas ao enunciado da súmula:

> Min. Luís Roberto Barroso:
>
> Basicamente, o que estou fazendo, Presidente, é acompanhar o eminente Ministro Teori e, consequentemente, o Ministro Jobim, na tese menor, que é a tese de que, neste caso, por se tratar de uma exportação incentivada, a retirada do benefício é inaceitável. O que quero significar é que não estou me comprometendo com a subsistência ou não da Súmula nº 584, que gostaria de reservar para um momento de maior reflexão.[271]

> Min. Gilmar Mendes:
>
> Então, eu também vou continuar refletindo – certamente vamos ter oportunidade –, mas confesso que quase que já me filiava à corrente defendida, perfilhada pelo Ministro Relator, Carlos

---

da alíquota do imposto de renda, à luz da extrafiscalidade da tributação na espécie. 3. É inconstitucional a aplicação retroativa do art. 1º, I, da Lei 7.988/89, que majorou a alíquota incidente sobre o lucro proveniente de operações incentivadas ocorridas no passado, ainda que no mesmo ano-base. Precedente: RE 183.130, de relatoria para o acórdão do Ministro Teori Zavascki, Tribunal Pleno, *DJe* 14.11.2014. 4. Recurso extraordinário a que se dá provimento, reafirmando a jurisprudência desta Corte, em sede de repercussão geral, para reformar o acórdão recorrido e declarar a inconstitucionalidade, incidental e com os efeitos da repercussão geral, do art. 1º, I, da Lei 7.988/89, uma vez que a majoração de alíquota de 6% para 18% a qual se reflete na base de cálculo do Imposto de Renda pessoa jurídica incidente sobre o lucro das operações incentivadas no ano-base de 1989 ofende os princípios da irretroatividade e da segurança jurídica. (RE 592396, Relator(a): Min. EDSON FACHIN, Tribunal Pleno, julgado em 03.12.2015, ACÓRDÃO ELETRÔNICO REPERCUSSÃO GERAL - MÉRITO DJe-054 DIVULG 22.03.2016 PUBLIC 28.03.2016).

271. STF. RE 183130. Relator(a): Min. CARLOS VELLOSO, Relator(a) p/ Acórdão: Min. TEORI ZAVASCKI, Tribunal Pleno, julgado em 25.09.2014, *DJe*-225 DIVULG 14.11.2014 PUBLIC 17.11.2014 EMENT VOL-02758-01 PP-00001.

> Velloso, mas, diante da solução adequada para o caso concreto, vou acompanhar o voto do Ministro...[272]

Em manifestação nos autos do RE 592.396, o Ministro Marco Aurélio foi ainda mais enfático, defendendo o cancelamento da Súmula:

> Min. Marco Aurélio:
>
> Presidente, penso que o que há, na verdade, é a superação do verbete. O verbete mostra-se categórico ao revelar que, ao imposto de renda calculado sobre os rendimentos do ano-base, aplica-se a lei vigente no exercício financeiro em que deve ser apresentada a declaração.
>
> De início, concluirei pela superação do verbete, que deverá, portanto, ser cancelado.
>
> [...]
>
> Presidente, podemos projetar a apreciação da subsistência ou não do verbete para um caso mais favorável à superação. O que estamos a analisar repete justamente a premissa fática da decisão do processo referido pelo Relator, cujo acórdão foi redigido pelo ministro Teori Zavascki.[273]

Os trechos dos votos acima transcritos demonstram que a Súmula nº 584/STF permanece controversa entre os próprios Ministros do STF e sinalizam para a possibilidade de revisão do enunciado em um futuro próximo.

4.6 Isonomia, livre-concorrência e capacidade contributiva

O art. 5º (*caput*) da Constituição Federal – enunciado constitucional identificado como previsão genérica do princípio da isonomia – estabelece que todos são iguais perante a lei, sem

272. STF. RE 183130. Relator(a): Min. CARLOS VELLOSO, Relator(a) p/ Acórdão: Min. TEORI ZAVASCKI, Tribunal Pleno, julgado em 25.09.2014, *DJe*-225 DIVULG 14.11.2014 PUBLIC 17.11.2014 EMENT VOL-02758-01 PP-00001.

273. STF. RE 592396. Relator(a): Min. EDSON FACHIN, Tribunal Pleno. Julgado em 03.12.2015, ACÓRDÃO ELETRÔNICO REPERCUSSÃO GERAL - MÉRITO *DJe*-054 DIVULG 22.03.2016 PUBLIC 28.03.2016.

distinção de qualquer natureza, garantindo-se aos brasileiros e aos estrangeiros residentes no País a inviolabilidade do direito à vida, à liberdade, à igualdade, à segurança e à propriedade.

A relevância e a abrangência do princípio da isonomia fazem com que ele impregne todo ordenamento jurídico,[274] tendo como destinatários não apenas os órgãos responsáveis pela elaboração das normas jurídicas gerais e abstratas, como também os órgãos aplicadores (Poder Executivo e Poder Legislativo). Segundo a Corte responsável pela tutela da nossa Constituição, o princípio da isonomia, cuja finalidade precípua é obstar discriminações e extinguir privilégios, vincula, incondicionalmente, todas as manifestações do Poder Público e deve ser apreendido em seu duplo aspecto: (i) o da igualdade na lei e (ii) o da igualdade perante a lei.[275]

A igualdade na lei – que opera numa fase de generalidade puramente abstrata – constitui exigência destinada ao legislador, que não poderá incluir no texto legal fatores de discriminação que gerem a ruptura do que se considera ordem isonômica. A igualdade perante a lei, contudo, pressupondo lei já elaborada, traduz imposição destinada aos demais poderes estatais que, na aplicação do comando normativo, não poderão subordiná-lo a critérios que ensejem tratamento seletivo ou discriminatório.[276]

A isonomia é identificada como princípio fundamental para a análise tanto de direitos subjetivos públicos como de privados.[277] A dogmática, em geral, parte da definição formulada originalmente por Aristóteles, segundo a qual "igualdade" é tratar como iguais os iguais e tratar de maneira desigual os desiguais.

---

274. Vide, a respeito, RAYA, Francisco José Carrera, *op.cit.*, p. 94.

275. Acerca da relevância de tal diferenciação, Humberto Ávila salienta: "Embora a distinção entre igualdade perante a lei e na lei seja antiga e, até certo ponto, trivial, reveste-se de extrema importância e atualidade." (ÁVILA, Humberto, *op.cit.*).

276. MI 58, Rel. p/ o ac. Min. Celso de Mello. Julgamento em: 14-12-90. *DJ*: 19.04.1991.

277. Nesse sentido, BIELSA, Rafael. *Estudios de derecho público*. Buenos Aires: Depalma, 1951. v. 2., p. 148.

No âmbito jurídico, equivaleria a atribuir a mesma consequência jurídica a sujeitos enquadrados sob o mesmo suporte fático.[278]

A definição configura importante ponto de partida, mas deixa sem resposta a questão mais relevante: *quais são as características válidas para que sujeitos de relações jurídicas possam ser identificados e agrupados em conjuntos distintos de outros sujeitos?*

O questionamento acima realizado, formulado por Celso Antônio Bandeira de Mello,[279] é respondido pelo mesmo jurista, através da fixação de regras que afastam a névoa que circunda a aplicabilidade do conceito aristotélico de justiça.[280]

A primeira diz com o elemento tomado como fator de "desigualação";[281] *a segunda* reporta-se à correlação lógica abstrata existente entre o fator erigido em critério de discrímen e a disparidade estabelecida no tratamento jurídico diversificado;[282] *a terceira* atina à consonância dessa correlação lógica com os interesses absorvidos no sistema constitucional e destarte "judicializados".[283]

---

278. Cf. MOLINA, Pedro Manuel Herrera. *Capacidad económica y sistema fiscal*: análisis del ordenamiento español a la luz del Derecho alemán. Madrid: Marcial Pons, 1998. p. 85.

279. MELLO, Celso Antônio Bandeira de, 2006, *op.cit.*

280. Vide, a respeito: VILLEGAS, Héctor Belisario, 2003, *op.cit.*, p. 270; RAYA, Francisco José Carrera, *op.cit.*, pp. 95; HENSEL, Albert, *op.cit.*, p. 137. Costa considera a igualdade um conceito indeterminado no direito tributário e comenta as dificuldades desse conceito em: COSTA, Ramón Valdés. *Instituciones de derecho tributario*. Buenos Aires: Depalma, 2004, p. 373.

281. A característica eleita deve existir na situação, pessoa ou coisa diferenciada, bem como a lei não pode erigir como critério diferencial um traço tão específico que singularize, *no presente e definitivamente*, de modo absoluto, um sujeito a ser colhido pelo regime peculiar.

282. Constatar se existe justificativa racional para, à vista do traço desigualador adotado, atribuir o específico tratamento jurídico construído em função da desigualdade afirmada. E.g. aceita a capacidade contributiva como discrímen válido ao tratamento desigual entre contribuintes, determinada lei feriria a necessária correlação lógica se estipulasse uma alíquota de Imposto de Renda maior para quem ganha menos.

283. O nexo lógico não basta. É necessário que se proteja, de fato, um valor constitucionalmente positividado. E.g. uma lei estadual não pode atribuir alíquotas diferenciadas de ICMS para comercialização de mercadorias produzidas noutros Estados.

A lei pode, sem violação do princípio da igualdade, distinguir situações, a fim de conferir a um tratamento diverso do que atribui à outra. Contudo, para que possa fazê-lo sem que tal violação se manifeste, é necessário que a discriminação guarde compatibilidade com o conteúdo do princípio e que este possua chancela constitucional. Como bem definiu o Min. Gilmar Mendes:[284]

> o conceito de isonomia é relacional e pressupõe, pelo menos, duas situações, que se encontram numa relação de comparação. Essa relatividade leva segundo Maurer a uma inconstitucionalidade relativa (relative Verfassungswidrigkeit) não no sentido de uma inconstitucionalidade menos grave. É que inconstitucional não se afigura a norma A ou B, mas a disciplina diferenciada (*die Unterschiedlichkeit der Regelung*).

A observância ao princípio da isonomia no subsistema tributário foi ressaltada pelo art. 150, II, da Constituição Federal, abaixo reproduzido, enunciado que reforça a previsão geral contida no art. 5º da Constituição.

> Art. 150. Sem prejuízo de outras garantias asseguradas ao contribuinte, é vedado à União, aos Estados, ao Distrito Federal e aos Municípios:
>
> [...]
>
> II - instituir tratamento desigual entre contribuintes que se encontrem em situação equivalente, proibida qualquer distinção em razão de ocupação profissional ou função por eles exercida, independentemente da denominação jurídica dos rendimentos, títulos ou direitos; [...]

Com a ressalva da ocupação profissional e da irrelevância na denominação jurídica, o critério de equiparação inserido pelo legislador constituinte originário no dispositivo acima transcrito – contribuintes em *situação equivalente* – não fornece, diretamente, um critério mais amplo para aplicação desse juízo relacional. Esse critério há de ser buscado nos demais

---

284. STF. ADI 2.716. Relator: Min. Eros Grau. Julgamento em: 29.11.2007. *D.J.U.*: 07.03.2008.

comandos constitucionais e deverá se adequar às características do gênero e da espécie tributária considerada.

No art. 145, § 1º, da Carta Maior,[285] encontra-se o grande critério aplicável a quase todos os tributos não vinculados,[286] a saber: a capacidade contributiva.[287] Ela constitui o critério calibrador da igualdade e o modo a partir do qual ela deve ser observada no direito tributário, conforme argutamente apontado por Francisco José Raya.[288] Sua observação pode ser relativizada quando se estiver diante de exações que exerçam função extrafiscal e/ou que sejam sensíveis a outros princípios, como o da seletividade em função da essencialidade.[289]

Não obstante, mesmo se tratando de tributos não vinculados com finalidades distintas das exclusivamente arrecadatórias, as grandezas atingidas pela hipótese normativa tributária devem

---

285. § 1º - Sempre que possível, os impostos terão caráter pessoal e serão graduados segundo a capacidade econômica do contribuinte, facultado à administração tributária, especialmente para conferir efetividade a esses objetivos, identificar, respeitados os direitos individuais e nos termos da lei, o patrimônio, os rendimentos e as atividades econômicas do contribuinte.

286. Os tributos vinculados seguem a lógica da quantidade e da intensidade de serviço público divisível demandado.

287. Segundo a doutrina, a capacidade contributiva está ligada à imposição do ônus tributário. É juridicizada e deve superar o mínimo existencial (vital). A capacidade econômica é a simples aptidão ligada a qualquer manifestação – mesmo insignificante sob o ponto de vista jurídico – de riqueza. Toda capacidade contributiva pressupõe a econômica, mas o inverso não ocorre. Nesse sentido, a expressão "capacidade econômica", referida no art. 145, §1º, da Constituição, deve ser entendida como capacidade contributiva, dogmaticamente definida.

288. RAYA, Francisco José Carrera, *op.cit.*, p. 95.

289. Art. 155, §2°, III, e 153, §3°, I, da Constituição Federal. Nesse sentido, também, o IPTU progressivo, previsto no art. 182, §4º, II, da Carta Maior. Sobre esse assunto, vide VALCÁRCEL, Ernesto Lejeune. El principio de igualdad. *In:* AMATUCCI, Andrea, *op.cit.*, pp. 222-226; COSTA, Ramón Valdés. *Instituciones de Derecho Tributario*. Buenos Aires: Depalma, 2004. pp. 380-409, e *Los principios jurídicos fundamentales en la codificación tributaria de América Latina*. Revista de Direito Tributário, São Paulo, n. 3, pp. 51-61, jan./mar. 1978, p. 61; VILLEGAS, Héctor Belisario, *op.cit.*, 2003, p. 274; MOLINA, Pedro Manuel Herrera, *op.cit.*, pp. 86-87; LAPATZA, José Juan Ferreiro, *op.cit.*, p. 25, CERVINI, Raúl. Principios del derecho penal tributario en el Estado Democrático Social de Derecho. *Revista dos Tribunais,* São Paulo, v. 857, pp. 437-455, mar. 2007, p. 443; TABOADA, Carlos Palao. Isonomia e capacidade contributiva. *Revista de Direito Tributário*, São Paulo, n. 4, pp. 125-154, abr./jun. 1978, p. 133.

adotar um dos três indicadores de capacidade contributiva a seguir referidos: grandeza dinâmica do fluxo de renda (incremento patrimonial), grandeza estática patrimonial (patrimônio existente), grandeza dinâmica do fluxo de consumo (consumo de bens).[290]

A noção de capacidade contributiva surgiu como um conceito oriundo de uma noção intuitiva de justiça. Não se tratava senão de uma forma de indicar que os tributos deveriam ser pagos em conformidade com as condições econômicas de cada um.[291] A própria natureza da atividade financeira pública exige a utilização da capacidade contributiva como discrímen para a calibração das despesas públicas indivisíveis, sob a forma de tributos.[292]

A primeira aplicação do princípio da capacidade contributiva está ligada à distribuição de cargas tributárias dentro da sociedade, sobretudo nos tributos não vinculados.[293] A segunda diz respeito à escolha do evento elencado como materialidade pela hipótese normativa tributária. Esse evento deve, direta ou indiretamente, refletir uma relação lógica

290. A distinção, sob o ponto normativo, é traçada por Klaus Tipke (TIPKE, Klaus; LANG, Joaquim, *op.cit.*, pp. 210-211). Não obstante, sob o ponto de vista econômico, como bem aponta o próprio jurista alemão, um tributo sobre a renda não reduz somente a renda, mas, da mesma forma, as possibilidades de consumo do contribuinte. Um tributo sobre o consumo onera não somente o consumo, como também a renda. O pagamento de cada tributo, por sua vez, decorre de uma parcela do patrimônio do contribuinte.

291. No ideário liberal, que influenciou fortemente as liberdades constitucionalmente asseguradas na Carta Magna Brasileira, a despesa é um dado que deve ser reduzido ao mínimo. Dada essa cifra, procura-se reparti-la de forma justa entre os contribuintes, de modo que perturbe o mínimo possível o jogo da livre-iniciativa privada.

292. A esse respeito, vide: TABOADA, Carlos Palao, *op.cit.*, p. 126; LAPATZA, José Juan Ferreiro, *op.cit.*, p. 16; MOLINA, Pedro Manuel Herrera, *op.cit.*, p. 88. Segundo a doutrina, a capacidade contributiva está ligada à imposição do ônus tributário. É juridicizada e deve superar o mínimo existencial (vital). A capacidade econômica é a simples aptidão ligada a qualquer manifestação – mesmo insignificante sob o ponto de vista jurídico – de riqueza. Toda capacidade contributiva pressupõe a econômica, mas o inverso não ocorre. Nesse sentido, a expressão "capacidade econômica", referida no art. 145, §1º, da Constituição Federal Brasileira, deve ser entendida como capacidade contributiva, dogmaticamente definida.

293. A respeito da dupla função exercida pelo Princípio da Capacidade Contributiva, vide: VALCÁRCEL, Ernesto Lejeune. El principio de igualdad. *In:* AMATUCCI, Andrea, *op.cit.*, p. 229.

ou racional com certa capacidade econômica, como define Lapatza.[294] Ou, nas palavras do inolvidável jurista Alfredo Augusto Becker, a materialidade desenhada pelo legislador deve denotar um "fato-signo presuntivo de riqueza." [295-296]

Essa acepção objetiva não impede a consideração subjetiva da capacidade contributiva, conforme salienta Sacha Calmon Navarro Coelho,[297] análise que desce do plano abstrato da materialidade normativa e ingressa nas condições concretas do sujeito passivo. Entende-se, no entanto, que a abordagem dessa natureza está ligada à interpretação teleológica, na qual a finalidade (*telos*) é erigida a partir de um significado limitador, a saber: a impossibilidade do confisco. Essa vedação tem origem na conhecida assertiva proferida pelo *Chief Justice* John Marshall, quando do julgamento, em 1819, do célebre caso "McCulloch vs. Maryland": "*o poder de tributar não pode chegar à desmedida do poder de destruir*".[298]

Os custos da vida em sociedade devem ser partilhados pelos contribuintes de acordo com suas capacidades contributivas, requisito que, se, por um lado, veda a estipulação de carga tributária exacerbada para um contribuinte em comparação a

294. LAPATZA, José Juan Ferreiro, *op.cit.*, pp. 24-25.

295. BECKER, Alfredo Augusto. *Teoria geral do direito tributário*. 3. ed. São Paulo: Lejus, 1998, p. 497.

296. Ainda, sobre a relação linguística entre signo presuntivo de riqueza e capacidade contributiva, ver a primorosa obra: SANTOS, Nélida Cristina dos. *Capacidade contributiva e os símbolos de riqueza*. São Paulo: Lex Editora, 2007.

297. COELHO, Sacha Calmon Navarro. *Comentários à Constituição de 1988: sistema tributário*. 3. ed. Rio de Janeiro: Forense, 1991.

298. McCulloch v. Maryland, 17 U.S. 316 (1819). MARSHALL, C.J., Opinion of the Court: "[...] That the power to tax involves the power to destroy; that the power to destroy may defeat and render useless the power to create; that there is a plain repugnance in conferring on one Government a power to control the constitutional measures of another, which other, with respect to those very measures, is declared to be supreme over that which exerts the control, are propositions not to be denied. But all inconsistencies are to be reconciled by the magic of the word CONFIDENCE. Taxation, it is said, does not necessarily and unavoidably destroy. To carry it to the excess of destruction would be an abuse, to presume which would banish that confidence which is essential to all Government". (p. 431).

outro na mesma situação (dotado da mesma capacidade contributiva), por outro, exige que a carga tributária seja a mesma para todos os contribuintes detentores da mesma aptidão tributária.[299] Esse ponto possui especial importância, pois está diretamente ligado ao princípio da livre-iniciativa, cravado no art. 170, *caput*, da Carta Maior.[300]

Nesse sentido, quando é enfrentado o tema relativo à isonomia, à capacidade contributiva e à livre-concorrência, não se pode olvidar, conforme bem apontado pelo Supremo Tribunal Federal, que não há, no sistema constitucional brasileiro, direitos ou garantias que se revistam de caráter absoluto. Razões de relevante interesse público ou exigências derivadas do princípio de convivência das liberdades legitimam, ainda que excepcionalmente, a adoção, por parte dos órgãos estatais, de medidas restritivas das prerrogativas individuais ou coletivas, desde que respeitadas as balizas estabelecidas no texto constitucional.

O estatuto constitucional das liberdades públicas, ao delinear o regime jurídico a que estas estão sujeitas – e considerado o substrato ético que as informa – permite que, sobre elas, incidam limitações de ordem jurídica, destinadas, de um lado, a proteger a integridade do interesse social e, de outro, a assegurar a coexistência harmoniosa das liberdades, pois nenhum direito ou garantia pode ser exercido em detrimento da ordem pública ou com desrespeito aos direitos e garantias de terceiros.[301]

Ao condicionar os atos praticados pelo Estado, seja a produção normativa, seja sua aplicação, a isonomia, além de representar um limite, configura um ônus ao exercício da atividade estatal que, conjugada à livre-iniciativa, exige a

---

299. Essa conclusão é uma consequência lógica da própria equivalência dos modais deônticos; afinal de contas, sendo obrigatório o tratamento isonômico (Op), é vedado o tratamento diferenciado (Ph-p). A capacidade contributiva funciona como um critério corretor da igualdade absoluta. A respeito, vide: RAYA, Francisco José Carrera, *op.cit.*, p. 95.

300. Art. 170. A ordem econômica, fundada na valorização do trabalho humano e na livre-iniciativa, tem por fim assegurar a todos existência digna, conforme os ditames da justiça social, observados os seguintes princípios: [...].

301. STF. MS 23.452. Relator: Min. Celso de Mello, julgamento em 16.09.1999. *DJ*: 12.05.2000.

diferenciação de contribuintes em situações marcadamente distintas, autorizando, inclusive, a aplicação de restrições ao livre exercício da atividade econômica *em casos extremos*, sobretudo quando está em jogo a livre-concorrência e quando se verifica a presença de outros valores e finalidades constitucionalmente relevantes. Essa possibilidade decorre das características das quais as normas identificadas como princípios são dotadas.[302] Ao exigir intensa atividade *reconstrutiva*, essas normas permitem, a partir do critério da ponderação (Alexy), o redesenho do alcance do espectro normativo em cada caso, tendo sempre como ponto de referência os critérios guiados pela proporcionalidade e pela interpretação teleológica.

Desse modo, em casos extremos, o próprio STF deixou de aplicar entendimentos sumulados, como a Súmula 547,[303] que coíbe a utilização das denominadas sanções políticas como forma coativa de arrecadação. Ao apreciar a Medida Cautelar em Ação Cautelar 1.657, a Corte Maior proferiu importante decisão, abaixo transcrita:

> RECURSO. Extraordinário. Efeito suspensivo. Inadmissibilidade. Estabelecimento industrial. Interdição pela Secretaria da Receita Federal. Fabricação de cigarros. Cancelamento do registro especial para produção. Legalidade aparente. Inadimplemento sistemático e isolado da obrigação de pagar Imposto sobre Produtos Industrializados – IPI. Comportamento ofensivo à livre-concorrência. Singularidade do mercado e do caso. Liminar indeferida em ação cautelar. Inexistência de razoabilidade jurídica da pretensão. Votos vencidos. Carece de razoabilidade jurídica, para efeito de emprestar efeito suspensivo a recurso extraordinário, a pretensão de indústria de cigarros que, deixando sistemática e isoladamente de recolher o Imposto sobre Produtos Industrializados, com consequente redução do preço de venda da mercadoria e ofensa à livre-concorrência, viu cancelado o registro especial e interditados os estabelecimentos.[304]

302. Vide Capítulo 1.

303. Súmula 547: Não é lícito à autoridade proibir que o contribuinte em débito adquira estampilhas, despache mercadorias nas alfândegas e exerça suas atividades profissionais.

304. STF. AC 1657 MC, Relator(a): Min. JOAQUIM BARBOSA, Relator(a) p/ Acórdão: Min. CEZAR PELUSO. Tribunal Pleno. Julgado em: 27.06.2007. *DJe*-092 DIVULG

O caso apreciado pela ementa acima transcrita envolve a constitucionalidade do condicionamento da concessão do registro para fabricação de cigarros à inexistência de débitos fiscais, requisito fixado pelo Decreto-lei nº 1.593/77. Segundo sustentado pelo contribuinte nesse caso, esse condicionamento feriria a livre-iniciativa. O pleito chegou ao STF através da propositura de medida cautelar visando à concessão de efeito suspensivo ao recurso extraordinário interposto pelo contribuinte.

Três questões constitucionais capitanearam os argumentos esgrimidos pelos ministros do Supremo Tribunal Federal, no presente caso, a saber: (i) o direito à livre-iniciativa, (ii) a extrafiscalidade do IPI, bem como (iii) a livre-concorrência e a isonomia. Importante referir que a recorrente devia tributos (sobretudo IPI) que atingiam valor superior a R$ 1.000.000.000,00.

Após o voto proferido pelo Min. Joaquim Barbosa, deferindo a medida cautelar pleiteada,[305] sob o fundamento central – de natureza processual – ligado à manutenção do resultado útil do processo, sobreveio o voto do Min. Cezar Peluso, para quem a medida deveria ser indeferida. Chamando a atenção para a singularidade do caso, o Min. Peluso justificou sua posição a partir das ponderações abaixo referidas:

– a arrecadação de IPI possui uma finalidade extrafiscal de grande relevância, pois visa ao desestímulo de uma prática nociva à saúde. A atividade econômica desenvolvida pela recorrente gera um custo muito alto ao Estado em função dos problemas de saúde dela decorrentes;

– a empresa recorrente não apresentou justificativa convincente para o "não recolhimento sistemático de tributos";

30.08.2007 PUBLIC 31.08.2007 *DJ* 31.08.2007 PP-00028 EMENT VOL-02287-02 PP-00254 RTJ VOL-00204-01 PP-00099 RDDT n. 146, 2007, p. 231-232 RCJ v. 21, n. 137, 2007, p. 81.

305. O Min. Joaquim Barbosa alterou seu posicionamento no julgamento do Recurso Extraordinário, afastando os argumentos levantados pela recorrente. O Recurso Extraordinário nº 550.769 foi julgado improcedente por maioria.

– o contexto próprio do mercado de cigarros exige a defesa da livre-concorrência (art. 170, IV, da Constituição)[306] em harmonia com o princípio constitucional da livre-iniciativa (art. 170, *caput*). Assim, o Estado busca intervir na economia, de forma a coibir a existência de práticas anticoncorrenciais (como seria o caso de uma empresa que lançasse mão da prática reiterada de sonegação de impostos como estratégia para ampliar sua participação no mercado, reduzindo ilicitamente custos impostos aos demais contribuintes concorrentes);

– o requisito fiscal expresso no Decreto-lei nº 1.593/1977 não constituiria sanção política, sendo dotado de razoabilidade com esteio em fundamentos extrafiscais, quais sejam: a defesa do valor jurídico-constitucional da livre-concorrência, os problemas de saúde causados pela atividade da recorrente e as consequentes despesas com saúde por ela geradas ao Estado.

Acompanharam o Min. Joaquim Barbosa os Ministros Marco Aurélio e Sepúlveda Pertence, que defenderam a aplicação dos precedentes que identificariam, no caso em tela, a existência de odiosa sanção política. A divergência iniciada pelo voto do Min. Peluso restou vitoriosa, chancelada pelos votos dos Ministros Gilmar Mendes, Ellen Gracie, Caros Britto e Eros Grau. A livre-iniciativa, como apontou Carlos Britto, deveria ser *ponderada* (Alexy) com os demais princípios previstos na Constituição, pois não configura uma garantia absoluta, sendo inaplicável no caso de contumazes devedores. A inadimplência tributária não pode configurar estratégia concorrencial, pois isso feriria a livre-iniciativa, além da isonomia.

Como se observa, a isonomia pode tanto operar em favor de contribuintes sobre os quais recai uma carga tributária incompatível com sua capacidade contributiva como contra contribuintes que não podem utilizar a inadimplência sistemática como estratégia de redução de custos e como estabelecimento de uma concorrência desleal.

306. Art. 170. A ordem econômica, fundada na valorização do trabalho humano e na livre-iniciativa, tem por fim assegurar a todos existência digna, conforme os ditames da justiça social, observados os seguintes princípios: [...] IV – livre-concorrência; [...].

Para evitar conclusões apressadas, é importante repisar que a inaplicabilidade da Súmula 547 do STF decorreu das peculiaridades do caso em tela, a saber: dívida tributária vultosa, contumaz e injustificada da *recorrente*, decorrente de tributo que exerce imprescindível função extrafiscal na sociedade, incidente sobre produto cuja arrecadação é essencial para amortizar os pesados custos que seu consumo causa à saúde pública. De grande relevância ao presente estudo, ainda, é a conjugação da livre-iniciativa a partir da livre-concorrência, sobre as quais o Estado é responsável por coibir práticas anticoncorrenciais desleais, como o não pagamento injustificado de tributos.

Resta examinar, ainda, a figura da isonomia e o mito do legislador positivo. Segundo consagrado entendimento do STF, a partir da isonomia, o Judiciário não pode estender a determinado contribuinte o tratamento fiscal legalmente dispensado a outro, dotado de mesma capacidade contributiva. Essa atividade é adstrita ao Poder Legislativo, em virtude do princípio da separação dos poderes.[307]

A complexidade do tema demandaria um corte epistemológico próprio, o que não impede que sejam elencadas algumas observações de suma relevância. O direito positivo é composto por linguagem utilizada na função prescritiva (lógica deôntica). A vedação imposta ao Poder Judiciário, que deflui do princípio da separação dos poderes, atinge apenas a inovação no plano sintático, ou seja, na construção de novos signos linguísticos

---

307. A decisão abaixo reproduzida é clara nesse sentido:
"Tributário. PIS/PASEP e COFINS. Extensão de tratamento diferenciado. Isonomia. Impossibilidade jurídica do pedido. O acolhimento da postulação da autora – extensão do tratamento tributário diferenciado concedido às instituições financeiras, às cooperativas e às revendedoras de carros usados, a título do PIS/PASEP e da COFINS – implicaria converter-se o STF em legislador positivo. Isso porque se pretende, dado ser ínsita a pretensão de ver reconhecida a inconstitucionalidade do preceito, não para eliminá-lo do mundo jurídico, mas com a intenção de, corrigindo eventual tratamento adverso à isonomia, estender os efeitos da norma contida no preceito legal a universo de destinatários nele não contemplados. Precedentes." (RE 402.748-AgR, Rel. Min. Eros Grau, julgamento em 22.04.2008, *DJE* de 16.05.2008). No mesmo sentido: RE 418.994-AgR, Rel. Min. Eros Grau, julgamento em 22.042008, *DJE* de 16.05.2008)."

sujeitos à interpretação. A atuação do Poder Judiciário na fixação do *conteúdo* da obrigação tributária é, no entanto, inegável.

Desse modo, a restrição representada pelo mito do legislador negativo autoriza que determinados pleitos realizados por contribuintes, relativamente ao tratamento fiscal dispensado a outros dotados do mesmo *status* tributário, seja enfrentada a partir de uma reconstrução semântica da expressão já existente, que aparentemente exclui o contribuinte prejudicado.

A redefinição semântica acolhida pelo STF, em grande parte dos julgados, no entanto, diz respeito, infelizmente, apenas àquela cujo resultado traz como consequências a redução do espectro da norma considerada inconstitucional, não obstante a existência de decisões que vêm, lentamente, abrindo a jurisprudência da Corte às denominadas decisões manipulativas.[308]

---

308. "A interpretação judicial como instrumento de mutação informal da Constituição. A questão dos processos informais de mutação constitucional e o papel do Poder Judiciário: a interpretação judicial como instrumento juridicamente idôneo de mudança informal da Constituição. A legitimidade da adequação, mediante interpretação do Poder Judiciário, da própria Constituição da República, se e quando imperioso compatibilizá-la, mediante exegese atualizadora, com as novas exigências, necessidades e transformações resultantes dos processos sociais, econômicos e políticos que caracterizam, em seus múltiplos e complexos aspectos, a sociedade contemporânea" (HC 91.361, Rel. Min. Celso de Mello, julgamento em 23.09.2008, *DJE* de 06.02009). Conforme lição de Carlos Blanco de Morais: "as decisões manipulativas consistem em decisões jurisdicionais que determinam a modelação do sentido ou dos efeitos da norma submetida a julgamento. A expressão abrangeria todas as sentenças a que o ordenamento abriria a possibilidade de exprimir poderes tendencialmente normativos" (MORAIS, Carlos Blanco de. *Justiça constitucional.* Coimbra: Coimbra Editora, 2005. t. II. § 635). Segundo Jorge Miranda: "Nas decisões aditivas (também ditas modificativas ou manipulativas) a inconstitucionalidade detectada não reside tanto naquilo que a norma preceitua quanto naquilo que ela não preceitua; ou, por outras palavras, a inconstitucionalidade acha-se na norma na medida em que não contém tudo aquilo que deveria conter para responder aos imperativos da Constituição. E então, o órgão de fiscalização acrescenta (e, acrescentando, modifica) esse elemento que falta". (MIRANDA, Jorge. *Manual de direito constitucional.* 3. ed. Coimbra: Coimbra Editora, 2008. t. VI: Inconstitucionalidade e garantia da Constituição. p. 88).

5. CONTROLE DE CONSTITUCIONALIDADE

5.1 Introdução

Duas foram as principais causas responsáveis pela difusão dos sistemas de fiscalização jurisdicional da constitucionalidade, como aponta Jorge Miranda.[309] A primeira, endógena, resultou do desenvolvimento do estado de direito com o surgimento de instituições que passaram a restringir e controlar o exercício do poder normativo, tanto no plano concreto quanto no plano abstrato; a segunda, exógena, liga-se à necessidade de respostas não apenas às violações ou às tentativas de violação de direitos e liberdades, como também à solução de conflitos jurídicos em ordenamentos plurilegislativos (regionais e federais).

Os atos normativos só estarão conformes à Constituição quando (i) não violarem as regras constitucionais de produção para eles estabelecidas, bem como (ii) quando não contrariarem, positiva ou negativamente, os parâmetros materiais plasmados nas normas ou princípios constitucionais.[310]

A incompatibilidade de um ato normativo com a Constituição deflagra decisões judiciais que tanto podem retirá-lo

309. MIRANDA, Jorge. *op. cit.*, p. 115.

310. CANOTILHO, José Joaquim Gomes. *Direito constitucional*. 6. ed. Coimbra: Livraria Almedina, 1996, pp. 956-957.

integralmente do mundo jurídico, como moldar seu alcance semântico.[311] Na hipótese mais radical, toda e qualquer referência normativa é excluída, atingindo o plano sintático. Nesse caso, o enunciado é retirado do ordenamento, impossibilitando qualquer interpretação futura. Na intervenção menos severa, abrem-se duas alternativas: na primeira, excluem-se significados normativos incompatíveis com os fundamentos de validade identificados no texto constitucional; na segunda, afirma-se a constitucionalidade de um enunciado prescritivo se, e somente se, interpretado a partir do significado a ele atribuído pelo STF no julgamento.

Nada impede que uma lei declarada *constitucional* seja novamente analisada pelo Tribunal Constitucional, como acertadamente refere Carlos Blanco de Morais.[312] Segundo o jurista português, não faria sentido blindar uma lei contra impugnações futuras, não só porque podem existir vícios de inconstitucionalidades não evidentes ou ausentes da controvérsia tal qual retratada pelos tribunais, como também porque a evolução temporal e circunstancial pode revelar outras inconstitucionalidades que passariam injustificadamente imunes ao controle de constitucionalidade.

A assertiva consignada no parágrafo anterior não constitui caminho de duas vias. Assim, se a declaração de constitucionalidade proferida pelo Plenário do Supremo Tribunal

---

311. O controle de constitucionalidade abrange, também, a chamada inconstitucionalidade superveniente. É o caso de leis que, à época de sua criação, eram compatíveis com o Texto Constitucional, tornando-se incompatíveis a partir de um novo parâmetro constitucional. Exemplo clássico dessa hipótese é o fenômeno da recepção por uma Constituição da legislação infraconstitucional pretérita. A distinção ganha relevância por meio da constatação de que, na inconstitucionalidade superveniente, devem ser observados apenas os denominados parâmetros materiais (conteúdo dos comandos prescritivos), devendo os requisitos formais relativos à criação da lei averiguada seguir o princípio *tempus regit actum*. Sobre o tema, *vide* MORAIS, Carlos Blanco de, *op.cit.*, tomo I, § 103, e tomo II, § 595.

312. MORAIS, Carlos Blanco de, *op.cit.*, p. 180. No mesmo sentido, Gilmar Ferreira Mendes afirma parecer-lhe plenamente legítimo que se argua a inconstitucionalidade de norma anteriormente declarada constitucional (MENDES, Gilmar Ferreira, 2005, *op.cit.*, p. 364).

Federal pode ser também por ele revista, o mesmo não acontece com as declarações de inconstitucionalidade, devido à preclusão materializada na prévia retirada, do mundo jurídico, do enunciado normativo considerado inconstitucional.

5.2 Técnicas de controle de constitucionalidade

O exame de constitucionalidade de um ato normativo envolve a aplicação diferentes técnicas reconhecidas pela dogmática constitucional, a saber: (i) a declaração de inconstitucionalidade com redução de texto; (ii) a declaração inconstitucionalidade sem redução de texto; (iii) a interpretação conforme a Constituição.

A incompatibilidade do dispositivo (ou do diploma) com a Constituição poderá ser total ou parcial. A diferença, de modo singelo, é que na segunda hipótese, subsistem no diploma ou norma questionada dispositivos autônomos que se revelam compatíveis com o Texto Constitucional. Na primeira, ao contrário, o texto normativo analisado é integralmente excluído do sistema. As duas hipóteses são enquadradas como formas de *declaração de inconstitucionalidade com redução de texto,* pois nelas o dispositivo questionado sofre supressão sintática (total ou parcial).

Enquanto a redução de texto exclui toda e qualquer interpretação do enunciado que está sendo retirado por inconstitucionalidade, a *declaração de inconstitucionalidade sem redução de texto* acaba por declarar determinados *significados como inconstitucionais.* A inconstitucionalidade reconhecida, nesse caso, não retira a validade dos demais significados atribuídos ao enunciado normativo analisado, os quais não foram atingidos pela declaração de inconstitucionalidade.

Por fim, a *interpretação conforme a Constituição*, embora atue no mesmo plano significativo da declaração de inconstitucionalidade sem redução de texto, dela se diferencia por *não afastar significados*, mas restringir o espectro do enunciado a um significado específico. A sutileza é relevante. Basta verificar que, na interpretação conforme a Constituição, não se declara a inconstitucionalidade de qualquer enunciado ou significado a ele atribuído (sendo dispensável, também, a cláusula de reserva de plenário contida no art. 97 da Constituição Federal).[313]

O pleno do STF, ao julgar o ADI 4389 MC,[314] por exemplo, decidiu conceder medida liminar para dar *interpretação conforme a Constituição* ao art. 1º, *caput* e § 2º, da Lei Complementar 116/2003 e ao subitem 13.05 da lista de serviços anexa à referida Lei. Nessa decisão, o STF reconheceu que a industrialização por encomenda está inserida na competência tributária dos estados (ICMS), e não na competência dos municípios (ISS). A aplicação da técnica da *interpretação conforme* está retratada pela própria ementa abaixo transcrita, com grifos nossos:

> CONSTITUCIONAL. TRIBUTÁRIO. CONFLITO ENTRE IMPOSTO SOBRE SERVIÇOS DE QUALQUER NATUREZA E IMPOSTO SOBRE OPERAÇÃO DE CIRCULAÇÃO DE MERCADORIAS E DE SERVIÇOS DE COMUNICAÇÃO E DE TRANSPORTE INTERMUNICIPAL E INTERESTADUAL. PRODUÇÃO DE EMBALAGENS SOB ENCOMENDA PARA POSTERIOR INDUSTRIALIZAÇÃO (SERVIÇOS GRÁFICOS). ADI AJUIZADA PARA *DAR INTERPRETAÇÃO CONFORME* AO O ART. 1º, *CAPUT* E § 2º, DA LEI COMPLEMENTAR 116/2003 E O SUBITEM 13.05 DA LISTA DE SERVIÇOS ANEXA. FIXAÇÃO DA INCIDÊNCIA DO ICMS E NÃO DO ISS. MEDIDA CAUTELAR DEFERIDA. Até o julgamento final e com eficácia apenas para o futuro (*ex nunc*), concede-se medida cautelar para interpretar o art. 1º, *caput* e § 2º, da Lei Complementar 116/2003 e o subitem 13.05 da lista de serviços anexa, para reconhecer que o ISS não incide sobre operações de industrialização por encomenda de embalagens, destinadas à integração ou utilização direta em processo subsequente de industrialização ou

313. Art. 97. Somente pelo voto da maioria absoluta de seus membros ou dos membros do respectivo órgão especial poderão os tribunais declarar a inconstitucionalidade de lei ou ato normativo do Poder Público.

314. ADI 4389 MC, Relator(a): Min. JOAQUIM BARBOSA, Tribunal Pleno, julgado em 13.04.2011, PROCESSO ELETRÔNICO *DJe*-098 DIVULG 24.05.2011 PUBLIC 25.05.2011 *RDDT* n. 191, 2011, p. 196-206 RT v. 100, n. 912, 2011, p. 488-505.

de circulação de mercadoria. Presentes os requisitos constitucionais e legais, incidirá o ICMS.[315]

Como se verifica, a declaração de inconstitucionalidade sem redução de texto e a interpretação conforme a Constituição eram consideradas técnicas equiparadas. Entretanto, os desdobramentos empíricos observados no decorrer do tempo acabaram diferenciando os dois institutos, como bem apontado por Gilmar Mendes.[316]

5.3 Controle preventivo e controle repressivo (judicial)

Diz-se que o controle de constitucionalidade pode ser exercido de forma *preventiva* ou *repressiva*. O primeiro ocorreria no âmbito tanto do (i) Poder Legislativo – tal qual o realizado pela Comissão de Constituição e Justiça –, quanto (ii) do Poder Executivo, através do veto,[317] que pode ter como fundamento a afronta a determinado preceito constitucional (*vide* vetos aos itens 3.01 e 13.01 da Lei Complementar nº 116, de 31 de julho de 2003).[318] Já a modalidade repressiva é realizada pelo Poder Judiciário.

---

315. Destaque nosso.

316. "A decisão proferida na ADI 491 parece indicar que o Supremo Tribunal Federal está disposto a afastar-se da orientação anterior, que equiparava a interpretação conforme à Constituição à declaração de nulidade parcial sem redução de texto, passando a deixar explícito, no caso de declaração de nulidade sem redução de texto, que determinadas hipóteses de aplicação, constantes de programa normativo da lei, são inconstitucionais e, por isso, nulas" (MENDES. *op. cit.* p. 355-356).

317. LENZA, Pedro. *Direito constitucional esquematizado*. 12. ed. São Paulo: Saraiva, 2008, p. 135.

318. MENSAGEM Nº 362, DE 31 DE JULHO DE 2003.
Senhor Presidente do Senado Federal,
Comunico a Vossa Excelência que, nos termos do § 1º do art. 66 da Constituição, decidi vetar parcialmente, por contrariedade ao interesse público e por inconstitucionalidade, o Projeto de Lei nº 161, de 1989 Complementar (nº 1/91 - Complementar na Câmara dos Deputados), que "Dispõe sobre o Imposto Sobre Serviços de Qualquer Natureza, de competência dos Municípios e do Distrito Federal, e dá outras providências".
Itens 3.01 e 13.01 da Lista de serviços
"3.01 – Locação de bens móveis."
"13.01 – Produção, gravação, edição, legendagem e distribuição de filmes, video-tapes,

O denominado controle preventivo não pode ser considerado controle de constitucionalidade de *normas jurídicas*, pois o texto analisado pelos Poderes Legislativo e Executivo ainda não ingressou no ordenamento jurídico. Essa é a razão pela qual o Poder Judiciário, nesse momento embrionário do processo legislativo, não pode ser instado a analisar o conteúdo do texto que está sendo votado e aprovado nas casas legislativas (enunciado) salvo a hipótese expressamente prevista pelo art. 60, § 4°, da Constituição.[319] A análise, nesse momento, de modo geral,

---

discos, fitas cassete, *compact disc*, digital *video disc* e congêneres."
Razões do veto
"Verifica-se que alguns itens da relação de serviços sujeitos à incidência do imposto merecem reparo, tendo em vista decisões recentes do Supremo Tribunal Federal. São eles:
O STF concluiu julgamento de recurso extraordinário interposto por empresa de locação de guindastes, em que se discutia a constitucionalidade da cobrança do ISS sobre a locação de bens móveis, decidindo que a expressão "locação de bens móveis" constante do item 79 da lista de serviços a que se refere o Decreto-Lei n° 406, de 31 de dezembro de 1968, com a redação da Lei Complementar n° 56, de 15 de dezembro de 1987, é inconstitucional (noticiado no Informativo do STF n° 207). O Recurso Extraordinário 116.121/SP, votado unanimemente pelo Tribunal Pleno, em 11 de outubro de 2000, contém linha interpretativa no mesmo sentido, pois a "terminologia constitucional do imposto sobre serviços revela o objeto da tributação. Conflita com a Lei Maior dispositivo que imponha o tributo a contrato de locação de bem móvel. Em direito, os institutos, as expressões e os vocábulos têm sentido próprios, descabendo confundir a locação de serviços com a de móveis, práticas diversas regidas pelo Código Civil, cujas definições são de observância inafastável." Em assim sendo, o item 3.01 da Lista de serviços anexa ao projeto de lei complementar [...] ora analisado fica prejudicado, pois veicula indevida (porque inconstitucional) incidência do imposto sob locação de bens móveis.
O item 13.01 da mesma Lista de serviços mencionada no item anterior coloca no campo de incidência do imposto gravação e distribuição de filmes. Ocorre que o STF, no julgamento dos RREE 179.560-SP, 194.705-SP e 196.856-SP, cujo relator foi o Ministro Ilmar Galvão, decidiu que é legítima a incidência do ICMS sobre comercialização de filmes para videocassete, porquanto, nessa hipótese, a operação se qualifica como de circulação de mercadoria. Como consequência dessa decisão foram reformados acórdãos do Tribunal de Justiça do Estado de São Paulo que consideraram a operação de gravação de videoteipes como sujeita tão somente ao ISS. Deve-se esclarecer que, na espécie, tratava-se de empresas que se dedicam à comercialização de fitas por elas próprias gravadas, com a finalidade de entrega ao comércio em geral, operação que se distingue da hipótese de prestação individualizada do serviço de gravação de filmes com o fornecimento de mercadorias, isto é, quando feita por solicitação de outrem ou por encomenda, prevalecendo, nesse caso a incidência do ISS (retirado do Informativo do STF n° 144).
Assim, pelas razões expostas, entendemos indevida a inclusão destes itens na Lista de serviços."

319. CF/88. Art. 60. [...] § 4° Não será objeto de deliberação a proposta de emenda tendente a abolir: I - a forma federativa de Estado; II - o voto direto, secreto, universal e periódico; III - a separação dos Poderes; IV - os direitos e garantias individuais.

diz respeito ao cumprimento das regras que regulamentam o processo de formação das normas jurídicas (enunciação).

Com exceção das hipóteses referidas no parágrafo anterior, a Constituição promulgada em 1988 não admite a fiscalização abstrata de constitucionalidade de meras proposições normativas.[320]

5.3.1 Controle judicial repressivo e suas espécies: difuso e concentrado

O controle repressivo, surgido nos Estados Unidos, é exercido, exclusivamente, pelo Poder Judiciário. Embora a Constituição Americana não o preveja de modo expresso,[321] ele é reflexo da soberania atribuída ao poder constituinte, que prevalece sobre os demais.[322] Seu exercício pelo Judiciário é corolário da divisão entre os poderes, comum aos estados republicanos.[323]

O controle de constitucionalidade repressivo (judicial) ocorre através de sistemas que a dogmática constitucional denominou controle difuso e controle concentrado de constitucionalidade.[324]

5.3.1.1 Controle difuso

O controle difuso de constitucionalidade é também denominado incidental, descentralizado, indireto ou mediato. Foi adotado pelo ordenamento brasileiro desde a Constituição de

320. ADI 466, Rel. Min. Celso de Mello, julgamento em -3.04.1991, *DJ* de 10.05.1991.

321. ROSSUM, Ralph A.; TARR, G. Alan. *American constitutional law*. New York: St. Martin's Press, 1995. v. 1: The structure of government. pp. 52-53.

322. ROYO, Javier Pérez. *Curso de derecho constitucional*. Madrid: Marcial Pons, 1997. p. 151.

323. EKMEKDJIAN, Miguel A. *Tratado de derecho constitucional*. Buenos Aires: Depalma, 1995, t. 3. p. 285.

324. Alguns autores apontam que o controle repressivo de constitucionalidade poderia ser exercido, ainda, pelo Poder Legislativo, na hipótese restrita do art. 49, V, da Constituição Federal. Segundo esse dispositivo, o Congresso Nacional pode sustar os atos normativos do Poder Executivo que exorbitem o poder regulamentar ou os limites da delegação legislativa (vide, a propósito, MORAES, Alexandre de. *Direito constitucional*. 22. ed. São Paulo: Atlas, 2007, p. 697).

1891, sob influência da tradição norte-americana a partir do precedente Madison *versus* Marbury (1803).[325]

Pelo controle difuso, qualquer juiz ou tribunal pode declarar a inconstitucionalidade da lei num caso concreto. O objeto inicial desse instrumento não é a declaração de inconstitucionalidade, mas a solução do litígio instaurado entre autor e réu em virtude do cumprimento da norma eivada daquele vício. Nessa espécie de controle, como afirma Tresolini, o indivíduo apenas pode alegar a inconstitucionalidade da norma caso esteja sendo diretamente afetado por ela, ou seja, "*an individual has 'standing' to challenge the constitutionality of a law only if his personal rights are directly affected by the operation of the statute*".[326] Por isso, o conflito deve ser concreto, e não apenas hipotético, como ressaltam Rossum e Tarr:

> *Another technical barrier to adjudication of constitutional claims is the requirement that a suit not be brought to the courts prematurely, while the relationships between the parties are still developing or in flux. Unless a dispute is sufficiently real, well developed, and specific – in a word, ripe – any decision reached by the court necessarily will hinge on a series of predictions about the probable conduct of the parties, and those predictions will in turn depend upon contingences and guesses about the future.*[327]

O reconhecimento da inconstitucionalidade, no controle difuso, constitui o fundamento que ampara o pedido formulado pelo autor.[328] Assim, por exemplo, considerando a

---

325. O sistema difuso de controle é, também, o sistema tradicional português. Foi introduzido na Constituição de 1911 (art. 63.º) por influência da Constituição Brasileira de 1891 (arts. 207.º e 280.º). A respeito, vide CANOTILHO, *op. cit.*, p. 964.

326. TRESOLINI, Rocco. J. *American constitutional law*. New York: The Macmillan Company, 1965. p. 66. No mesmo sentido: "*From the beginning, the Court recognized that its power of judicial review was confined to "cases" and "controversies" – it did not have a roving commission to investigate legislative acts and nullify those that were unconstitutional*". (WOLFE, Christopher. *The rise of modern judicial review: from constitutional interpretation to judge-made law*. United States: Rowman & Littlefield, 1994. p. 103).

327. ROSSUM, Ralph A.; TARR, G. Alan, *op.cit.*, p. 60.

328. Nesse sentido, também, EKMEKDJIAN. *op. cit.*, p. 296; LENZA. *op. cit.*, p. 143;

inconstitucionalidade da ampliação da base de cálculo do PIS e da COFINS entabulada pela Lei nº 9.718/98, imagine-se que determinado contribuinte solicite que o Poder Judiciário condene a União à restituição dos valores por ele pagos indevidamente (isto é, inconstitucionalidade como causa da repetição de indébito tributário).

Considerando a estrutura implicacional contida na sentença (p→q), a inconstitucionalidade atua como antecedente normativo (p) da norma judicial de indébito tributário, cujo consequente carregará a relação jurídica de indébito, pleiteada pela parte autora. Não há, evidentemente, pedido de expulsão do ordenamento jurídico da norma inquinada de inconstitucionalidade. Exige-se, no entanto, que a questão da inconstitucionalidade seja *relevante* para a decisão da causa.[329]

Quando a querela estiver sendo analisada pelo tribunal, antes de proferir seu voto reconhecendo a inconstitucionalidade, deverá o relator, na chamada "cláusula de reserva de plenário", encaminhar o feito para o plenário ou para o órgão especial que decidirá, incidentalmente, sobre a inconstitucionalidade da lei pelo voto da maioria absoluta de seus membros (art. 97 da CF/88). Nesse sentido, tem entendido o Supremo Tribunal Federal, ainda, que, se a inconstitucionalidade da lei já fora declarada pelo STF, não há necessidade de se observar tal cláusula.

Segundo a distinção clássica da doutrina, os efeitos da decisão que, em controle difuso, reconhece a inconstitucionalidade de uma norma, ficam adstritos às partes que integram a relação jurídica processual (efeitos *inter partes*).[330] Não obstante, nos termos do art. 52, X, da Constituição Federal,[331] o

---

FISCHER, Octavio Campos. *Os efeitos da declaração de inconstitucionalidade no direito tributário brasileiro*. Rio de Janeiro: Renovar, 2004, p. 89.

329. CANOTILHO. *op. cit.*, p. 1048.

330. A respeito, *vide* MIRANDA, Jorge, *op. cit.*, p. 70. Esse tema será melhor explorado pelo capítulo seguinte.

331. Art. 52. Compete privativamente ao Senado Federal:
X - suspender a execução, no todo ou em parte, de lei declarada inconstitucional por decisão definitiva do Supremo Tribunal Federal; [...].

Senado Federal pode suspender a execução de lei declarada inconstitucional pelo Supremo Tribunal Federal,[332] sem que haja, contudo, efeitos retroativos,[333] pois retirará a vigência do enunciado cuja inconstitucionalidade foi reconhecida.[334]

Sobre o aspecto temporal das decisões proferidas em controle difuso de constitucionalidade, a regra geral é que elas retroajam à data em que ingressou no mundo jurídico a norma declarada inconstitucional. Entretanto, o STF, mesmo antes do novo CPC, excepcionalmente fixava efeitos prospectivos às suas decisões, como ocorreu nos julgamentos do Recurso Extraordinário nº 197.917[335] e do Recurso Extraordinário nº

---

332. Segundo o art. 386 do Regimento Interno do Senado Federal, o Senado conhecerá de declaração de inconstitucionalidade (total ou parcial), proferida em decisão definitiva pelo STF, através de comunicação do Presidente do Tribunal, representação do Procurador-Geral da República, ou projeto de resolução de iniciativa da Comissão de Constituição, Justiça e Cidadania.

333. A Resolução constitui, segundo Teori Albino Zavascki, eficácia anexa ou reflexa da declaração do STF, proferida em controle difuso (ZAVASCKI, Teori Albino. *Eficácia das sentenças na jurisdição constitucional*. São Paulo: Editora Revista dos Tribunais, 2001, p. 30).

334. Sobre esse ponto, prevalece o entendimento – tanto do Senado como do STF – de que a edição da resolução, pelo Senado, não é compulsória. A importância da Resolução do Senado foi relativizada a partir da edição da EC 45/2004, que criou a súmula vinculante inserida no art. 103 – A da Constituição Federal.

335. RECURSO EXTRAORDINÁRIO. MUNICÍPIOS. CÂMARA DE VEREADORES. COMPOSIÇÃO. AUTONOMIA MUNICIPAL. LIMITES CONSTITUCIONAIS. NÚMERO DE VEREADORES PROPORCIONAL À POPULAÇÃO. CF, ARTIGO 29, IV. APLICAÇÃO DE CRITÉRIO ARITMÉTICO RÍGIDO. INVOCAÇÃO DOS PRINCÍPIOS DA ISONOMIA E DA RAZOABILIDADE. INCOMPATIBILIDADE ENTRE A POPULAÇÃO E O NÚMERO DE VEREADORES. INCONSTITUCIONALIDADE, INCIDENTER TANTUM, DA NORMA MUNICIPAL. EFEITOS PARA O FUTURO. SITUAÇÃO EXCEPCIONAL. 1. O artigo 29, inciso IV, da Constituição Federal, exige que o número de Vereadores seja proporcional à população dos Municípios, observados os limites mínimos e máximos fixados pelas alíneas a, b e c. 2. Deixar a critério do legislador municipal o estabelecimento da composição das Câmaras Municipais, com observância apenas dos limites máximos e mínimos do preceito (CF, artigo 29) é tornar sem sentido a previsão constitucional expressa da proporcionalidade. 3. Situação real e contemporânea em que Municípios menos populosos têm mais Vereadores do que outros com um número de habitantes várias vezes maior. Casos em que a falta de um parâmetro matemático rígido que delimite a ação dos legislativos municipais implica evidente afronta ao postulado da isonomia. 4. Princípio da razoabilidade. Restrição legislativa. A aprovação de norma municipal que estabelece a composição da Câmara de Vereadores sem observância da relação cogente de proporção com a

559.943,[336] nos quais a fixação dos efeitos prospectivos gerou (e continua gerando) grande insegurança jurídica para aos contribuintes.

O art. 927, § 3º, do CPC/2015, autorizou o STF a modular, no tempo, os efeitos das suas decisões quando elas representarem alteração de jurisprudência e colocarem em xeque o interesse social e a segurança jurídica. A fixação de efeitos modulatórios no controle difuso deixou de ser construção pretoriana e, agora, possui assento legal expresso.

---

respectiva população configura excesso do poder de legislar, não encontrando eco no sistema constitucional vigente. 5. Parâmetro aritmético que atende ao comando expresso na Constituição Federal, sem que a proporcionalidade reclamada traduza qualquer afronta aos demais princípios constitucionais e nem resulte formas estranhas e distantes da realidade dos Municípios brasileiros. Atendimento aos postulados da moralidade, impessoalidade e economicidade dos atos administrativos (CF, artigo 37). 6. Fronteiras da autonomia municipal impostas pela própria Carta da República, que admite a proporcionalidade da representação política em face do número de habitantes. Orientação que se confirma e se reitera segundo o modelo de composição da Câmara dos Deputados e das Assembleias Legislativas (CF, artigos 27 e 45, § 1º). 7. Inconstitucionalidade, *incidenter tantun*, da lei local que fixou em 11 (onze) o número de Vereadores, dado que sua população de pouco mais de 2600 habitantes somente comporta 09 representantes. 8. Efeitos. Princípio da segurança jurídica. Situação excepcional em que a declaração de nulidade, com seus normais efeitos *ex tunc*, resultaria grave ameaça a todo o sistema legislativo vigente. Prevalência do interesse público para assegurar, em caráter de exceção, efeitos pro futuro à declaração incidental de inconstitucionalidade. Recurso extraordinário conhecido e em parte provido (Plenário do STF, Rel. Min. Maurício Corrêa, *D.J.U.* 07.05.2004).

336. DIREITO TRIBUTÁRIO. CONSTITUCIONALIDADE FORMAL DOS ARTIGOS 45 E 46 DA LEI N. 8.212/1991. ARTIGO 146, INCISO III, ALÍNEA B, DA CONSTITUIÇÃO DA REPÚBLICA. PRESCRIÇÃO E DECADÊNCIA TRIBUTÁRIAS. MATÉRIA RESERVADA À LEI COMPLEMENTAR. ARTIGOS 173 E 174 DO CÓDIGO TRIBUTÁRIO NACIONAL. RECURSO EXTRAORDINÁRIO AO QUAL SE NEGA PROVIMENTO. 1. A Constituição da República de 1988 reserva à lei complementar o estabelecimento de normas gerais em matéria de legislação tributária, especialmente sobre prescrição e decadência, nos termos do art. 146, inciso III, alínea b, in fine, da Constituição da República. Análise histórica da doutrina e da evolução do tema desde a Constituição de 1946. 2. Declaração de inconstitucionalidade dos artigos 45 e 46 da Lei n. 8.212/1991, por disporem sobre matéria reservada à lei complementar. 3. Recepcionados pela Constituição da República de 1988 como disposições de lei complementar, subsistem os prazos prescricional e decadencial previstos nos artigos 173 e 174 do Código Tributário Nacional. 4. Declaração de inconstitucionalidade, com efeito *ex nunc*, salvo para as ações judiciais propostas até 11.6.2008, data em que o Supremo Tribunal Federal declarou a inconstitucionalidade dos artigos 45 e 46 da Lei n. 8.212/1991. 5. Recurso extraordinário ao qual se nega provimento (Plenário do STF, *D.J.U.* 559.943, *D.J.U.* 12.06.2008).

5.3.1.2 Controle concentrado

Na Europa, de forma diversa da que ocorreu nos Estados Unidos, o controle de constitucionalidade encontrou muitas dificuldades, surgindo com atraso de mais de um século. O parlamento era visto como representante da sociedade e não havia limites para a manifestação da sua vontade. Assim, no contexto europeu, o desenvolvimento do controle de constitucionalidade foi possível apenas com a crise das monarquias autoritárias (ao final da Primeira Guerra Mundial) e com a consequente evolução democrática do continente.[337]

Hans Kelsen foi o grande defensor da criação de um Tribunal Constitucional, detentor do *monopólio* do controle da constitucionalidade das leis, distinto dos três poderes clássicos do Estado, cuja única função seria o exercício do controle repressivo de constitucionalidade. Essa é a razão pela qual o controle é denominado *concentrado,*[338] ou seja, concentrado nas mãos de um órgão específico, instituído com essa finalidade. A consagração desse modelo na Europa deu-se a partir das ameaças totalitárias ocorridas nos países cujos parlamentos exerciam sua função de forma ilimitada, como ocorreu no período nazista.[339]

A competência para julgar definitivamente a constitucionalidade das leis, no controle concentrado de constitucionalidade, é reservada a um único órgão, com exclusão de quaisquer outros. Esse sistema, consagrado na Itália, Alemanha, Turquia, Iugoslávia, Chipre, Grécia, Espanha e Portugal, desdobrou-se numa grande variedade de subtipos, nos quais o órgão

---

337. ROYO, *op. cit.*, p. 154.

338. O controle *via principal* está ligado à existência de um processo constitucional autônomo de controle de constitucionalidade, cuja legitimidade ativa é atribuída a pessoas específicas; o *controle abstrato* significa que a impugnação da constitucionalidade de uma norma é feita independentemente de qualquer litígio concreto. (CANOTILHO, *op. cit.*, p. 966). De forma geral, o controle difuso é exercido pela via incidental, enquanto o controle concentrado é realizado pela via principal.

339. A inexistência de um controle de constitucionalidade é apontada como uma das causas jurídicas que permitiram o surgimento do estado totalitário nazista.

competente para a fiscalização tanto pode ser da jurisdição ordinária (ex.: Tribunal Supremo), quanto pode ser especialmente criado para o efeito (ex.: um Tribunal Constitucional).[340]

As decisões proferidas nos processos de controle concentrado de constitucionalidade, como bem aponta Zavascki,[341] não têm como objetivo tutelar direitos subjetivos, mas a própria ordem constitucional. O reconhecimento da (in)compatibilidade da norma com a Constituição constitui o objetivo dos mecanismos utilizados perante o STF. Desse modo, a declaração de inconstitucionalidade é o próprio fim buscado pela ação.[342]

Todos são atingidos pelas decisões proferidas no âmbito do controle concentrado, corolário lógico da retirada da norma do sistema e consequência expressa fixada pela Constituição Federal de 1988 em seu art. 102, §2º.[343] Esse dispositivo também estabelece o caráter vinculante da decisão, à qual estão sujeitos a administração pública e os demais órgãos do Poder Judiciário.

A diferenciação dos dois modelos, quanto aos efeitos das decisões neles produzidas, tem gradativamente perdido a relevância. No sistema austríaco, os tribunais podem emitir um juízo provisório negativo sobre a matéria constitucional, remetendo a questão à Corte Constitucional.[344] Otto Bachov, re-

---

340. Conforme CANOTILHO. *op.cit.*, pp. 964-965.

341. ZAVASCKI. *op.cit.*, p. 42.

342. CANOTILHO. *op.cit.*, p. 969. Conforme Canotilho: "Fala-se em controlo declarativo quando a entidade controlante se limita a declarar a nulidade pré-existente do acto normativo. O acto normativo é absolutamente nulo (*null and void*) e, por isso, o juiz ou qualquer outro órgão de controlo limitam-se a reconhecer declarativamente a sua nulidade. É o regime típico do controlo difuso. Nos sistemas de controlo concentrado, a regra geral consiste em atribuir à decisão de inconstitucionalidade um efeito constitutivo. O órgão que decide sobre a inconstitucionalidade anula um acto normativo que até ao momento da decisão é considerado como válido e eficaz. É o regime geral do controlo concentrado" (*ibid.*, p. 970).

343. EKMEKDJIAN, *op.cit.*, p. 288.

344. Ocorre o mesmo na Alemanha, já que, segundo seu ordenamento "todos os juízes, e *não apenas os juízes superiores, são legitimados a dirigir-se à corte Constitucional, limitadamente às leis relevantes nos casos concretos submetidos ao seu julgamento; e este julgamento será suspenso, enquanto a Corte Constitucional não tiver*

fletindo sobre aspectos pragmáticos desse sistema jurisdicional, questiona a usual atribuição dogmática de "monopólio de controle de constitucionalidade" ao Tribunal Constitucional. As ponderações do professor da Universidade de Tübingen são irrefutáveis e não se aplicam exclusivamente ao sistema alemão, razão pela qual seguem abaixo transcritas:

> Seria inexacto falar de um monopólio dos tribunais constitucionais, pois o controle cabe, em primeiro lugar, ao tribunal de instância, só tendo este de submeter a questão ao tribunal constitucional depois de haver ele próprio *negado* a constitucionalidade. Também a expressão monopólio decisório me não satisfaz completamente, porque a decisão *positiva* de constitucionalidade cabe ao tribunal de instância. A verdade, todavia, é que esta faculdade de decisão é apenas uma faculdade condicionada, porque só subsiste enquanto o tribunal constitucional não decidir diversamente.[345]

A regra geral é que as decisões proferidas no controle de constitucionalidade sejam dotadas de efeitos retroativos, também chamados *ex tunc*. A exceção estará ligada a um dos seguintes fatores: (i) existência de casos julgados; e (ii) fixação de efeitos modulatórios.[346]

A atribuição de efeitos *ex nunc* não mais configura elemento exclusivo do sistema de controle concentrado, sendo cada vez mais utilizada também no exercício do controle difuso de constitucionalidade. Mesmo antes do advento do novo CPC, o STF já admitia a possibilidade de, excepcionalmente, limitar os efeitos da declaração de inconstitucionalidade no tempo, mesmo quando proferida em sede de controle difuso.[347]

---

decidido a questão prejudicial de constitucionalidade" (CAPPELLETTI, Mauro. *O controle judicial da constitucionalidade no direito comparado*. 2. ed. Porto Alegre: Fabris, 1992. p. 109.).

345. BACHOF, Otto. *Normas constitucionais inconstitucionais?* Coimbra: Almedina, 2008, p. 753.

346. MIRANDA, Jorge, *op. cit.*, pp. 283-284.

347. STF, Segunda Turma, RE 353508, Rel. Min. Celso de Mello, Julgamento, *D.J.U.* 29.06.2007. No mesmo, STF, Tribunal Pleno, RE 197.917/SP, Rel. Min. Maurício Corrêa, *D.J.U.* 07.05.2004.

5.4 Controle de constitucionalidade no Brasil

5.4.1 Breve histórico

O estudo da evolução histórica de qualquer instituto do direito não é mera formalidade, mas caminho necessário para a compreensão do objeto em estudo, como bem aponta João Ernesto Aragonés Vianna.[348] No caso brasileiro, a Constituição Imperial de 1824 não estabeleceu qualquer sistema de controle judicial, consagrando, assim, o dogma da soberania do Parlamento. Por inspiração do direito francês (a lei como "expressão da vontade geral") e do inglês (supremacia do Parlamento), reconhecia que somente o órgão legislativo poderia saber o verdadeiro sentido da norma.

Influenciada pela Escola da Exegese nascida com o advento do Código Napoleônico, a Constituição negava de modo veemente a intervenção do intérprete na definição do conteúdo deôntico dos enunciados normativos. A visão mecanicista da atividade judicial e a prevalência do legislador (intérprete autêntico) estão retratados pelo art. 15 do Texto Constitucional de 1824:

> Art. 15. E' da attribuição da Assembléa Geral
>
> [...]
>
> VIII. Fazer Leis, interpretal-as, suspendel-as, e rovogal-as.
>
> IX. Velar na guarda da Constituição, e promover o bem geral da Nação.

A supremacia do legislativo, não só em relação à existência, como também quanto ao conteúdo das leis e sua validade, não resistiu à Constituição Republicana de 1891. Por sugestão do direito norte-americano, o Texto Constitucional incorporou ao ordenamento jurídico brasileiro, pela primeira vez, a possibilidade de controle de constitucionalidade por qualquer juiz ou tribunal (controle difuso de constitucionalidade).[349]

---

348. VIANNA, João Ernesto Aragonés. *Curso de direito previdenciário*. São Paulo: LTr, 2006, p. 21.

349. Art. 59, §1°, da Constituição de 1891:

A Constituição de 1934, mantendo o sistema de controle difuso, estabeleceu a ADI interventiva, cuja utilização estava adstrita à hipótese do art. 12, V, do Texto Constitucional.[350] Esse dispositivo permitia à União intervir nos Estados para assegurar a execução de leis federais e a observância dos princípios constitucionais especificados nas letras "a" a "h" do art. 7°, n° I.[351]

Conforme dispunha em seu § 2º do art. 12,[352] tal intervenção somente seria efetuada depois que a Corte Suprema, após provocação do Procurador-Geral da República, tomasse conhecimento da lei que a houvesse decretado e declarasse sua constitucionalidade.

Além disso, a Carta de 1934, pela primeira vez, instituiu a já mencionada cláusula de reserva de plenário (através da qual a declaração de inconstitucionalidade só poderia ser

---

Das sentenças das Justiças dos Estados, em última instância, haverá recurso para o Supremo Tribunal Federal:
a) quando se questionar sobre a validade, ou a aplicação de tratados e leis federais, e a decisão do Tribunal do Estado for contra ela;
b) quando se contestar a validade de leis ou de atos dos Governos dos Estados em face da Constituição, ou das leis federais, e a decisão do Tribunal do Estado considerar válidos esses atos, ou essas leis impugnadas.

350. Art. 12. A União não intervirá em negócios peculiares aos Estados, salvo:
V - para assegurar a observância dos princípios constitucionais especificados nas letras *a* a *h* , do art. 7º, nº I, e a execução das leis federais; [...].

351. Art. 7º - Compete privativamente aos Estados:
I - decretar a Constituição e as leis por que se devam reger, respeitados os seguintes princípios:
a) forma republicana representativa;
b) independência e coordenação de poderes;
c) temporariedade das funções eletivas, limitada aos mesmos prazos dos cargos federais correspondentes, e proibida a reeleição de Governadores e Prefeitos para o período imediato;
d) autonomia dos Municípios;
e) garantias do Poder Judiciário e do Ministério Público locais;
f) prestação de contas da Administração;
g) possibilidade de reforma constitucional e competência do Poder Legislativo para decretá-la;
h) representação das profissões; [...].

352. § 2º - Ocorrendo o primeiro caso do nº V, a intervenção só se efetuará depois que a Corte Suprema, mediante provocação do Procurador-Geral da República, tomar conhecimento da lei que a tenha decretado e lhe declarar a constitucionalidade.

efetivada pela maioria absoluta dos membros do tribunal)[353] e atribuiu ao Senado Federal a competência para suspender a execução, no todo ou em parte, de lei ou ato declarado inconstitucional por decisão definitiva.[354]

Já a Constituição de 1937, num claro propósito de fortalecimento do Poder Executivo e de regresso à supremacia do Poder Legislativo no controle de constitucionalidade, estendia ao Presidente da República o poder discricionário de submeter a lei considerada inconstitucional ao Parlamento, para seu reexame. O Parágrafo único do art. 96, dada sua singularidade, reclama transcrição:

> Art. 96. [...]
>
> Parágrafo único. No caso de ser declarada a inconstitucionalidade de uma lei que, a juízo do Presidente da República, seja necessária ao bem-estar do povo, à promoção ou defesa de interesse nacional de alta monta, poderá o Presidente da República submetê-la novamente ao exame do Parlamento: se este a confirmar por dois terços de votos em cada uma das Câmaras, ficará sem efeito a decisão do Tribunal.

A Constituição de 1946, por sua vez, flexibilizou a hipertrofia do Executivo, restaurando a tradição do sistema de controle de constitucionalidade, exercido de forma repressiva apenas pelo Poder Judiciário. O retorno também significou maior equilíbrio entre os três poderes, que tiveram, em comparação com a intervenção permitida pela Carta de 37, preservadas suas funções precípuas no controle de constitucionalidade pelo Poder Executivo.

Através da Emenda Constitucional 16, de 26 de novembro de 1965, criou-se no Brasil, pela primeira vez, uma nova

353. Art. 179. Só por maioria absoluta de votos da totalidade dos seus Juízes, poderão os Tribunais declarar a inconstitucionalidade de lei ou ato do Poder Público.

354. Art. 91. Compete ao Senado Federal: [...]
IV - suspender a execução, no todo ou em parte, de qualquer lei ou ato, deliberação ou regulamento, quando hajam sido declarados inconstitucionais pelo Poder Judiciário; [...].

modalidade de ação direta de inconstitucionalidade, de competência originária do STF, para processar e julgar, originariamente, a representação de inconstitucionalidade de lei ou ato normativo, federal ou estadual. A ação direta era apenas de *inconstitucionalidade* (não abrangia a hipótese de constitucionalidade) e poderia ser proposta somente pelo Procurador-Geral da República, que encarnava a figura do "advogado da Constituição", preconizada por Kelsen.

O controle concentrado de constitucionalidade poderia ser exercido, ainda, no âmbito dos Estados. Tal possibilidade foi suprimida pela Constituição de 1967, que pouco inovou nessa matéria e manteve íntegros o controle difuso e a ADI previstos pela Constituição de 1946.

5.4.2 A Constituição de 1988

A Constituição de 1988 ampliou a legitimação para a propositura da representação de inconstitucionalidade no controle concentrado, acabando com o monopólio do Procurador-Geral da República.[355] Além disso, estabeleceu a possibilidade de controle de constitucionalidade das omissões legislativas,[356] seja de forma concentrada (*ADin por omissão*,

355. Art. 103. Podem propor ADI e a ação declaratória de constitucionalidade:
I - o Presidente da República;
II - a Mesa do Senado Federal;
III - a Mesa da Câmara dos Deputados;
IV - a Mesa de Assembleia Legislativa ou da Câmara Legislativa do Distrito Federal;
V - o Governador de Estado ou do Distrito Federal;
VI - o Procurador-Geral da República;
VII - o Conselho Federal da Ordem dos Advogados do Brasil;
VIII - partido político com representação no Congresso Nacional;
IX - confederação sindical ou entidade de classe de âmbito nacional.

356. Cabe destacar que o controle de constitucionalidade também abrange eventuais questões envolvendo matéria orçamentária. Conforme destaca Heleno Taveira Torres, "*O controle de constitucionalidade em matéria orçamentária abrange uma larga possibilidade de casos, em virtude da ampla constitucionalização do direito orçamentário. [...] Afastada a querela acadêmica sobre lei formal e lei material, prevalece o orçamento público como conceito constitucional e expõem-se à luz múltiplas hipóteses de conflitos constitucionais, alguns inclusive antecipados anteriormente, a justificar amplo controle de constitucionalidade.*" (TORRES, Heleno Taveira. *Direito*

nos termos do art. 103, § 2.º),[357] seja de modo incidental e difuso (*mandado de injunção*, na dicção do art. 5.º, LXXI).

A ação de inconstitucionalidade por omissão pode ser ajuizada nos casos em que uma lacuna legislativa impeça a eficácia de determinada norma constitucional. Nessas hipóteses, a decisão proferida pelo STF deverá fixar um prazo razoável para que o Poder Legislativo supra o vácuo legislativo, a menos que a omissão seja atribuída a um órgão administrativo.[358]

Quando a omissão causar prejuízo ao exercício de um direito subjetivo constitucionalmente assegurado, a parte prejudicada poderá valer-se do mandado de injunção,[359] conforme preceitua o art. 5º, LXXI, da Constituição Federal, abaixo transcrito:

---

constitucional financeiro: teoria da constituição financeira. São Paulo: Editora Revista dos Tribunais, 2014, p. 397)

357. § 2º - Declarada a inconstitucionalidade por omissão de medida para tornar efetiva norma constitucional, será dada ciência ao Poder competente para a adoção das providências necessárias e, em se tratando de órgão administrativo, para fazê-lo em trinta dias.

358. "As peculiaridades da atividade parlamentar que afetam, inexoravelmente, o processo legislativo, não justificam uma conduta manifestamente negligente ou desidiosa das Casas Legislativas, conduta esta que pode pôr em risco a própria ordem constitucional. A *inertia deliberandi* das Casas Legislativas pode ser objeto da ADI por omissão. 3. A omissão legislativa em relação à regulamentação do art. 18, § 4º, da Constituição, acabou dando ensejo à conformação e à consolidação de estados de inconstitucionalidade que não podem ser ignorados pelo legislador na elaboração da lei complementar federal. 4. Ação julgada procedente para declarar o estado de mora em que se encontra o Congresso Nacional, a fim de que, em prazo razoável de 18 (dezoito) meses, adote ele todas as providências legislativas necessárias ao cumprimento do dever constitucional imposto pelo art. 18, § 4º, da Constituição, devendo ser contempladas as situações imperfeitas decorrentes do estado de inconstitucionalidade gerado pela omissão. Não se trata de impor um prazo para a atuação legislativa do Congresso Nacional, mas apenas da fixação de um parâmetro temporal razoável, tendo em vista o prazo de 24 meses determinado pelo Tribunal nas ADI nºs 2.240, 3.316, 3.489 e 3.689 para que as leis estaduais que criam municípios ou alteram seus limites territoriais continuem vigendo, até que a lei complementar federal seja promulgada contemplando as realidades desses municípios" (STF, Plenário, ADI 3682, Rel. Min. Gilmar Mendes, *D.J.U.* 06.09.2007). *Vide*, a respeito, os argutos apontamentos alinhados por Renata Elaine Silva (SILVA, Renata Elaine. *Decisões em matéria tributária: jurisprudência e dogmática do Supremo Tribunal em controle de constitucionalidade*. São Paulo: Saraiva, 2009, pp. 99-102).

359. Além da legitimidade, as principais diferenças entre o mandado de injunção e a inconstitucionalidade por omissão podem ser destacadas do seguinte modo:

> LXXI - conceder-se-á mandado de injunção sempre que a falta de norma regulamentadora torne inviável o exercício dos direitos e liberdades constitucionais e das prerrogativas inerentes à nacionalidade, à soberania e à cidadania;[360]

Esse mecanismo teve seu alcance inicialmente restringido pelo STF que equiparava seus efeitos aos da ação de inconstitucionalidade por omissão. O Mandado de Injunção nº 107 é representativo da visão que o STF tinha a respeito da eficácia do mandado de injunção, como revela a ementa abaixo transcrita:

> Mandado de Injunção. Questão de ordem sobre a sua autoaplicabilidade ou não.
>
> Em face dos textos da Constituição Federal relativos ao mandado de injunção, é ele ação outorgada ao titular de direito, garantia ou prerrogativa a que alude o artigo 5º, LXXI, dos quais visa a obter do Poder Judiciário a declaração de inconstitucionalidade dessa omissão se estiver caracterizada a mora em regulamentar pelo Poder, órgão, entidade ou autoridade de que ela dependa, [...].

Ocorre que o STF flexibilizou a interpretação constitucional primeiramente fixada para conferir uma compreensão

---

1 - quanto aos efeitos da decisão: no mandado de injunção, a decisão terá efeito, apenas, *inter partes*, ao passo que a ação de inconstitucionalidade por omissão produz decisões com eficácia *erga omnes*, como ocorre na ADI por ação;

2 – quanto à competência para julgamento: na ação de inconstitucionalidade por omissão, a competência é exclusiva e originária do Supremo Tribunal Federal (ou órgão destacado pelas Constituições Estaduais); o mandado de injunção, por sua vez, enquanto mecanismo de controle difuso, pode ser apreciado por qualquer juiz competente;

3 – quanto aos direitos tutelados: a ação de inconstitucionalidade tem por objeto a proteção do texto constitucional, nos casos em que o legislador infraconstitucional não cumpre o dever de legislar imposto por norma constitucional de eficácia limitada (e pendente de regulamentação); o mandado de injunção, cujos efeitos, por mais limitado, não se estendem a todas as normas constitucionais, restringe sua apreciação apenas aos direitos concernentes à liberdade constitucional e às prerrogativas inerentes à nacionalidade, à soberania e à cidadania, definidos no artigo 5º, LXXI, da Constituição da República Federativa do Brasil de 1988;

4 – quanto à função: a ação de inconstitucionalidade por omissão é instrumento de controle concentrado de constitucionalidade; o mandado de injunção, ao seu turno, é um remédio constitucional que tutela direitos subjetivos que tem na omissão a *causa de pedir* (isto é, não é função do mandado de injunção pedir a expedição de norma regulamentadora, pois ele não é sucedâneo da ação de inconstitucionalidade por omissão).

360. STF, Pleno, Rel. Min. Moreira Alves, *D.J.U.* 02.08.1990.

mais abrangente à garantia fundamental do mandado de injunção. A partir de uma série de julgados, o Tribunal passou a admitir soluções 'normativas' para a decisão judicial como alternativa legítima de tornar a proteção judicial efetiva. A ementa do Mandado de Injunção nº 283,[361] transcrita abaixo, demonstra essa alteração de posicionamento:

> Mandado de Injunção: Mora legislativa na edição da lei necessária ao gozo do direito a reparação econômica contra a União, outorgado pelo art. 8., par. 3., ADCT: deferimento parcial, com estabelecimento de prazo para a purgação da mora e, caso subsista a lacuna, facultando o titular do direito obstado a obter, em juízo, contra a União, sentença liquida de indenização por perdas e danos.
>
> Premissas, de que resultam, na espécie, o deferimento do mandado de injunção para: a) declarar em mora o legislador com relação à ordem de legislar contida no art. 8., par. 3., ADCT, comunicando-o ao Congresso Nacional e a Presidência da Republica; b) assinar o prazo de 45 dias, mais 15 dias para a sanção presidencial, a fim de que se ultime o processo legislativo da lei reclamada; c) se ultrapassado o prazo acima, sem que esteja promulgada a lei, reconhecer ao impetrante a faculdade de obter, contra a União, pela via processual adequada, sentença líquida de condenação a reparação constitucional devida, pelas perdas e danos que se arbitrem; d) declarar que, prolatada a condenação, a superveniência de lei não prejudicara a coisa julgada, que, entretanto, não impedira o impetrante de obter os benefícios da lei posterior, nos pontos em que lhe for mais favorável.[362]

Como importante inovação, o legislador constituinte de 1988 criou, ainda, a denominada arguição de descumprimento de preceito fundamental (ADPF), prevista no § 1º do art. 102 da Constituição Federal.[363] A arguição é proposta diretamente perante o STF e tem por objeto evitar ou reparar lesão

361. STF, Tribunal Pleno, Rel. Mi. Sepúlveda Pertence, *D.J.U.* 14.11.1991.

362. No mesmo sentido, *vide*: MI n. 543/DF, Rel. Min. Octavio Gallotti, *DJ* 24.05.2002; MI n. 679/DF, Rel. Min. Celso de Mello, *DJ* 17.12.2002; e MI n. 562/DF, Rel. Min. Ellen Gracie, *DJ* 20.06.2003.

363. § 1.º A arguição de descumprimento de preceito fundamental, decorrente desta Constituição, será apreciada pelo Supremo Tribunal Federal, na forma da lei.

a preceito fundamental, resultante de ato do Poder Público (Executivo, Legislativo ou Judiciário).[364]

É muito difícil indicar os preceitos fundamentais da Constituição passíveis de lesão tão grave que justifique o processo e o julgamento da arguição de descumprimento. A tendência do STF tem sido considerar como preceitos fundamentais tuteláveis pela arguição:

– os direitos e garantias individuais (art. 5º da Carta Maior);

– demais preceitos (além dos direitos e garantias) protegidos pela cláusula pétrea do art. 60, § 4º, da Constituição,[365] quais sejam: a forma federativa de Estado, a separação de Poderes e o voto direto, secreto, universal e periódico;

– os chamados "princípios sensíveis", cuja violação pode dar ensejo à decretação de intervenção federal nos Estados membros (art. 34, VII, da Constituição).[366]

---

364. "A possibilidade de incongruências hermenêuticas e confusões jurisprudenciais decorrentes dos pronunciamentos de múltiplos órgãos pode configurar uma ameaça a preceito fundamental (pelo menos, ao da segurança jurídica), o que também está a recomendar uma leitura compreensiva da exigência aposta à lei da arguição, de modo a admitir a propositura da ação especial toda vez que uma definição imediata da controvérsia mostrar-se necessária para afastar aplicações erráticas, tumultuárias ou incongruentes, que comprometam gravemente o princípio da segurança jurídica e a própria ideia de prestação judicial efetiva. Ademais, a ausência de definição da controvérsia – ou a própria decisão prolatada pelas instâncias judiciais – poderá ser a concretização da lesão a preceito fundamental. Em um sistema dotado de órgão de cúpula, que tem a missão de guarda da Constituição, a multiplicidade ou a diversidade de soluções pode constituir-se, por si só, em uma ameaça ao princípio constitucional da segurança jurídica e, por conseguinte, em uma autêntica lesão a preceito fundamental." (ADPF 33-MC, voto do Min. Gilmar Mendes, julgamento em 29.10.2003, *DJ* de 06.08.2004).

365. § 4º - Não será objeto de deliberação a proposta de emenda tendente a abolir:
I - a forma federativa de Estado;
II - o voto direto, secreto, universal e periódico;
III - a separação dos Poderes;
IV - os direitos e garantias individuais.

366. Art. 34. A União não intervirá nos Estados nem no Distrito Federal, exceto para:
VII - assegurar a observância dos seguintes princípios constitucionais:
a) forma republicana, sistema representativo e regime democrático;
b) direitos da pessoa humana;
c) autonomia municipal;

Como bem apontou Gilmar Mendes, é o estudo da ordem constitucional no seu contexto normativo e nas suas relações de interdependência que permite identificar as disposições essenciais para a preservação dos princípios basilares dos preceitos fundamentais em um determinado sistema. Desse modo, a lesão aos preceitos não se configurará apenas quando se verificar possível afronta a um princípio fundamental, mas também *a disposições que lhe confiram densidade normativa ou significado específico.*[367]

Importante consignar que, conforme previsão expressa contida no art. 1º, Parágrafo único, I, da Lei 9.882/99,[368] a arguição de descumprimento de preceito fundamental pode ter por objeto controvérsia constitucional sobre lei ou ato normativo federal, estadual ou municipal anteriores à Constituição. Sua utilização, entretanto, em todo e qualquer caso, atenderá ao princípio da subsidiariedade, previsto no art. 4º, §1º, da Lei 9.882/99.[369]

Outras importantes ferramentas de proteção da Constituição criadas pelo legislador constituinte de 1988 são a reclamação e a súmula vinculante. A primeira sempre esteve presente na Carta de 1988, enquanto a segunda foi fruto de inovação (Emenda Constitucional 45, de 08 de dezembro de 2004), incorporada ao texto constitucional pelo legislador constituinte derivado. Esses institutos serão detalhadamente analisados no capítulo seguinte.

---

d) prestação de contas da administração pública, direta e indireta.
e) aplicação do mínimo exigido da receita resultante de impostos estaduais, compreendida a proveniente de transferências, na manutenção e desenvolvimento do ensino e nas ações e serviços públicos de saúde.

367. ADPF 33-MC, voto do Min. Gilmar Mendes, julgamento em 29.10.2003, *DJ* de 06.08.2004.

368. Art. 1º A arguição prevista no § 1º do art. 102 da Constituição Federal será proposta perante o Supremo Tribunal Federal, e terá por objeto evitar ou reparar lesão a preceito fundamental, resultante de ato do Poder Público.
Parágrafo único. Caberá também arguição de descumprimento de preceito fundamental:
I - quando for relevante o fundamento da controvérsia constitucional sobre lei ou ato normativo federal, estadual ou municipal, incluídos os anteriores à Constituição; [...].

369. § 1º Não será admitida arguição de descumprimento de preceito fundamental quando houver qualquer outro meio eficaz de sanar a lesividade.

A evolução histórica dos textos constitucionais, aqui panoramicamente reconstituída, permite que sejam traçadas importantes conclusões, abaixo transcritas:

– a preocupação com o *status* constitucional ao qual foram alçados diversos direitos e garantias no Texto Constitucional de 1988 determinou a criação de variados mecanismos de controle de constitucionalidade, destinados a salvaguardar esses direitos;

– o Brasil incorporou, ao longo de suas reformas, mecanismos próprios dos dois sistemas de controle de constitucionalidade. Assim, da mesma forma que foram criados instrumentos como a ação declaratória de constitucionalidade (CF, art. 102, I, "a"),[370] a ADI genérica (CF, art. 102, I, "a"), a ADI interventiva (CF, art. 36, III),[371] a ADI por omissão (art. 103, § 2º) e a arguição de descumprimento de preceito fundamental (art. 102, § 1º), o Texto Magno previu a edição de súmulas vinculantes (CF, art. 103-A), além do recurso extraordinário (para o qual é exigida a repercussão geral) e do mandado de injunção;

– até a Constituição de 1988, havia predominância do controle difuso sobre o controle direto, que era acidental. Após sua promulgação, verificou-se o fortalecimento da via concentrada, com a limitação do acesso das partes, por meio do controle difuso, ao Supremo Tribunal Federal. A esse sistema misto de controle de constitucionalidade estão sujeitas não apenas as normas infraconstitucionais, como as editadas pelo legislador constituinte derivado.[372]

---

370. Art. 102. Compete ao Supremo Tribunal Federal, precipuamente, a guarda da Constituição, cabendo-lhe:
I - processar e julgar, originariamente:
a) a ADI de lei ou ato normativo federal ou estadual e a ação declaratória de constitucionalidade de lei ou ato normativo federal; [...].

371. Art. 36. A decretação da intervenção dependerá:
III de provimento, pelo Supremo Tribunal Federal, de representação do Procurador-Geral da República, na hipótese do art. 34, VII, e no caso de recusa à execução de lei federal.

372. MENDES. *op. cit.*, 2004, pp. 96-97.

6. JURISDIÇÃO NO CONTROLE DIFUSO DE CONSTITUCIONALIDADE E INSTRUMENTOS CONEXOS

6.1 Recurso extraordinário e repercussão geral

A positivação do controle difuso de constitucionalidade no ordenamento jurídico brasileiro tem como ponto de partida o preceito contido no art. 102, III, da Constituição Federal. Segundo esse dispositivo, além de assegurar parcela da unidade normativa infraconstitucional, dissipando incompatibilidades existentes entre a lei local e a lei federal,[373] compete ao STF analisar as violações contra a Carta Maior presentes em decisões judiciais, julgadas em única ou última instância, contra as quais foi interposto recurso extraordinário.

Afora os requisitos recursais genericamente exigíveis, o recurso extraordinário apresenta alguns específicos, quais sejam: causas decididas e prequestionamento. Esses requisitos funcionam como mecanismos destinados a bloquear o excessivo encaminhamento de recursos ao STF.

A autorização prevista no art. 1.029, § 3º, do CPC/2015, por meio da qual o STF pode desconsiderar vício formal de recurso

373. Após a Emenda Constitucional nº 45, de 30 de dezembro de 2004.

tempestivo ou determinar sua correção (desde que não o repute grave), não se aplica às causas decididas, ao prequestionamento nem à repercussão geral, requisitos expressamente exigidos pelo legislador constituinte no inciso III do art. 102 e seu § 3º.

O prequestionamento não constitui mero rigorismo formal que pode ser afastado pelo julgador, mas decorre da necessidade de obediência aos limites impostos ao julgamento das questões submetidas ao STF, cuja competência, outorgada pelo art. 102 da Constituição Federal, veda a apreciação originária de temas não debatidos nas instâncias recursais antecedentes.[374]

O prequestionamento exige que a questão constitucional tenha sido enfrentada pela decisão recorrida". Eventual omissão deve ser sanada via embargos de declaração, interpostos pelo recorrente.[375]

As causas decididas correspondem ao esgotamento recursal ordinário. Conforme a Constituição, o STF somente pode analisar os recursos interpostos contra decisões proferidas em única ou última instância.

Além da definitividade e do prequestionamento, a averiguação prévia pelo STF da relevância do tema ventilado no recurso extremo sempre foi debatida nos meios acadêmico e político brasileiros. Segundo a corrente majoritária, a análise da abrangência e da significância jurídica e social do tema submetido ao STF deveria ser incorporada ao ordenamento brasileiro, seguindo o caminho trilhado por outros países.

No direito norte-americano, o juízo de relevância do tema ocorre através do *writ of certiorari*, mecanismo também dotado de larga subjetividade e utilizado com a finalidade de fazer com que a Corte Suprema ocupe-se apenas de questões constitucionais importantes para a sociedade.[376]

---

374. Nesse sentido, *vide* AI 836821 AgR, Relator: Min. LUIZ FUX, Primeira Turma, julgado em 18.10.2011, *D.J.U.* 07.11.2011.

375. Súmula STF nº 356: o ponto omisso da decisão, sobre o qual não foram opostos embargos declaratórios, não pode ser objeto de recurso extraordinário, por faltar o requisito do prequestionamento.

376. UNITED STATES OF AMERICA. Rules of The Supreme Court of The United

A convicção sobre a necessidade de um crivo de relevância exercido pelo STF na análise dos recursos extraordinários resultou na aprovação da Emenda Constitucional 45, de 30 de dezembro de 2004, a qual, acrescentando ao art. 102 da Constituição o § 3º abaixo reproduzido, introduziu o instituto da repercussão geral do direito brasileiro:

> § 3º No recurso extraordinário o recorrente deverá demonstrar a repercussão geral das questões constitucionais discutidas no caso, nos termos da lei, a fim de que o Tribunal examine a admissão do recurso, somente podendo recusá-lo pela manifestação de dois terços de seus membros. (Incluída pela Emenda Constitucional nº 45/2004)

Segundo André Ramos Tavares, deve-se compreender como repercussão geral" a temática que afete um grande número de pessoas; que trate de "assuntos significativos"; que possua um significado geral, socialmente relevante; que transcenda os interesses egoísticos e pessoais das partes processuais envolvidas; que tenha "repercussão considerável sobre o conjunto do ordenamento jurídico e político". Ou, ainda, as causas quando envolvam (i) aspectos econômicos de monta; (ii) temas já amplamente debatidos, mas ainda pendentes em diversas instâncias judiciais, com decisões contraditórias; (iii) assuntos intrinsecamente relacionados a causas pendentes de julgamento no STF.[377]

A Lei nº 11.418/2006 regulamentou, no plano infraconstitucional, a repercussão geral, que foi inserida no art. 543-A do antigo Código de Processo Civil. O conteúdo do comando legal há pouco referido foi mantido e aprimorado pelo art. 1.035 do CPC/2015, abaixo reproduzido:

States. Rule 11. Certiorari to a United States Court of Appeals before Judgment: "A petition for a writ of certiorari to review a case pending in a United States court of appeals, before judgment is entered in that court, will be granted only upon a showing that the case is of such imperative public importance as to justify deviation from normal appellate practice and to require immediate determination in this Court. See 28 U. S. C. § 2101(e)". Disponível em: https://bit.ly/2lH5y7f Acesso em: 09 set. 2019.

377. TAVARES, André Ramos. *Curso de direito constitucional*. 8. ed. rev. e atual. São Paulo: Saraiva, 2010. p 368.

Art. 1.035. O Supremo Tribunal Federal, em decisão irrecorrível, não conhecerá do recurso extraordinário quando a questão constitucional nele versada não tiver repercussão geral, nos termos deste artigo.

§ 1º Para efeito de repercussão geral, será considerada a existência ou não de questões relevantes do ponto de vista econômico, político, social ou jurídico que ultrapassem os interesses subjetivos do processo.

§ 2º O recorrente deverá demonstrar a existência de repercussão geral para apreciação exclusiva pelo Supremo Tribunal Federal.

§ 3º Haverá repercussão geral sempre que o recurso impugnar acórdão que:

I - contrarie súmula ou jurisprudência dominante do Supremo Tribunal Federal;

II – (Revogado);

III - tenha reconhecido a inconstitucionalidade de tratado ou de lei federal, nos termos do art. 97 da Constituição Federal.

§ 4º O relator poderá admitir, na análise da repercussão geral, a manifestação de terceiros, subscrita por procurador habilitado, nos termos do Regimento Interno do Supremo Tribunal Federal.

§ 5º Reconhecida a repercussão geral, o relator no Supremo Tribunal Federal determinará a suspensão do processamento de todos os processos pendentes, individuais ou coletivos, que versem sobre a questão e tramitem no território nacional.

§ 6º O interessado pode requerer, ao presidente ou ao vice-presidente do tribunal de origem, que exclua da decisão de sobrestamento e inadmita o recurso extraordinário que tenha sido interposto intempestivamente, tendo o recorrente o prazo de 5 (cinco) dias para manifestar-se sobre esse requerimento.

§ 7º Da decisão que indeferir o requerimento referido no § 6º ou que aplicar entendimento firmado em regime de repercussão geral ou em julgamento de recursos repetitivos caberá agravo interno.

§ 8º Negada a repercussão geral, o presidente ou o vice-presidente do tribunal de origem negará seguimento aos recursos extraordinários sobrestados na origem que versem sobre matéria idêntica.

§ 9º O recurso que tiver a repercussão geral reconhecida deverá ser julgado no prazo de 1 (um) ano e terá preferência sobre os demais feitos, ressalvados os que envolvam réu preso e os pedidos de habeas corpus.

§ 10º (Revogado).

> § 11° A súmula da decisão sobre a repercussão geral constará de ata, que será publicada no diário oficial e valerá como acórdão.

Segundo art. 323 do Regimento Interno do STF (alterado pela Emenda ao Regimento Interno do STF nº 21/2007), a presença da repercussão geral pode ser realizada através de juízo emitido pelo Plenário Virtual[378] do STF.[379] A sessão eletrônica que analisa a existência de repercussão geral deve ficar disponível por vinte dias corridos. Escoado esse prazo, o sistema eletrônico do STF realiza a apuração sobre a existência ou não de repercussão geral a respeito de determinado tema.[380]

A rejeição da repercussão geral exige o voto expresso de, pelo menos, dois terços dos ministros, nos termos do art. 102, § 3º, da Constituição Federal. Não atingido o quórum, considera-se existente a repercussão geral ainda que os ministros não tenham se manifestado no Plenário Virtual.[381] O art. 1.035, § 3º, inciso I, do CPC, reproduzindo o conteúdo da Emenda Regimental nº 21/2007, chancelou essa hipótese de repercussão geral presumida.

As decisões que reconhecem a inexistência da repercussão geral são irrecorríveis, aplicando-se tal entendimento a todos os outros recursos que versem sobre a questão

---

378. MEIRELLES, Hely Lopes; WALD, Arnoldo; MENDES, Gilmar Ferreira. *Mandado de segurança e ações constitucionais; com a colaboração de Marina Gaensly e Rodrigo de Oliveira Kaufmann.* 37. ed., atual. e ampl. São Paulo: Malheiros, 2016. p. 754.

379. Art. 323. Quando não for caso de inadmissibilidade do recurso por outra razão, o(a) Relator(a) submeterá, por meio eletrônico, aos demais ministros, cópia de sua manifestação sobre a existência, ou não, de repercussão geral. § 1º Tal procedimento não terá lugar, quando o recurso versar questão cuja repercussão já houver sido reconhecida pelo Tribunal, ou quando impugnar decisão contrária [à] súmula ou [à] jurisprudência dominante, casos em que se presume a existência de repercussão geral. § 2º Mediante decisão irrecorrível, poderá o(a) Relator(a) admitir de ofício ou a requerimento, em prazo que fixar, a manifestação de terceiros, subscrita por procurador habilitado, sobre a questão da repercussão geral (BRASIL. Supremo Tribunal Federal. Emenda Regimental 021 de 30.04.2007. Disponível em: https://bit.ly/2lH5HaN Acesso em: 09 set. 2019.

380. Art. 324. Recebida a manifestação do (a) Relator(a), os demais Ministros encaminhar-lhe-ão, também por meio eletrônico, no prazo comum de vinte dias, manifestação sobre a questão da repercussão geral.

381. MEIRELLES, Hely Lopes; WALD, Arnoldo; MENDES, Gilmar Ferreira. *Mandado de segurança e ações constitucionais; com a colaboração de Marina Gaensly e Rodrigo de Oliveira Kaufmann.* 37. ed., atual. e ampl. São Paulo: Malheiros, 2016, p. 756.

analisada.[382] O caráter irrecorrível de tais decisões constava do *caput* do art. 543-A do antigo diploma processual e foi mantido no *caput* do art. 1.035 do CPC/2015.

Outra relevante alteração no instituto da repercussão geral remete ao § 5º do art. 1.035 do CPC/2015, dispositivo que prevê a suspensão de todos os processos pendentes, individuais ou coletivos, que versem sobre a questão constitucional com repercussão e que estejam em tramitação em todo o território nacional.

> Art. 1.035. [...]
>
> [...]
>
> § 5º Reconhecida a repercussão geral, o relator no Supremo Tribunal Federal determinará a suspensão do processamento de todos os processos pendentes, individuais ou coletivos, que versem sobre a questão e tramitem no território nacional.

Observa-se que, ao incluir a expressão "determinará", o legislador ordinário utilizou o modal deôntico obrigatório, e não o modal permitido. Foi estabelecida uma relação direta entre o reconhecimento da repercussão geral e a suspensão dos processos que versam sobre o tema correspondente. Essa interpretação do § 5º do art. 1.035 estaria em conformidade com a sistemática processual instituída pelo novo CPC, pois restringiria o âmbito de incertezas e imprevisibilidade das decisões judiciais, privilegiando a coerência e a consistência do ordenamento jurídico. Contudo, em questão de ordem resolvida no curso do RE 966.177/RS, o STF entendeu que o § 5º do art. 1.035 do CPC/2015 não implica em suspensão automática de todos os processos, a qual, segundo a Corte, é uma discricionariedade do relator do caso:

> [...] a suspensão de processamento prevista no § 5º do art. 1.035 do CPC não consiste em consequência automática e necessária do reconhecimento da repercussão geral realizada com fulcro no *caput*

382. Art. 326. Toda decisão de inexistência de repercussão geral é irrecorrível e, valendo para todos os recursos sobre questão idêntica, deve ser comunicada, pelo(a) Relator(a), à Presidência do Tribunal, para os fins do artigo subsequente e do art. 329.

> do mesmo dispositivo, sendo da discricionariedade do relator do recurso extraordinário paradigma determiná-la ou modulá-la;[383]

A prerrogativa estendida ao relator pelo dispositivo acima referido foi exercida pelo Min. Dias Toffoli nos autos do RE 1.055.941,[384] através de decisão que determinou a suspensão, em todo o território nacional, dos processos judiciais que tratavam do tema constitucional veiculado pelo respectivo recurso (balizas objetivas que os órgãos administrativos de fiscalização e controle, como o COAF e o BACEN, devem observar ao transferir automaticamente ao Ministério Público, informações financeiras para fins penais).

Um levantamento quantitativo sobre as decisões proferidas pelo STF acerca do reconhecimento ou não de repercussão geral (abarcando todas as matérias levadas a ele) demonstra que a aplicação do novo crivo substancial não vem impedindo o acesso à Corte para a grande maioria dos recorrentes:

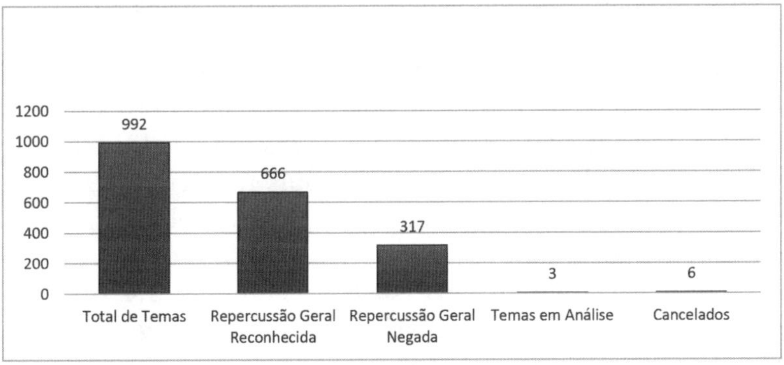

Fonte: Supremo Tribunal Federal (Acesso em: 09.04.2018)[385]

---

383. BRASIL. Supremo Tribunal Federal. RE 966.177/RS. Tribunal Pleno. Julgado em 07.06.2017. Publicado no DJE nº 121 em 08.06.2017.

384. BRASIL. Supremo Tribunal Federal. RE 1.055.941/SP. Decisão Monocrática. Julgado em 15.07.2019.

385. BRASIL. Supremo Tribunal Federal. Disponível em: <http://portal.stf.jus.br/textos/verTexto.asp?servico=repercussaoInformacoesConsolidadas&pagina=repercussaoInformacoesConsolidadas>. Acesso em: 09 abr. 2018.

Conforme relatório elaborado pelo STF, dos 992 temas analisados por meio do regime de repercussão geral, 254 ou 25,60% envolvem questões relacionadas à jurisdição constitucional tributária:[386]

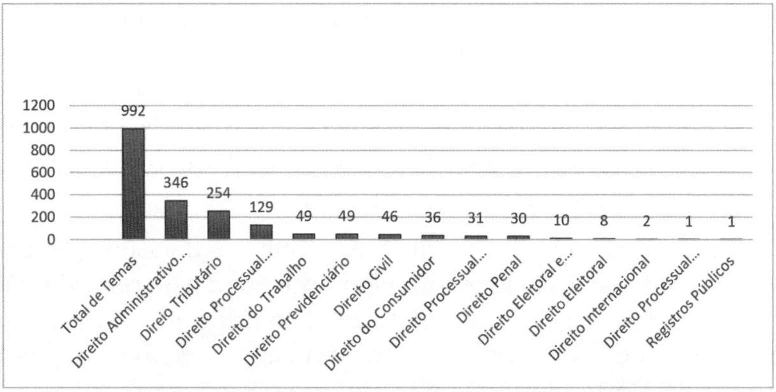

Fonte: Supremo Tribunal Federal (Acesso em: 09.04.2018)[387]

Esse amplo acesso ao STF revelado pelos dados estatísticos acima vem sendo, por outro lado, criticado por estudiosos do tema. Em artigo no qual analisa os resultados desse instituto nos últimos dez anos, o ministro Luís Roberto Barroso demonstra que, mesmo após seu advento, ainda chegam aproximadamente 100 mil novos processos, por ano, ao STF. Destaca ainda que, até janeiro de 2018 havia, no mínimo, 1,4 milhão de processos sobrestados nas instâncias de origem aguardando o julgamento de temas afetados em sede de repercussão geral. Barroso aponta três causas para o fracasso do instituto da repercussão geral, abaixo referidas:

386. BRASIL. Supremo Tribunal Federal. Disponível em: http://portal.stf.jus.br/textos/verTexto.asp?servico=jurisprudenciaRepercussaoGeral&pagina=listas_rg. Acesso em: 09 abr. 2018.

387. BRASIL. Supremo Tribunal Federal. Disponível em: http://portal.stf.jus.br/textos/verTexto.asp?servico=repercussaoInformacoesConsolidadas&pagina=repercussaoInformacoesConsolidadas Acesso em: 09 abr. 2018.

> Há pelo menos três causas básicas desse fracasso: (a) a adoção da prática do "filtro oculto" pelo STF; (b) a incidência de negativa de repercussão geral apenas sobre teses jurídicas abstratas; e (c) a má compreensão da finalidade do *quorum* de 2/3 dos Ministros do STF para negar repercussão geral.[388]

A primeira causa apontada, denominada "filtro oculto", é uma crítica ao fato de que a análise sobre a relevância do tema abordado pelo recurso ocorre após a certificação quanto ao preenchimento dos requisitos formais recursais.

Barroso também destaca que, não raro, questões já enquadradas pelo STF como fáticas ou infraconstitucionais são subitamente consideradas constitucionalmente relevantes. Esse contexto contribuiria para o aumento desordenado do volume de processos e favoreceria a ocorrência de decisões contraditórias por parte do Tribunal.

Outro problema, segundo Barroso, seria a sistemática adotada pelo STF na análise dos casos cuja repercussão geral restou reconhecida. O juízo em abstrato da relevância temática e a posterior aplicação de seus efeitos em todos os demais processos que tratam do mesmo tema seriam equivocados, pois o julgamento de temas na forma de "blocos" de processos não seria capaz de conter o volume de ações esparsas (não agrupadas) que se acumulam no STF.

Quanto ao ponto referido no parágrafo acima, a sugestão formulada parece prestigiar a celeridade em detrimento da segurança jurídica materializada na isonomia da jurisdição. Considerando que grande parte do acervo do STF envolve matérias de direito púbico, isso aumentaria sensivelmente a probabilidade de juízos contraditórios sobre a repercussão geral. Além disso, a abstração constitui ponto central na construção da *ratio decidendi* dentro da teoria dos precedentes.

A terceira e última causa apontada pelo ministro estaria na compreensão inadequada da finalidade do *quorum* de dois

388. BARROSO, Luís Roberto; REGO, Frederico Montedonio. Balanço de dez anos da repercussão geral. *JOTA*. Disponível em: https://bit.ly/2m8OirP Acesso em: 09 set. 2019.

terços para a rejeição da repercussão geral (CF, art. 102, § 3º). Ele defende que, diferentemente da dinâmica atual, a finalidade do instrumento seria servir de contrapeso para compensar a impraticabilidade de uma motivação analítica das decisões negativas em larga escala. Em outras palavras, o *quorum* nada teria a ver com a presunção de repercussão geral.

Desse modo, o silêncio de qualquer um dos ministros no âmbito do plenário virtual não poderia ser computado como voto divergente do relator que porventura não reconhecesse a repercussão geral do tema veiculado no recurso. Nesse sentido, o silêncio deveria ser sempre entendido como concordância integral com a posição adotada pelo relator.

6.2 Doutrina dos precedentes e o CPC/2015

6.2.1 Noções indispensáveis

Os deslocamentos de cada um dos dois grandes sistemas jurídicos contemporâneos em direção ao outro é evidente. De um lado, os países que integram a *civil law* (como o Brasil) vêm gradativamente se aproximando da *common law* através da introdução dos precedentes aos seus ordenamentos. De outro, a complexidade das relações jurídicas na pós-modernidade tem feito com que países integrantes da *common law* utilizem a regulamentação normativa, historicamente identificada com a *civil law*.

A unidade e a coerência de qualquer sistema jurídico são definitivamente testadas no exercício da atividade jurisdicional, etapa final do fluxo de fixação de sentido ao texto normativo interpretado. Se a norma jurídica – significado de um enunciado prescritivo – é colmatada pela interpretação construída no âmbito das Cortes Superiores, a estabilização desse conteúdo e sua reprodução, nos planos vertical e horizontal, pelos órgãos jurisdicionais, são indispensáveis à univocidade normativa.[389]

389. CPC, art. 926.

Tendo as premissas acima alinhadas como pano de fundo, o legislador brasileiro implementou uma verdadeira revolução em nosso ordenamento, ao inserir, no Código de Processo Civil de 2015 (CPC/2015), a figura do *precedente*, importada dos países que seguem a *common law*.[390] Com o intuito de dar efetividade a determinadas decisões balizadoras, o Código Processual em vigor buscou incorporar ao nosso sistema o *stare decisis (stare decisis et non qieta movere)*,[391]utilizado com variações pelos países que seguem a *common law*. Essa ferramenta própria das jurisdições tradicionalmente guiadas pelo *common law* passou a integrar o sistema processual brasileiro de maneira inquestionável, como acertadamente aponta Mantovanni Colares Cavalcanti.[392]

No direito norte-americano, a doutrina do *stare decisis* nem sempre foi a regra. Sua adoção como meio de assegurar a estabilidade do ordenamento jurídico foi assentada pela Superma Corte em 1932, no julgamento do caso Burnet v. Coronado Oil & Gas Co. Esse julgado fixou padrões discursivos para a consolidação do *stare decisis* nos Estados Unidos, conforme aponta Starger.[393]

---

390. Vide, a respeito, art. 489, § 1º , V e VI, art. 926, § 2º e art. 927, § 5º.

391. Em português: "o que foi decidido deve ser respeitado".

392. CAVALCANTE, Mantovanni Colares. *Coisa julgada no processo tributário coletivo e a força transcendente de julgados em processos individuais*. In: CARVALHO, Paulo de Barros; DE SOUZA, Priscila. 30 anos da Constituição Federal e o Sistema Tributário Brasileiro. 1ª Edição. São Paulo: Editora Noeses, 2018, p. 772).

393. In a series of dissenting opinions culminating in 1932's Burnet v. Coronado Oil & Gas Co., Justice Brandeis developed an analysis of stare decisis based upon a rigorous empirical study of the Court's actual overruling practices. Brandeis so carefully mined and categorized the Court's own "precedent about precedent" in his opinions that his attendant framework for the proper application of stare decisis itself assumed canonical authority. In both content and form, Brandeis's Coronado Oil dissent established new discursive standards that effectively gave birth to the Court's modern stare decisis doctrine. Given its importance to the Court's current jurisprudence, a careful reading of Coronado Oil is in order." (STARGER, Colin, The Dialectic of Stare Decisis Doctrine, *In:* PETERS, Christopher J. (editor). *Precedent in the United States Supreme Court*. Ius gentium: comparative perspectives on law and justice. Volume 33. Dordrecht: Springer Netherlands, 2013. p. 26).

Um ponto central para a compreensão do correto funcionamento dos precedentes é entender que eles estão limitados às razões judiciais concretas e imprescindíveis para a conclusão do julgado (*holdings*). Todos os demais raciocínios e digressões contidos no julgamento, cuja desconsideração não infirme a conclusão jurídica adotada pela decisão, não integram o precedente.

Os precedentes, conforme bem sintetizado por Mitidiero,[394] são definidos como as razões jurídicas necessárias e suficientes que fundamentam as decisões proferidas pelos tribunais superiores. A pretexto de solucionar casos concretos, essas razões servem para vincular o comportamento de todas as instâncias administrativas e judiciais e para orientar a conduta dos indivíduos e da sociedade civil.[395] As afirmações contidas na decisão judicial que não são necessárias ao desfecho jurídico do caso são denominadas *obiter dictum* e não integram o precedente.

Uma afirmação *obiter dictum* é uma declaração judicial supérflua que poderia ser deletada sem prejuízos relevantes aos fundamentos analíticos da *holding*.[396] Quer um parágrafo de abertura espirituoso, quer as informações básicas sobre o desenvolvimento da lei ou, ainda, quer as digressões especulando sobre a resolução de casos hipotéticos semelhantes: nenhum desses elementos vincula os tribunais no futuro.[397]

Embora parte da doutrina e das decisões judiciais apliquem estas expressões inadvertidamente, a *holding* de um caso não se confunde com sua *ratio decidendi*. Enquanto a *holding* representa a razão jurídica concreta aplicada na superação do caso, a *ratio decidendi* é o parâmetro que foi erigido a

---

394. MITIDIERO, Daniel. *Precedentes: da persuasão à vinculação*. 2ª ed. São Paulo: Editora Revista dos Tribunais, 2017, p. 83.

395. POUND, Roscoe. "What of Stare Decisis?". *Fordham Law Review*, nº 1, vol. X. 1941, p. 5.

396. UNITED STATES COURT OF APPEALS. Sarnoff v. American Home Products Corp., 798 F.2d 1075, 1084 (7th Cir.1986).

397. GARNER, Bryan A. [et al.]. *The Law of Judicial Precedent*. St. Paul, Minn.: Thompson Reuters, 2016, p. 44.

partir da *holding* (abstraídas as singularidades de cada caso) e será aplicado nos casos futuros, como observou John Austin.[398]

Daí a adoção da expressão "*ratio decidendi*" (razão de decidir) como elemento que identifica o precedente, critério judicial inexorável que, extraído do caso, deverá ser aplicado pelos julgadores.

Na doutrina do *stare decisis* adotada pela Suprema Corte norte-americana, o precedente vinculante corresponde à decisão cuja *ratio* deve ser observada pela própria corte (vinculação horizontal) e por cortes inferiores, dentro da mesma jurisdição (vinculação vertical). Quando se está lidando com um precedente vinculante vertical, a corte ou o órgão judicial inferior não tem espaço para decidir o peso ou o valor a ser dado a cada caso.[399] Noutros termos, os juízes estão obrigados a seguir os precedentes mesmo quando discordam de suas razões.

Os precedentes podem ser superados pelas cortes supremas ou pelos tribunais nos quais tenham surgido. Para a superação da *ratio* fixada em seus precedentes, as cortes superiores devem observar as seguintes questões: i) se o precedente se provou inaplicável na prática; ii) se o precedente gerou significativa confiança no direito firmado; iii) se mudanças na doutrina tornaram indeterminada a regra anterior; e iv) se mudanças nos fatos (ou entendimento sobre eles) erodiram suposições da regra anterior.[400]

Em um universo de precedentes existirão decisões com maior peso que outras. O peso do precedente é medido a

---

398. "Looking at the general reasons alleged by the Court for its decisions, and abstracting those reasons from the modifications which were suggested by the peculiarities of the cases, we arrive at a ground or principle of decision, which will apply universally to cases of a class, and which, like a statute law, may serve as a rule of conduct". (AUSTIN, John. *Lectures on jurisprudence or the philosophy of positive law*. Vol. II. 4ª edição, revisada e editada. Londres: John Murray, 1873, p. 643).

399. GARNER, Bryan A. [et al.]. *The Law of Judicial Precedent*. St. Paul, Minn.: Thompson Reuters, 2016, p. 155.

400. GARNER, Bryan A. [et al.]. *The Law of Judicial Precedent*. St. Paul, Minn.: Thompson Reuters, 2016. p. 333-334.

partir da sua probabilidade de permanecer hígido ao longo do tempo. Um precedente forte reúne características que geram a expectativa de vigência por muito tempo. Já um precedente fraco é aquele que gera a expectativa de ser *distinguished*[401] ou *overruled*[402] em um curto período, até que se torne uma exceção e não uma regra.[403]

Nos países de *common law*, a doutrina ainda distingue os precedentes que interpretam e aplicam uma regra preexistente daqueles que instituem uma regra de maneira inaugural. Estes são, como sugere o próprio nome, os *precedentes originais;*[404] já aqueles, ditos *declaratórios*, podem ser erigidos a partir de uma regra positivada em atos normativos administrativos e legislativos.[405] Cada uma dessas categorias possui relevância distinta na conformação do direito consuetudinário.

Segundo o entendimento das cortes norte-americanas, os precedentes declaratórios merecem mais prestígio que os originais.[406] O fato de o conteúdo normativo decorrer de atos praticados por diferentes poderes confere maior força ao precedente, pois, nessa hipótese, sua definição não estaria exclusivamente à mercê do Poder Judiciário.

---

401. O *distinguishing* consiste na técnica utilizada para aferir se o precedente será ou não aplicado a determinado caso. Para tanto, deve-se verificar se a decisão do caso analisado foi formada a partir de um contexto fático e/ou jurídico equivalente ao do precedente. A distinção só pode ser realizada em relação aos fundamentos centrais da decisão analisada (*holdindg*) e do precedente (*ratio decidendi*). Existindo distinção relevante, o precedente não será aplicado.

402. O *overruling* reside em uma das hipóteses de afastamento do precedente, realizada pela mesma corte que o criou ou por superior. Nesse caso, a *ratio decidendi* deixará de ser aplicada.

403. GARNER, Bryan A. [et al.]. *The Law of Judicial Precedent*. St. Paul, Minn.: Thompson Reuters, 2016. p. 156-157.

404. É conveniente relembrar que, nos sistemas de *common law*, o direito pode ser criado, de modo originário, pelos juízes. Uma decisão a ser tomada num caso depende das decisões adotadas para casos anteriores e afeta o direito a ser aplicado aos casos futuros.

405. GARNER, Bryan A. [et al.]. *The Law of Judicial Precedent*. St. Paul, Minn.: Thompson Reuters, 2016, p. 333.

406. Froud v. Celotex Corp., 456 N.E.2d 131, 98 Ill. 2d 324 (1983).

No caso brasileiro, o art. 927 do CPC/2015,[407] com o intuito de conferir força vinculante a determinadas decisões judiciais, estabeleceu que os juízes e tribunais devem observar: as decisões proferidas pelo STF em controle concentrado de constitucionalidade; os enunciados de súmula vinculante; os acórdãos em incidente de assunção de competência ou de resolução de demandas repetitivas e em julgamento de recursos extraordinário e especial repetitivos; os enunciados das súmulas do STF em matéria constitucional e do STJ em matéria infraconstitucional; e a orientação do plenário ou do órgão especial aos quais estiverem vinculados.[408]

Os acórdãos proferidos pelo STF e pelo STJ em julgamento de recursos extraordinário e especial repetitivos materializam, na sua essência, as decisões que podem ser identificadas como precedentes. É muito importante compreender que a vinculação de juízes e dos tribunais regionais e estaduais não será da parte dispositiva contida nessas decisões (precedentes), mas do raciocínio nele contido (*ratio decidendi*).

As consequências imediatas da aplicação dos precedentes no processo judicial são evidentes. Basta verificar que a decisão judicial será nula, por ausência de fundamento, quando i) invocar precedente sem identificar seus fundamentos determinantes nem demonstrar que o caso sob julgamento se ajusta àqueles fundamentos, e quando ii) deixar de seguir o precedente invocado pela parte, sem demonstrar sua superação (*overruling*) ou, ao menos, a existência de distinção entre ele e o caso em julgamento (*distinguishing*).[409]

---

407. CPC/2015. Art. 927. Os juízes e os tribunais observarão: I - as decisões do Supremo Tribunal Federal em controle concentrado de constitucionalidade; II - os enunciados de súmula vinculante; III - os acórdãos em incidente de assunção de competência ou de resolução de demandas repetitivas e em julgamento de recursos extraordinário e especial repetitivos; IV - os enunciados das súmulas do Supremo Tribunal Federal em matéria constitucional e do Superior Tribunal de Justiça em matéria infraconstitucional; V - a orientação do plenário ou do órgão especial aos quais estiverem vinculados. [...].

408. Nem todas as decisões referidas pelo art. 927 do CPC são precedentes, ainda que todas sejam vinculantes.

409. CPC, art. 489, § 1º, V e VI.

Conforme já apontado, os precedentes estão adstritos ao contexto fático-jurídico do qual surgiram. A *ratio decidendi* é o parâmetro erigido segundo as singularidades do caso e será aplicada a outros futuros enquadrados na mesma classe (isto é, no mesmo contexto fático-jurídico).[410]

Tratando-se de matéria constitucional, sob a sistemática brasileira da repercussão geral, a *ratio decidendi* alcança alto grau de abstração. O precedente fixado em recurso extraordinário, desde sua origem, é concebido com o propósito de solucionar demandas repetitivas e garantir a coerência e integridade do ordenamento jurídico. Desse modo, as particularidades do caso tendem a ter menor valor, tanto no julgamento do paradigma, quanto na futura aplicação do precedente fixado, como bem observa Taís Schilling Ferraz, em excelente obra sobre o tema:

> [...] a decisão sobre uma questão constitucional é propensa à abstração. O processo de objetivação do controle difuso de constitucionalidade, que foi fortemente impulsionado pela criação do regime da repercussão geral, conduz à busca de um preceito que possa servir à solução do maior número possível de casos semelhantes que já existem e que se reproduzem.
>
> Para que se chegue a isso, as particularidades do recurso-paradigma e dos casos individuais múltiplos tendem à menos-valia já por ocasião do julgamento do mérito da questão constitucional pelo STF e, na sequência, por ocasião da aplicação do precedente aos casos múltiplos.[411]

A identificação da *ratio decidendi* aplicada pelo precedente e sua diferenciação do desfecho adotado pela Corte exigem cautela e atenção. Isso ocorre porque, como bem apontou Ferraz, a tese da repercussão geral e a *ratio decidendi* do precedente não se confundem:

---

410. AUSTIN, John. *Lectures on jurisprudence or the philosophy of positive law*. Vol. II. 4ª edição, revisada e editada. Londres: John Murray, 1873, p. 643.

411. FERRAZ, Taís Schilling. *O precedente na jurisdição constitucional:* construção e eficácia do julgamento da questão com repercussão geral. São Paulo: Saraiva, 2017, p. 275.

> A tese, extrato da decisão que se origina do precedente brasileiro, não é o motivo determinante para a solução de casos subsequentes análogos, mas sim a própria solução, encartada em preceito de caráter normativo.
>
> Tese e *ratio decidendi* são elementos absolutamente distintos de uma mesma decisão.
>
> [...]
>
> É importante ter presente que o elemento vinculante em um precedente é a sua *ratio*. E esta não se confunde com a tese.
>
> A formulação de uma tese que se pretende seja capaz de oferecer solução a muitos outros casos, em verdade limita o espectro de aplicação do precedente e sua própria legitimidade intrínseca, indicando que sua aplicação ocorrerá desde que o suporte fático exato nela previsto se implemente.[412]

No julgamento do RE 574.706,[413] por exemplo, embora a solução concreta dada pelo STF às demandas repetitivas tenha sido a exclusão do ICMS da base de cálculo do PIS e da COFINS, a *ratio decidendi* adotada pelo Tribunal diz respeito ao conceito de *receita*, grandeza econômica utilizada pelo legislador constituinte na definição da competência dos entes tributantes.[414]

A conclusão do caso-paradigma (ICMS não integra a base de cálculo do PIS e da COFINS), portanto, não se confunde com sua *ratio decidendi*, qual seja: o mero ingresso do ICMS (ou de outro tributo) nos valores recebidos pelo contribuinte não configura receita desse contribuinte. Logo, o precedente (conceito constitucional de receita) deve ser aplicado para todos os demais tributos, a

---

412. FERRAZ, Taís Schilling. *O precedente na jurisdição constitucional: construção e eficácia do julgamento da questão com repercussão geral*. São Paulo: Saraiva, 2017, p. 265-266.

413. RE 574706, Relator(a): Min. CÁRMEN LÚCIA, Tribunal Pleno, julgado em 15.03.2017, ACÓRDÃO ELETRÔNICO REPERCUSSÃO GERAL - MÉRITO *DJe*-223 DIVULG 29.09.2017 PUBLIC 02.10.2017.

414. Relatora Min. Cármen Lúcia: "Toda essa digressão sobre a forma de apuração do ICMS devido pelo contribuinte demonstra que o regime da não cumulatividade impõe concluir, embora se tenha a escrituração da parcela ainda a se compensar do ICMS, todo ele, não se inclui na definição de faturamento aproveitado por este Supremo Tribunal Federal, pelo que não pode ele compor a base de cálculo para fins de incidência do PIS e da COFINS".

menos que exista alguma diferença específica, reputada relevante, no respectivo regime constitucional tributário, o que deverá ser expressamente fundamento pela decisão judicial (*distinguishing*).

O STJ, observando a teoria dos precedentes, recentemente aplicou a *ratio decidendi* do RE 574.706 no julgamento do ERESP nº 1.517.492. Nesse caso, o STJ entendeu que os benefícios de ICMS concedidos pelos Estados não constituem receita dos contribuintes e, por isso, não compõem as bases de cálculo do IRPJ e da CSLL. A Ministra Regina Helena Costa, redatora do voto vencedor, aplicou a *ratio decidendi* do RE 574.706 para afastar, da base dos referidos tributos, a inclusão do crédito presumido de ICMS, nos seguintes termos:

> TRIBUTÁRIO. EMBARGOS DE DIVERGÊNCIA EM RECURSO ESPECIAL. CÓDIGO DE PROCESSO CIVIL DE 2015. APLICABILIDADE. ICMS. CRÉDITOS PRESUMIDOS CONCEDIDOS A TÍTULO DE INCENTIVO FISCAL. INCLUSÃO NAS BASES DE CÁLCULO DO IMPOSTO SOBRE A RENDA DA PESSOA JURÍDICA - IRPJ E DA CONTRIBUIÇÃO SOCIAL SOBRE O LUCRO LÍQUIDO - CSLL. INVIABILIDADE.
>
> [...]
>
> XV - O STF, ao julgar, em regime de repercussão geral, o RE n.
>
> 574.706/PR assentou a inconstitucionalidade da inclusão do ICMS na base de cálculo do PIS e da COFINS, sob o entendimento segundo o qual o valor de ICMS não se incorpora ao patrimônio do contribuinte, constituindo mero ingresso de caixa, cujo destino final são os cofres públicos. *Axiologia da ratio decidendi* que afasta, com ainda mais razão, a pretensão de caracterização, como renda ou lucro, de créditos presumidos outorgados no contexto de incentivo fiscal.
>
> XVI - Embargos de Divergência desprovidos.
>
> (EREsp 1517492/PR, Rel. Ministro OG FERNANDES, Rel. p/ Acórdão Ministra REGINA HELENA COSTA, PRIMEIRA SEÇÃO, julgado em 08.11.2017, *DJe* 01.02.2018).[415]

---

415. Grifo nosso. Voto ministra Regina Helena Costa: [...] por fim, cumpre registrar, *dada a estreita semelhança axiológica com o presente caso*, que o Supremo Tribunal Federal, ao julgar, em regime de repercussão geral, o RE n. 574.706/PR, assentou a inconstitucionalidade da inclusão do ICMS na base de cálculo do PIS e da COFINS.

A aplicação do precedente erigido no julgamento do RE 574.706 para a exclusão do ISS da base de cálculo do PIS e COFINS constitui matéria que será analisada pelo STF (Tema 119). O respectivo Recurso Extraordinário (592.616) teve sua repercussão geral reconhecida em outubro de 2008 e, recentemente (27.03.2017), foi proferido despacho pelo Relator atual (Min. Celso de Mello) para que as partes se manifestassem sobre a decisão do RE 574.706 e seus reflexos no caso. Se não realizar nenhum *distinguishing* ligado à aplicação da *ratio decidendi* (conceito constitucional de receita), o STF deverá aplicar ao caso a mesma *ratio decidendi* erigida no âmbito do RE 574.706.

A propósito, nos autos do RE 954.262, em decisão monocrática, o Min. Gilmar Mendes sinaliza a distinção entre a *ratio decidendi* e o conteúdo da tese firmada no RE 574.706. Depreende-se do voto do ministro que a *ratio decidendi* corresponde a razões distantes dos fatos que deram origem à controvérsia, não contidas na tese formulada:

> Verifico que a *ratio decidendi* do tema 69 deve ser aplicada para solucionar a presente demanda. Isso, porque, ambas as controvérsias cingem-se a verificação do conceito de receita para fins da definição da base de cálculo de tributo.[416]

Entendeu o Plenário da Corte, por maioria, que o valor de ICMS não se incorpora ao patrimônio do contribuinte, constituindo mero ingresso de caixa, cujo destino final são os cofres públicos, conforme acórdão assim ementado: [...]
Antes de acompanhar, no mérito, o entendimento sustentado pela Ministra Relatora, o Ministro Celso de Mello, em seu voto, ressaltou, preliminarmente, a importância de proceder-se à interpretação do Direito Tributário pela essência dos institutos e princípios que lhes são próprios, rechaçando a interpretação econômica, nos seguintes termos: [...]
Note-se que, na linha de raciocínio esposada pelo Supremo Tribunal Federal, os créditos presumidos de ICMS, concedidos no contexto de incentivo fiscal, não teriam, com ainda mais razão, o condão de integrar as bases de cálculo de outros tributos, como quer a ora Embargante, em relação ao IRPJ e à CSLL, quer porque não representam lucro, quer porque tal exigência tem fundamento em meras normas infralegais, quer ainda, à vista de fundamento não menos importante, por malferir o princípio federativo. (EREsp 1517492/PR, Rel. Ministro OG FERNANDES, Rel. p/ Acórdão Ministra REGINA HELENA COSTA, PRIMEIRA SEÇÃO, julgado em 08.11.2017, *DJe* 01.02.2018).

416. RE 954262, Relator(a): Min. GILMAR MENDES, julgado em 20.08.2018, publicado em PROCESSO ELETRÔNICO *DJe*-173 DIVULG 22.08.2018 PUBLIC 23.08.2018.

É importante observar que, numa decisão colegiada, a *ratio decidendi* deverá ser procurada não apenas no voto do ministro escolhido como relator do recurso paradigma. Afinal, ainda que cheguem a uma mesma conclusão, é possível que os ministros o façam por diferentes razões, louvando-se em fatos e de fundamentos jurídicos diversos.[417]

Como se verifica, o tema dos precedentes descortina um cenário totalmente novo, no qual a abordagem analítica do texto judicial ganha espaço em detrimento da vetusta exegese estritamente legal à qual a doutrina estava acostumada. A identificação da *ratio decidendi* e o enquadramento dos novos casos aos seus parâmetros constituem a nova arena para o qual os operadores do direito devem estar preparados, pois nela será travada a disputa a respeito da fixação do direito ao caso concreto.

6.2.2 Efeitos expansivos, efeitos vinculantes e efeitos *erga omnes*

Os efeitos das decisões proferidas pelo STF no exercício do controle subjetivo de constitucionalidade – quando presente a repercussão geral – foram muito debatidos no meio doutrinário e no próprio STF, mesmo antes do CPC/2015. A Reclamação nº 433-5[418] proposta pela Defensoria do Acre contra uma decisão de primeira instância da Vara de Execuções Penais da comarca de Rio Branco configura o marco no qual esse tema foi, pela primeira vez, amplamente enfrentado pelo STF.

Segundo a posição inicialmente sustentada pelo Min. Gilmar Mendes no julgamento acima referido, as alterações ao sistema de controle de constitucionalidade, trazidas pela Constituição de 1988 e posteriores emendas exigiriam a reinterpretação dos institutos vinculados ao controle incidental

417. FERRAZ, Taís Schilling. *O precedente na jurisdição constitucional: construção e eficácia do julgamento da questão com repercussão geral.* São Paulo: Saraiva, 2017, p. 260.

418. BRASIL. Supremo Tribunal Federal. Reclamação nº 433, Tribunal Pleno. Relator: Min. Ilmar Galvão. Brasília, DF, 05 de agosto de 1993.

de inconstitucionalidade. O fortalecimento do papel de guarda da Constituição atribuído ao STF através de instrumentos como a ADI (ADI), a Ação Declaratória de Constitucionalidade (ADC), a Ação de Descumprimento de Preceito Fundamental (ADPF) e a Repercussão Geral reclamariam uma nova compreensão a respeito do alcance e da eficácia das decisões no âmbito do controle difuso de constitucionalidade.

Segundo Mendes, as evoluções normativa e jurisprudencial ocorridas não permitiriam mais diferenciar – quanto aos efeitos – as decisões proferidas no controle direto daquelas exaradas no controle incidental. A consequência dessa fusão seria a denominada mutação constitucional que atingiria o art. 52, inciso X, da Constituição Federal. Esse enunciado constitucional atribui ao Senado Federal a prerrogativa de suspender a execução, no todo ou em parte, de lei declarada inconstitucional por decisão definitiva do STF (em controle difuso). Em virtude de tal mutação, os efeitos ampliativos não seriam mais decorrência da Resolução do Senado, mas do próprio acordão do STF.

Essa posição, reforçada pelo Min. Eros Roberto Grau, foi contraposta pelo entendimento dos ministros Sepúlveda Pertence, Joaquim Barbosa, Cezar Peluso, para os quais o legislador constituinte brasileiro havia adotado caminhos próprios para a ampliação dos efeitos das decisões proferidas em controle difuso de constitucionalidade (como a Súmula Vinculante). Assim, não se poderia atribuir à própria decisão do STF, proferida no controle difuso, os efeitos vinculantes defendidos por Mendes.

A posição vencedora, contudo, foi apresentada pelo saudoso Min. Teori Zavascki, que de forma inovadora apresentou a ideia de força expansiva das decisões proferidas pelo STF no controle difuso. Segundo ele, o Brasil estava, como demais países do sistema da *civil law*, aproximando-se da cultura do *stare decisis*, própria do sistema da *common law* – não apenas em relação ao controle de constitucionalidade, mas também nas demais áreas de intervenção dos tribunais superiores.

Duas modificações introduzidas pela EC nº 45/2004 teriam contribuído significativamente para acentuar a força expansiva das decisões do STF, na visão do Min. Teori Zavascki. Seriam elas: a) a edição de súmulas vinculantes (art. 103-A da CF/88, regulamentado pela Lei nº 11.417/2006); b) a exigência da repercussão geral dos temas enfrentados pelo STF (art. 102, § 3º da CF, regulamentado nos arts. 543-A e 543-B do CPC/73, com correspondência no art. 1.035 do CPC/2015).

Assim, o efeito expansivo, referido no voto do Min. Teori Zavascki, seria a força que exsurge das decisões proferidas pelo STF em repercussão geral. Elas são dotadas de espectro cuja amplitude influencia todas as demais produzidas posteriormente, tanto pelos tribunais inferiores, quanto pelas Turmas do STF. O efeito expansivo, entretanto, não poderia ser equiparado ao efeito vinculante *erga omnes*, atribuído às decisões no controle concentrado de constitucionalidade e às súmulas vinculantes.

Desse modo, apenas as decisões dotadas de efeitos vinculantes *erga omnes* é que autorizariam a utilização da reclamação. Nas demais hipóteses, a reclamação seria cabível apenas por quem tinha sido parte na relação, além dos sujeitos legitimados ao exercício do controle concentrado.[419]

Na tentativa de introduzir no Brasil a doutrina do *stare decisis*, o Código de Processo Civil de 2015 quebrou a lógica até então existente em nosso ordenamento. O art. 988[420] do CPC/2015 previu a utilização da reclamação, por qualquer

---

419. CF/88, Art. 103. Podem propor a ADI e a ação declaratória de constitucionalidade: I - o Presidente da República; II - a Mesa do Senado Federal; III - a Mesa da Câmara dos Deputados; IV - a Mesa de Assembleia Legislativa ou da Câmara Legislativa do Distrito Federal; V - o Governador de Estado ou do Distrito Federal; VI - o Procurador-Geral da República; VII - o Conselho Federal da Ordem dos Advogados do Brasil; VIII - partido político com representação no Congresso Nacional; IX - confederação sindical ou entidade de classe de âmbito nacional.

420. Redação original do art. 988 **(anterior à Lei nº 13.256/2016):**
Art. 988. Caberá reclamação da parte interessada ou do Ministério Público para:
IV - garantir a observância de enunciado de súmula vinculante e de precedente proferido em julgamento de casos repetitivos ou em incidente de assunção de competência.

indivíduo, como instrumento para garantir a observância de precedente proferido pelo STF e pelo STJ.

O cabimento da reclamação que, no controle difuso de constitucionalidade, estava adstrito às partes sujeitas à norma judicial individual e concreta cuja autoridade fosse violada por decisão superveniente, foi alterado e inicialmente redesenhado para proteger a autoridade dos precedentes contra toda e qualquer decisão posterior que os afrontasse. Essa inovação, no entanto, foi esvaziada pela Lei 13.256/2016, que inseriu o § 5º, abaixo reproduzido, ao art. 988 do CPC:

> § 5º É inadmissível a reclamação
>
> I – proposta após o trânsito em julgado da decisão reclamada;
>
> II – proposta para garantir a observância de acórdão de recurso extraordinário com repercussão geral reconhecida ou de acórdão proferido em julgamento de recursos extraordinário ou especial repetitivos, *quando não esgotadas as instâncias ordinárias* (destaque nosso).

Tal esvaziamento foi motivado pelo receio de que os tribunais fossem atingidos por uma avalanche de reclamações, conforme se depreende de artigo publicado pelo atual ministro do STF Gilmar Mendes:

> Na Rcl. 7.569/SP, Rel. Min. Ellen Gracie, Pleno, *DJe* 11.12.2009, o STF rejeitou o cabimento da reclamação invocando precedente da repercussão geral, nos seguintes termos:
>
> [...]
>
> Esse precedente, confirmado por inúmeros outros após, firmou-se na preocupação da Corte em ficar abarrotada de reclamações. Como solução, o STF permitiu que a decisão de aplicação da sistemática da repercussão geral poderia ser impugnada mediante agravo interno na origem, mas jamais por expediente encaminhado ao STF, seja por meio de agravo em recurso extraordinário, seja por meio de reclamação constitucional.
>
> O CPC/2015 procurou superar esse entendimento prevendo expressamente o cabimento da reclamação no art. 988. A reclamação é instrumento ágil e célere ajuizado diretamente perante o tribunal, com possibilidade de solicitação de informações e concessão

> de liminar. Como forma de assegurar os efeitos transcendentes de precedente da repercussão geral, a reclamação detém vantagem fundamental: ao contrário dos recursos e incidentes, a reclamação não possui efeito suspensivo ou devolutivo, não obstando o trânsito em julgado do processo principal enquanto não apreciada. Dessa forma, torna-se instrumento pouco atraente para o, infelizmente frequente, propósito de procrastinar efeitos.
>
> No entanto, essa expansão da reclamação sempre traz o risco de aumentar exponencialmente o número de efeitos submetidos ao STF e ao STJ. Não foi calculado o impacto, em termos numéricos, dessa alteração no âmbito do STF, nem do STJ. Eventualmente, o grande número de reclamações pode comprometer o funcionamento dos gabinetes e dos tribunais.[421]

Embora não possam ser implementados via reclamação – pelo menos até o esgotamento das vias ordinárias[422] – os precedentes tiveram seu efeito *expansivo* transformado em força

---

421. MENDES, Gilmar Ferreira; FUCK, Luciano Felício. Novo CPC e o Recurso Extraordinário. *Revista de Processo*. vol. 261. Nov/2016, p. 263-279.

422. A reclamação é cabível nos casos em que o recurso ao STJ e ao STF tem seu seguimento negado com base no art. 1.030, I e III, do CPC parece corolário lógico. Segundo o §2º desse dispositivo, o recurso previsto contra essa decisão do vice-presidente do tribunal de segunda instância é o agravo interno previsto pelo art. 1021. Nessas hipóteses, em caso de erro na aplicação das hipóteses referidas pelo art. 1030, o único remédio que dará acesso aos tribunais superiores é a reclamação. Esse tem sido o entendimento do STJ (Rcl 34.219/SP, Rel. Ministro NAPOLEÃO NUNES MAIA FILHO, PRIMEIRA SEÇÃO, julgado em 27/03/2019, *DJe* 02.04.2019). O STF, infelizmente, vem restringindo a utilização da reclamação nas hipóteses acima referidas. Além de exigir a repercussão geral do acórdão paradigma e o esgotamento das vias recursais no tribunal de origem, a Corte Constitucional vem firmando o entendimento de que a reclamação não pode ser utilizada como sucedâneo de ação rescisória ou dos recursos. Assim, eventual erro *in judicando* do acórdão recorrido, ao aplicar o precedente, não pode ser atacado pela reclamação (Rcl 30887 AgR, Rel. Ministro CELSO DE MELLO, SEGUNDA TURMA, julgado em 07.06.2019, *DJE* 17.06.2019). O equívoco da decisão proferida pelo tribunal de segunda instância com fundamento no art. 1030, I, do CPC tanto está ligado ao caso (fatos, hipótese distinta da contida na *ratio decidendi* do precedente) como ao próprio conteúdo objetivo do precedente. A não aplicação do precedente pelo tribunal *a quo* dificilmente decorrerá de um explícito ato de oposição, mas estará ligado à sutileza de uma "aplicação" do precedente claramente incompatível com seu conteúdo. Nesse contexto, a reclamação é o veículo adequado. A ação rescisória, nessas hipóteses, deflagará inaceitável círculo vicioso, pois ao julgá-la o tribunal recorrido reafirmará sua "interpretação" do precedente e o recurso extraordinário interposto dessa decisão terá seu seguimento, novamente, negado.

vinculante. Isso porque, não fosse suficiente o comando cogente inscrito no art. 927, III, do CPC/2015,[423] que determina a observância dos precedentes pelos juízes e tribunais, o art. 489, § 1º prescreve que a decisão judicial que deixar de observar precedente alegado pela parte sem demonstrar a existência de distinção no caso em julgamento (*distinguishing*) ou a superação do entendimento (*overruling*) é um ato judicial nulo.

Os julgadores deverão, portanto, observar a *ratio decidendi* firmada pelas Cortes Superiores, sob pena de produzirem uma decisão estruturalmente incompatível com o ordenamento jurídico. Independentemente da justiça do direito aplicado, essa decisão será inválida.

Essa é a força vinculante atribuída pelo Código de Processo Civil aos precedentes, que faz com que eles, agora, determinem o conteúdo dos atos judiciais posteriormente produzidos, sempre que existente uma subsunção fático-jurídica do caso ao precedente. A disjunção dos predicados vinculante e erga omnes parece ter encontrado nos precedentes um didático exemplo.

6.2.3 Precedentes e seus reflexos no processo administrativo fiscal

A compreensão das origens dos precedentes, de sua incorporação ao sistema pátrio e de seu funcionamento é fundamental para a adequada percepção dos seus efeitos no âmbito do processo administrativo tributário.

A distinção entre precedentes declaratórios e originais, estabelecida na *common law*, é, aqui, particularmente relevante,

---

423. Art. 927. Os juízes e os tribunais observarão: I - as decisões do Supremo Tribunal Federal em controle concentrado de constitucionalidade; II - os enunciados de súmula vinculante; III - os acórdãos em incidente de assunção de competência ou de resolução de demandas repetitivas e em julgamento de recursos extraordinário e especial repetitivos; IV - os enunciados das súmulas do Supremo Tribunal Federal em matéria constitucional e do Superior Tribunal de Justiça em matéria infraconstitucional; V - a orientação do plenário ou do órgão especial aos quais estiverem vinculados.

já que os primeiros representam o ponto de simetria entre a *common law* e a proposta implementada pelo CPC/2015.

A Constituição Federal de 1988 consagra o princípio da legalidade, assim como o faz a maior parte dos países que adotaram o sistema da *civil law*. Além da previsão genérica inserida no art. 5º, inciso II,[424] a observância da legalidade no direito tributário foi reforçada pelo art. 150, I.[425] A sujeição inexorável da Administração Pública à lei foi ainda repisada pelo art. 37 do Texto Constitucional.[426]

Como se observa, a ordem constitucional brasileira não admite a construção de um *precedente original*, divorciado de qualquer fundamento legal. Desse modo, os precedentes proferidos pelas cortes brasileiras podem ser equiparados aos *precedentes declaratórios*, existentes na *common law*.

No Brasil, os precedentes partem sempre de um enunciado normativo positivado. As razões jurídicas do precedente, nesse caso, são incorporadas ao próprio conteúdo normativo do texto interpretado.

O Código de Processo Civil em vigor reafirma, de maneira irretorquível, que o conteúdo de um precedente é o próprio conteúdo da lei por ele interpretada. Noutros termos, é a norma jurídica[427] vigente em nosso ordenamento. Dessa ob-

---

424. CF. art. 5º, II - ninguém será obrigado a fazer ou deixar de fazer alguma coisa senão em virtude de lei; [...].

425. Art. 150. Sem prejuízo de outras garantias asseguradas ao contribuinte, é vedado à União, aos Estados, ao Distrito Federal e aos Municípios: I - exigir ou aumentar tributo sem lei que o estabeleça; [...].

426. Art. 37. A administração pública direta e indireta de qualquer dos Poderes da União, dos Estados, do Distrito Federal e dos Municípios obedecerá aos princípios de legalidade, impessoalidade, moralidade, publicidade e eficiência [...].

427. A norma jurídica é o juízo hipotético que a percepção do texto provoca no plano do nosso consciente (vide CARVALHO, Paulo de Barros. O direito positivo como sistema homogêneo de enunciados deônticos. *Revista de Direito Tributário*, São Paulo, n. 45, jul./set. 1988, p. 35). É o resultado de uma operação mental que acompanha o processo de aplicação do direito no seu progredir de um escalão superior para um inferior (vide KELSEN, Hans. *Teoria Pura do direito*. Trad. de João Baptista Machado. 2. ed. São Paulo: Martins Fontes, 1987. p. 363). A existência de um enunciado normativo

servação, exsurgem importantes consequências que atingem todo ordenamento jurídico e condicionam a aplicação da lei conforme o conteúdo a ela atribuído pelas Cortes Superiores.

A referência feita pelo *caput* do art. 927 aos juízes e tribunais evidentemente não exclui a sujeição da Administração e dos tribunais administrativos aos precedentes.

De um lado, porque seria ilógico e anacrônico imaginar que os atos produzidos pelos integrantes do Poder Judiciário, responsáveis pelo controle da legalidade, estariam sujeitos aos precedentes, mas não estariam os atos administrativos judicialmente controlados. De outro lado, porque o precedente corresponde à expressão final da lei (norma).

Noutros termos, estando sujeita à legalidade, a Administração não poderá atribuir a um enunciado sentido distinto daquele definido pelo precedente, a menos que identifique uma distinção relevante (*distinguishing)* no caso analisado, pela qual o precedente se revele inadequado. Nesse sentido, o Regimento Interno do Conselho Superior de Recursos Fiscais acertadamente prescreve que:

> Art. 62. Fica vedado aos membros das turmas de julgamento do CARF afastar a aplicação ou deixar de observar tratado, acordo internacional, lei ou decreto, sob fundamento de inconstitucionalidade.
>
> [...]
>
> § 1º O disposto no *caput* não se aplica aos casos de tratado, acordo internacional, lei ou ato normativo:
>
> I - que já tenha sido declarado inconstitucional por decisão definitiva plenária do Supremo Tribunal Federal; (Redação dada pela Portaria MF nº 39, de 2016)
>
> II - que fundamente crédito tributário objeto de:
>
> [...]

---

soluciona o problema no plano sintático, deixando em aberto o significado que lhe será conferido pelo intérprete, seja ele "autêntico", na acepção kelseniana (Poder Judiciário), seja ele um indivíduo na busca de um sentido ao comando analisado.

> b) Decisão definitiva do Supremo Tribunal Federal ou do Superior Tribunal de Justiça, em sede de julgamento realizado nos termos dos arts. 543-B e 543-C da Lei nº 5.869, de 1973, ou dos arts. 1.036 a 1.041 da Lei nº 13.105, de 2015 - Código de Processo Civil, na forma disciplinada pela Administração Tributária; (Redação dada pela Portaria MF nº 152, de 2016)
>
> [...]
>
> § 2º As decisões definitivas de mérito, proferidas pelo Supremo Tribunal Federal e pelo Superior Tribunal de Justiça em matéria infraconstitucional, na sistemática dos arts. 543-B e 543-C da Lei nº 5.869, de 1973, ou dos arts. 1.036 a 1.041 da Lei nº 13.105, de 2015 - Código de Processo Civil, deverão ser reproduzidas pelos conselheiros no julgamento dos recursos no âmbito do CARF. (Redação dada pela Portaria MF nº 152, de 2016)

O advento da Lei 13.655/2018, que alterou a Lei de Introdução às Normas do Direito Brasileiro (LINDB), também trouxe importantes inovações ao nosso ordenamento. Essas modificações não apenas elevaram nosso nível de segurança jurídica, como também reafirmaram o paradigma da norma jurídica (interpretada). O art. 28[428] da LINDB, após a alteração acima referida, estabeleceu que o agente público responderá pessoalmente por suas decisões ou opiniões técnicas em caso de dolo ou *erro grosseiro*.

Nesse novo contexto normativo, a atribuição de sentido a um enunciado distinto do contido num precedente alegado por um contribuinte – e aplicável ao caso analisado – configura ato ilegal e caracteriza erro grosseiro. A lei a ser aplicada é aquela tal qual definida pelas cortes superiores, e não o fruto de convicções pessoais ou institucionais. A preservação do interesse público é a preservação da Constituição e do império da lei (norma jurídica).

---

428. Decreto-lei nº 4.657/42:
Art. 28. O agente público responderá pessoalmente por suas decisões ou opiniões técnicas em caso de dolo ou erro grosseiro. (Incluído pela Lei nº 13.655/2018).

A possibilidade de hipotética alteração de entendimento nos tribunais superiores não infirma a conclusão acima alinhada. Fosse assim, nenhuma lei precisaria ser cumprida, pois a mesma poderia ser futuramente alterada pelo legislador ou até por medida provisória. O raciocínio é eminentemente o mesmo. Não fosse suficiente, o novo CPC assegura a possibilidade de modulação de efeitos nas hipóteses de superação do precedente (*prospective overruling*).[429]

Nesse aspecto, o art. 24 da LINDB, incluído pela Lei nº 13.655/2018, foi além do próprio precedente.[430] Preocupado com a segurança jurídica e com a confiança dos contribuintes nos significados atribuídos às regras tributárias, o legislador estabeleceu que a revisão, nas esferas administrativa e judicial, dos atos praticados pelos contribuintes deve levar em consideração as *orientações gerais da época*, sendo vedado que, com base em mudança posterior, seja o ato declarado inválido.

O dispositivo acima referido coíbe a desconstituição de situações jurídicas já consolidadas quando houver subsequente alteração de orientação jurisprudencial ou administrativa, de modo a privilegiar a confiança dos cidadãos depositada na interpretação dominante à época da constituição dos atos jurídicos.

O parágrafo único do art. 24 esclarece que a proteção se aplica aos casos em que havia *jurisprudência judicial ou administrativa majoritária* legitimando o ato praticado pelos

---

429. CPC, art. 927, § 4º. A modificação de enunciado de súmula, de jurisprudência pacificada ou de tese adotada em julgamento de casos repetitivos observará a necessidade de fundamentação adequada e específica, considerando os princípios da segurança jurídica, da proteção da confiança e da isonomia.

430. Art. 24. A revisão, nas esferas administrativa, controladora ou judicial, quanto à validade de ato, contrato, ajuste, processo ou norma administrativa cuja produção já se houver completado, levará em conta as orientações gerais da época, sendo vedado que, com base em mudança posterior de orientação geral, se declarem inválidas situações plenamente constituídas. (Incluído pela Lei nº 13.655/2018).
Parágrafo único. Consideram-se orientações gerais as interpretações e especificações contidas em atos públicos de caráter geral ou em jurisprudência judicial ou administrativa majoritária, e ainda as adotadas por prática administrativa reiterada e de amplo conhecimento público. (Incluído pela Lei nº 13.655/2018).

contribuintes. Da mesma forma, o dispositivo confere guarida à conduta do contribuinte, tutelada por práticas administrativas reiteradas, ampla e publicamente conhecidas.

Se a jurisprudência dominante deve ser respeitada pela Administração Fazendária, com muito mais razão devem ser respeitados os precedentes, que são a expressão final da lei conferida Cortes Superiores.

Nesse contexto, as recentes alterações promovidas pela Lei nº 13.874/2019 na Lei nº 10.522/2002 reafiram a força dos precedentes. O art. 19 da últma Lei prevê, em seus incisos, as hipóteses nas quais a Procuradoria-Geral da Fazenda Nacional está dispensada de contestar, de oferecer contrarrazões, de interpor recursos e de desistir de recursos já interpostos. O § 9º desse artigo, incluído pela Lei nº 13.784/2019, prescreve que as hipótees dos incisos V e VI do art. 19 abrangem os fundamentos determinantes extraídos do julgamento paradigma ou da jurisprudência consolidada. Essa é uma importante inovação normativa que vai ao encontro do novo paradigma inaugurado pelo CPC/2015.[431]

---

431. Art. 19. Fica a Procuradoria-Geral da Fazenda Nacional dispensada de contestar, de oferecer contrarrazões e de interpor recursos, e fica autorizada a desistir de recursos já interpostos, desde que inexista outro fundamento relevante, na hipótese em que a ação ou a decisão judicial ou administrativa versar sobre:
[...]
IV - tema sobre o qual exista súmula ou parecer do Advogado-Geral da União que conclua no mesmo sentido do pleito do particular;
V - tema fundado em dispositivo legal que tenha sido declarado inconstitucional pelo Supremo Tribunal Federal em sede de controle difuso e tenha tido sua execução suspensa por resolução do Senado Federal, ou tema sobre o qual exista enunciado de súmula vinculante ou que tenha sido definido pelo Supremo Tribunal Federal em sentido desfavorável à Fazenda Nacional em sede de controle concentrado de constitucionalidade;
VI - tema decidido pelo Supremo Tribunal Federal, em matéria constitucional, ou pelo Superior Tribunal de Justiça, pelo Tribunal Superior do Trabalho, pelo Tribunal Superior Eleitoral ou pela Turma Nacional de Uniformização de Jurisprudência, no âmbito de suas competências, quando:
a) for definido em sede de repercussão geral ou recurso repetitivo; ou
b) não houver viabilidade de reversão da tese firmada em sentido desfavorável à Fazenda Nacional, conforme critérios definidos em ato do Procurador-Geral da Fazenda Nacional; e
VII - tema que seja objeto de súmula da administração tributária federal de que

Os efeitos vinculantes dos precedentes, como se observa, atingem não apenas os atos constitutivos de crédito tributário (lançamento de ofício, originário ou suplementar), como também os julgamentos realizados na esfera administrativa, relacionados ao crédito tributário, à restituição, à compensação ou ao ressarcimento, retratados nos esquemas dos Capítulos 2 e 3.

6.3 Súmula vinculante

Introduzida em nosso sistema pela Emenda Constitucional nº 45, de 08 de dezembro de 2004, a súmula vinculante está prevista no art. 103-A da Constituição Federal.[432] Trata-se do instrumento pelo qual o STF, mediante decisão de dois terços dos seus membros, transforma seus entendimentos consolidados em enunciados prescritivos dotados de eficácia vinculante.[433]

---

trata o art. 18-A desta Lei.

[...]

§ 9º A dispensa de que tratam os incisos V e VI do caput deste artigo poderá ser estendida a tema não abrangido pelo julgado, quando a ele forem aplicáveis os fundamentos determinantes extraídos do julgamento paradigma ou da jurisprudência consolidada, desde que inexista outro fundamento relevante que justifique a impugnação em juízo.

432. Art. 103-A. O Supremo Tribunal Federal poderá, de ofício ou por provocação, mediante decisão de dois terços dos seus membros, após reiteradas decisões sobre matéria constitucional, aprovar súmula que, a partir de sua publicação na imprensa oficial, terá efeito vinculante em relação aos demais órgãos do Poder Judiciário e à administração pública direta e indireta, nas esferas federal, estadual e municipal, bem como proceder à sua revisão ou cancelamento, na forma estabelecida em lei.

433. A propósito, conforme expresso no art. 102, §2º, da Constituição, a eficácia vinculante não se confunde com aquela *erga omnes*. Nesse sentido, leciona Luiz Guilherme Marinoni: "Quando se fala em eficácia *erga omnes*, pretende-se tratar, em verdade, dos efeitos diretos da decisão. [...] O art. 102, § 2º, é expresso e claro no sentido de que a eficácia contra todos (*erga omnes*) deriva das "decisões" do Supremo Tribunal Federal e não da coisa julgada. [...] A eficácia vinculante se destina a dar força obrigatória à *ratio decidendi* ou aos fundamentos determinantes da decisão, impedindo que eles sejam desconsiderados em quaisquer decisões de órgãos judiciais inferiores. A eficácia vinculante garante aos jurisdicionados a coerência da ordem jurídica, assim como a previsibilidade e a igualdade, o que nada tem a ver com os objetivos da coisa julgada e da eficácia *erga omnes*." (MARINONI, Luiz Guilherme. Coisa julgada erga omnes e eficácia vinculante. *Processos Coletivos*, Porto Alegre, vol. 2, n. 2, 01 abr. 2011).

A inovação normativa materializada na súmula vinculante[434] revela que o caminho difuso de controle de constitucionalidade também pode acarretar, ao cabo, a edição de enunciados judiciais (gerais e abstratos) que atingem toda a sociedade e não só as partes envolvidas. O instituto segue o procedimento previsto na Lei 11.417/2006: (i) o STF fixa determinado entendimento em matéria constitucional; (ii) o entendimento fixado é reproduzido diversas vezes; (iii) STF, de ofício ou por provocação, redige súmula vinculante e envia-a para votação; (iv) a súmula é aprovada por no mínimo 2/3 dos Ministros em sessão plenária; (v) a súmula é publicada em diário oficial, momento a partir do qual começa a produzir efeitos.

A súmula terá por objetivo a *validade, a interpretação e a eficácia de normas determinadas*, acerca das quais haja controvérsia atual entre órgãos judiciários ou entre esses e a administração pública, que acarrete grave insegurança jurídica e relevante multiplicação de processos sobre questão idêntica.

Do ato administrativo ou da decisão judicial que contrariar a súmula aplicável ou que indevidamente a aplicar, caberá reclamação ao Supremo Tribunal Federal que, julgando-a

---

434. "A súmula [...] (excetuada aquela de perfil vinculante), ao contrário das notas que tipificam o ato normativo, não se reveste de compulsoriedade na sua observância externa nem de cogência na sua aplicação por terceiros. A súmula comum, na realidade, configura mero instrumento formal de exteriorização interpretativa de uma dada orientação jurisprudencial. A súmula comum, portanto, tendo em vista a tese jurisprudencial não vinculante que nela se acha consagrada, encerra, apenas, um resultado paradigmático para decisões futuras. A jurisprudência compendiada na formulação sumular, desse modo, não se reveste de expressão normativa, muito embora traduza e reflita, a partir da experiência jurídica motivada pela atuação jurisdicional do Estado, o significado da norma de direito positivo, tal como ela é compreendida e constatada pela atividade cognitiva e interpretativa dos tribunais. (...) a formulação sumular de perfil ordinário, que não se qualifica como 'pauta vinculante de julgamento' (despojada, portanto, da eficácia vinculante que lhe é excepcional, considerado o que dispõe o art. 103-A da Carta Magna), há de ser entendida, em face das múltiplas funções que lhe são inerentes – função de estabilidade do sistema, função de segurança jurídica, função de orientação jurisprudencial, função de simplificação da atividade processual e função de previsibilidade decisória (...) –, como mero resultado paradigmático a ser autonomamente observado, sem caráter impositivo, pelos magistrados e demais tribunais judiciários, nas decisões que venham a proferir." (Rcl 10.707 AgR, voto do rel. min. Celso de Mello, j. 28.05.2014, P, *DJE* de 30.10.2014.)

procedente, anulará o ato administrativo ou cassará a decisão judicial reclamada e determinará que outra seja proferida com ou sem a aplicação da súmula, conforme o caso. Não se admite reclamação contra omissão da administração pública, sob fundamento de ofensa à súmula vinculante, quando não demonstrado o esgotamento das vias administrativas, conforme disposto no art. 7º, § 1º, da Lei nº 11.417/2006.

A reclamação, ao seu turno, é o instrumento que deve ser acionado visando à preservação da competência e autoridade (eficácia) das súmulas e decisões vinculantes proferidas pelo STF.

O objetivo da reclamação, portanto, não está ligado à definição do conteúdo da norma constitucional previamente analisada pelo STF através de decisão vinculante ou súmula. Todavia, ao reafirmar a autoridade da interpretação conferida pela Corte a determinado dispositivo constitucional, cassando (ou não) eventual decisão judicial infratora, o STF exerce um inquestionável papel estabilizador no campo pragmático, repisando (ou esclarecendo) os contornos dessa interpretação através da subsunção, ao precedente, de eventuais casos situados numa zona limítrofe.

A súmula com efeito vinculante tem eficácia imediata, mas o Supremo Tribunal Federal, por decisão de 2/3 (dois terços) dos seus membros, poderá restringir seus efeitos ou decidir por sua eficácia a partir de outro momento, tendo em vista razões de segurança jurídica ou de excepcional interesse público, conforme o disposto no art. 4º da Lei nº 11.417/2006.[435] Seu alcance deôntico, delimitado pela *ratio decidendi*[436] dos

---

435. Lei nº 11.417/2006
Art. 4º A súmula com efeito vinculante tem eficácia imediata, mas o Supremo Tribunal Federal, por decisão de 2/3 (dois terços) dos seus membros, poderá restringir os efeitos vinculantes ou decidir que só tenha eficácia a partir de outro momento, tendo em vista razões de segurança jurídica ou de excepcional interesse público.

436. José Renato Camilotti estabelece interessante relação entre o conteúdo das súmulas e os julgados nos quais elas se sustentam. CAMILOTTI, José Renato. *Precedentes judiciais em matéria tributária no STF: pragmática da aplicação das súmulas vinculantes e os critérios de verificação para aplicação e distinção (distinguishing)*. São Paulo: Noeses, 2018, p. 511-512.

julgados que lhes servem de esteio, deve ser observado pelos órgãos do Judiciário e da administração pública.[437]

Conforme o disposto na Lei nº 11.417/2006, os incidentes de modificação e desconstituição de súmula vinculante seguem o mesmo procedimento de constituição, tendo como legitimados, além dos ministros do STF: (i) o Presidente da República; (ii) a Mesa do Senado Federal; (iii) a Mesa da Câmara dos Deputados; (iv) o Procurador-Geral da República; (v) o Conselho Federal da OAB; (vi) o Defensor Público-Geral da União; (vii) partido político com representação nacional; (viii) confederação sindical ou entidade de classe de âmbito nacional; (ix) a Mesa da Assembleia Legislativa ou da Câmara Legislativa do Distrito Federal; (x) o Governador de Estado ou do Distrito Federal; (xi) os Tribunais Superiores, os Tribunais de Justiça de Estados ou do Distrito Federal e Territórios, os Tribunais Regionais Federais, os Tribunais Regionais do Trabalho, os Tribunais Regionais Eleitorais e os Tribunais Militares.

Editada a súmula vinculante, deverão adotar o parâmetro por ela fixado todos os órgãos da administração – não apenas os julgadores (Delegacias da Receita de Julgamento e Conselho Administrativo de Recursos Fiscais), mas também os responsáveis pela interpretação e aplicação da legislação tributária.

Não sendo fixados os efeitos modulatórios inscritos no art. 4º da Lei nº 11.417/2006, a súmula atinge todos os procedimentos e processos ligados à constituição do crédito e do indébito tributária que tenham como fundamento o tema sumulado, de forma vinculante, pelo STF. Da mesma forma, juízes e tribunais devem seguir estritamente, em toda e qualquer discussão judicial,[438] o conteúdo da súmula vinculante.

---

437. NERY JUNIOR, Nelson; NERY, Rosa Maria de Andrade. *Constituição Federal comentada e legislação constitucional*. 6. ed. ampliada e atualizada até a EC 95/2016 e a Lei de Mandado de Injunção – Lei nº 13.300/2016. São Paulo: Editora Revista dos Tribunais, 2017, p. 888-889.

438. Execuções fiscais, repetição de indébito, ações declaratórias etc.

O julgamento procedente da reclamação apresentada contra decisão administrativa ou judicial que contrariar súmula acarretará a anulação do ato administrativo ou a cassação da decisão judicial reclamada, determinando-se que outra seja proferida em seu lugar.[439]

6.4 Resolução do Senado

O legislador constituinte originário brasileiro encontrou nas resoluções do Senado Federal o primeiro instrumento de ressonância das declarações de inconstitucionalidade proferidas pelo Supremo Tribunal Federal. As resoluções estão previstas no art. 52, X, da Constituição Federal de 1988,[440] dispositivo abaixo reproduzido:

> Art. 52. Compete privativamente ao Senado Federal:
>
> [...]
>
> X - suspender a execução, no todo ou em parte, de lei declarada inconstitucional por decisão definitiva do Supremo Tribunal Federal;

Ao proferir a declaração de inconstitucionalidade em sede de controle difuso de constitucionalidade, o STF remete ao Senado o acórdão para que a Casa Legislativa possa exercer a prerrogativa inscrita no dispositivo acima transcrito.[441]

A competência estendida ao Senado, na edição das suas resoluções, fica adstrita ao campo da vigência normativa, respeitado o significado atribuído à questão pelo STF. Sem vigência, o enunciado normativo deixa de juridicizar todo e

---

439. MOUZALAS, Rinaldo; DE ALBUQUERQUE, João Otávio Terceiro Neto Bernardo. Reclamação Constitucional. In: DIDIER JR., Fredie... [et al.]. *Precedentes*. – Salvador: Juspodivm, 2016. p. 785.

440. A sistemática está presente no ordenamento brasileiro desde a Constituição de 1934.

441. NERY JUNIOR, Nelson; NERY, Rosa Maria de Andrade. *Constituição Federal comentada e legislação constitucional*. 6. ed. Ampl. e atual até a EC 95/2016 e a Lei de Mandado de Injunção – Lei nº 13.300/2016. São Paulo: Editora Revista dos Tribunais, 2017, p. 655.

qualquer fato que ocorra após a publicação da resolução do Senado. Ou seja, a retirada da vigência acaba retirando também a eficácia da norma. A resolução do Senado é dotada, portanto, de efeitos *ex nunc*.

O vigor (isto é, a força normativa disciplinadora dos fatos anteriores à edição da resolução) da norma atingida pela resolução é mantido, embora sua vigência seja suprimida. Esse é o âmbito de atuação constitucionalmente estendido ao Senado pelo legislador constituinte. Como consequência, a resolução não atingirá fatos anteriores à sua edição, ocorridos à época em que o texto normativo vigorou.

Diferentemente do que ocorre com as súmulas vinculantes editadas pelo STF, os efeitos das resoluções do Senado Federal sobre os órgãos aplicadores são mediatos e prospectivos: mediatos, porque as resoluções atuam diretamente no plano estático-normativo, mesmo que, indiretamente, condicionem o conteúdo dos respectivos atos judiciais e administrativos (norma cuja vigência é retirada não pode ser aplicada); prospectivos, porque retiram a vigência (e consequentemente a eficácia), e não a validade do texto normativo. A repartição de poderes presente na Constituição de 1988 atribui exclusivamente ao Judiciário a emissão de juízos a respeito da inconstitucionalidade (validade) de normas jurídicas existentes.

Na sistemática constitucional vigente, a resolução do Senado sucederá o julgamento do STF em repercussão geral, precedente dotado de efeito vinculante que condiciona o conteúdo dos respectivos todos os atos judiciais e administrativos (constitutivos, desconstitutivos, executivos) ligados tanto ao crédito quanto ao indébito tributários (Capítulos 2 e 3).

7. JURISDIÇÃO NO CONTROLE CONCENTRADO DE CONSTITUCIONALIDADE

7.1 ADI e ADC

O art. 103 da Carta Maior, ao normatizar a ação direta de inconstitucionalidade (ADI) e a ação declaratória de constitucionalidade (ADC),[442] atribui competência exclusiva ao Supremo Tribunal Federal para seu conhecimento e apreciação (além das demais matérias elencadas como competência originária do STF no referido dispositivo).[443]

442. Emenda Constitucional 45, de 30 de dezembro de 2004.

443. Art. 102. Compete ao Supremo Tribunal Federal, precipuamente, a guarda da Constituição, cabendo-lhe: I - processar e julgar, originariamente: a) a ADI de lei ou ato normativo federal ou estadual e a ação declaratória de constitucionalidade de lei ou ato normativo federal; b) nas infrações penais comuns, o Presidente da República, o Vice-Presidente, os membros do Congresso Nacional, seus próprios Ministros e o Procurador-Geral da República; c) nas infrações penais comuns e nos crimes de responsabilidade, os Ministros de Estado e os Comandantes da Marinha, do Exército e da Aeronáutica, ressalvado o disposto no art. 52, I, os membros dos Tribunais Superiores, os do Tribunal de Contas da União e os chefes de missão diplomática de caráter permanente; d) o "habeas-corpus", sendo paciente qualquer das pessoas referidas nas alíneas anteriores; o mandado de segurança e o "habeas-data" contra atos do Presidente da República, das Mesas da Câmara dos Deputados e do Senado Federal, do Tribunal de Contas da União, do Procurador-Geral da República e do próprio Supremo Tribunal Federal; e) o litígio entre Estado estrangeiro ou organismo internacional e a União, o Estado, o Distrito Federal ou o Território; f) as causas e os conflitos entre a União e os Estados, a União e o Distrito Federal, ou entre uns e outros, inclusive as respectivas entidades da administração indireta; g) a extradição solicitada por Estado

No plano infraconstitucional, a matéria é regida pela Lei nº 9.868/99, que trata das ações direta de inconstitucionalidade e declaratória de constitucionalidade, e pela Lei nº 9.882/99, que trata da arguição de descumprimento de preceito fundamental (ADPF).

O objetivo final desses três instrumentos de controle concentrado de constitucionalidade é o mesmo: o exame, pelo Supremo Tribunal Federal, da compatibilidade de uma norma ou ato normativo com o Texto Constitucional. Tal análise fica adstrita ao plano abstrato, desvinculado, assim, de qualquer direito subjetivo concreto.

Os pressupostos para utilização de cada um desses instrumentos são distintos, e a compreensão dessa distinção é facilitada quando vista junto dos efeitos normativamente entabulados para as medidas cautelares eventualmente concedidas pelo STF, no âmbito da ADC, da ADI e da ADPF.

A ADI tem como causa de pedir o questionamento de uma norma reputada inconstitucional pela parte autora, autorizada pelo art. 103-A da Constituição Federal. Sua finalidade, portanto, é a declaração de *inconstitucionalidade* da lei ou ato normativo questionado. Essa é a razão pela qual o art. 11,

---

estrangeiro; h) revogado pela EC 45/04; i) o *habeas corpus*, quando o coator for Tribunal Superior ou quando o coator ou o paciente for autoridade ou funcionário cujos atos estejam sujeitos diretamente à jurisdição do Supremo Tribunal Federal, ou se trate de crime sujeito à mesma jurisdição em uma única instância; j) a revisão criminal e a ação rescisória de seus julgados; l) a reclamação para a preservação de sua competência e garantia da autoridade de suas decisões; m) a execução de sentença nas causas de sua competência originária, facultada a delegação de atribuições para a prática de atos processuais; n) a ação em que todos os membros da magistratura sejam direta ou indiretamente interessados, e aquela em que mais da metade dos membros do tribunal de origem estejam impedidos ou sejam direta ou indiretamente interessados; o) os conflitos de competência entre o Superior Tribunal de Justiça e quaisquer tribunais, entre Tribunais Superiores, ou entre estes e qualquer outro tribunal; p) o pedido de medida cautelar das ações diretas de inconstitucionalidade; q) o mandado de injunção, quando a elaboração da norma regulamentadora for atribuição do Presidente da República, do Congresso Nacional, da Câmara dos Deputados, do Senado Federal, das Mesas de uma dessas Casas Legislativas, do Tribunal de Contas da União, de um dos Tribunais Superiores, ou do próprio Supremo Tribunal Federal; r) as ações contra o Conselho Nacional de Justiça e contra o Conselho Nacional do Ministério Público.

§§1º e 2º, da Lei nº 9.868/99,[444] estabelece que a medida cautelar concedida em ADI consistirá na suspensão, com efeito *ex nunc*, da norma reputada inconstitucional.[445] ***Estará suspensa, assim, a vigência da norma inquinada de inconstitucionalidade,***[446] tornando aplicável a legislação anterior (acaso existente), salvo expressa manifestação em sentido contrário.[447]

---

444. Art. 11. Concedida a medida cautelar, o Supremo Tribunal Federal fará publicar em seção especial do Diário Oficial da União e do Diário da Justiça da União a parte dispositiva da decisão, no prazo de dez dias, devendo solicitar as informações à autoridade da qual tiver emanado o ato, observando-se, no que couber, o procedimento estabelecido na Seção I deste Capítulo. § 1º A medida cautelar, dotada de eficácia contra todos, será concedida com efeito *ex nunc*, salvo se o Tribunal entender que deva conceder-lhe eficácia retroativa. § 2º A concessão da medida cautelar torna aplicável a legislação anterior acaso existente, salvo expressa manifestação em sentido contrário.

445. Na ADI 596, Rel. Min. Moreira Alves, *DJ* de 07.05.1993, p. 8326, enfatizou-se [...] que, embora a concessão de liminar só devesse produzir efeitos *ex nunc*, quando a norma impugnada tivesse os seus efeitos exauridos logo após sua entrada em vigor, mas com repercussão indireta no futuro, pela desconstituição dos fatos pretéritos, o deferimento da liminar poderia fazer-se *ex tunc*, uma vez que não seria possível suspender para o futuro o que já se exaurira no passado. Essa decisão demonstra que, ao contrário do que se pode imaginar, a opção pelo efeito *ex nunc* da liminar em ação direta assentava-se, fundamentalmente, em razões de política judicial. Evitava-se que, mediante simples decisão de caráter provisório, pudesse o Tribunal legitimar a revisão de atos ou de procedimentos administrativos (MENDES, Gilmar Ferreira, 2004, *op.cit.*, p. 19).

446. "[...] assentou-se que, em princípio, a decisão proferida em sede de cautelar no processo de controle abstrato de normas tem eficácia *ex nunc*. Confrontado, porém, com disposição normativa que determinava a perda de efeitos dos atos praticados com base nas normas revogadas, recomendou Moreira Alves que, nessa hipótese, deveria o Tribunal conceder a liminar com eficácia *ex tunc*, sob pena de se ter o exaurimento da situação (ADI n. 596-MC, Rel. Min. Moreira Alves, *DJ* de 22.11.1991). Enfatizou-se, pois, que, embora, normalmente, a concessão da liminar só produzisse efeitos *ex nunc*, quando a norma impugnada tivesse os seus efeitos exauridos logo após sua entrada em vigor, a concessão liminar dar-se-ia para o efeito único possível de suspender a eficácia da norma com efeitos *ex tunc*, uma vez que não seria possível suspender para o futuro o que já se exaurira no passado. Ao apreciar o pedido de cautelar na ação direta movida contra o ato normativo do STJ que regulava a contribuição social dos servidores públicos e juízes federais, determinou o Supremo Tribunal Federal, uma vez mais, a concessão de cautelar com eficácia *ex tunc* (ADI n. 1.610-MC, Rel. Min. Sydney Sanches, *DJ* de 05.12.1997). Essa jurisprudência evidencia que, entre nós, a cautelar afeta o próprio plano de vigência da norma. Tal orientação está positivada no art. 11, § 1º, da Lei n. 9.868, de 10 de novembro de 1999." (Rcl 2.256-MC, Rel. Min. Gilmar Mendes, decisão monocrática, julgamento em 09.04.2003, *DJ* de 22.04.2003)

447. "Fiscalização normativa abstrata — Declaração de inconstitucionalidade em tese e efeito repristinatório. A declaração de inconstitucionalidade *in abstracto*,

A ação declaratória de constitucionalidade, por sua vez, tem como premissa a existência de controvérsia judicial relevante sobre a compatibilidade de determinado dispositivo com a Constituição. Essa controvérsia nascida no bojo do controle concreto adquire tal proporção que revela um quadro de instabilidade judicial, caracterizado por múltiplas decisões judiciais antagônicas.

A inconsistência acima referida, ao colocar em xeque a segurança jurídica e a isonomia, constitui o pressuposto para propositura da ação declaratória de constitucionalidade, sem o qual essa ação se converteria num inadmissível instrumento de consulta sobre a validade constitucional de determinada lei ou ato normativo federal.

Desse modo, segundo orientação firmada no Supremo Tribunal Federal, tem-se como indispensável condição da ADC a comprovação do dissídio judicial. O antagonismo interpretativo que dele resulta — materializado na elevada incidência de decisões que consagram teses conflitantes — acaba instaurando um quadro de perplexidade jurídico-social e de

---

considerado o efeito repristinatório que lhe é inerente (*RTJ* 120/64 — *RTJ* 194/504-505 — ADI 2.867/ES, *v.g.*), importa em restauração das normas estatais revogadas pelo diploma objeto do processo de controle normativo abstrato. É que a lei declarada inconstitucional, por incidir em absoluta desvalia jurídica (*RTJ* 146/461-462), não pode gerar quaisquer efeitos no plano do direito, nem mesmo o de provocar a própria revogação dos diplomas normativos a ela anteriores. Lei inconstitucional, porque inválida (*RTJ* 102/671), sequer possui eficácia derrogatória. A decisão do Supremo Tribunal Federal que declara, em sede de fiscalização abstrata, a inconstitucionalidade de determinado diploma normativo tem o condão de provocar a repristinação dos atos estatais anteriores que foram revogados pela lei proclamada inconstitucional. Doutrina. Precedentes (ADI 2.215-MC/PE, Rel. Min. Celso de Mello, *Informativo/STF* n. 224, *v.g.*). Considerações em torno da questão da eficácia repristinatória indesejada e da necessidade de impugnar os atos normativos, que, embora revogados, exteriorizem os mesmos vícios de inconstitucionalidade que inquinam a legislação revogadora. Ação direta que impugna, não apenas a Lei estadual n. 1.123/2000, mas, também, os diplomas legislativos que, versando matéria idêntica (serviços lotéricos), foram por ela revogados. Necessidade, em tal hipótese, de impugnação de todo o complexo normativo. Correta formulação, na espécie, de pedidos sucessivos de declaração de inconstitucionalidade tanto do diploma ab-rogatório quanto das normas por ele revogadas, porque também eivadas do vício da ilegitimidade constitucional. Reconhecimento da inconstitucionalidade desses diplomas legislativos, não obstante já revogados". (ADI 3.148, Rel. Min. Celso de Mello, julgamento em 13.12.2006, *DJ* de 28.09.2007). No mesmo sentido: ADI 2.903, Rel. Min. Celso de Mello, julgamento em 01.12.2005, *DJE* de 19.09.2008.

grave incerteza quanto à validade constitucional de determinada lei ou ato normativo federal.[448]

No que tange à decisão de mérito proferida pelo STF, o acórdão que, por exemplo, declare a constitucionalidade de uma norma implicará (i) a improcedência da ADI ou (ii) a procedência da ação declaratória de constitucionalidade. A declaração de inconstitucionalidade, por sua vez, acarretará (i) a improcedência da ADC e (ii) a procedência da ação direta de inconstitucionalidade.[449] Essa é a razão pela qual as decisões proferidas, tanto na ação direta de inconstitucionalidade, quanto na ação declaratória de constitucionalidade, têm natureza dúplice, ou seja, ambas têm aptidão para firmar, quando julgadas no seu mérito, juízo de constitucionalidade ou de inconstitucionalidade do preceito normativo que configura seu objeto.[450]

7.2 ADPF

Inovação criada pelo legislador constituinte de 1988, a arguição de descumprimento de preceito fundamental

---

448. ADC 8-MC, Rel. Min. Celso de Mello, julgamento em 13.10.1099, *DJ* de 04.04.2003. No mesmo sentido: ADC 1, Rel. Min. Moreira Alves, julgamento em 01.12.1993, *DJ* de 16.06.1995.

449. A emenda Constitucional 45, de 08.12.2004, acrescentou o § 2º ao art. 102 da Constituição Federal. A eficácia vinculante da decisão proferida na ADC, assim como na ADI, no entanto, já estava pacificada no STF: "Aceita a ideia de que a ação declaratória configura uma ADI com sinal trocado, tendo ambas caráter dúplice ou ambivalente, afigura-se difícil admitir que a decisão proferida em sede de ADI seria dotada de efeitos ou consequê*ncias diversos daqueles reconhecidos para a ação declaratória de constitucionalidade. Argumenta-se que, ao criar a ação declaratória de constitucionalidade de lei federal, estabeleceu o constituinte que a decisão definitiva de mérito nela* proferida — incluída aqui, pois, aquela que, julgando improcedente a ação, proclamar a inconstitucionalidade da norma questionada — 'produzirá eficácia contra todos e efeito vinculante, relativamente aos demais órgãos do Poder Judiciário e do Poder Executivo' (Art. 102, § 2º da Constituição Federal de 1988). Portanto, sempre se me afigurou correta a posição de vozes autorizadas do Supremo Tribunal Federal, como a de Sepúlveda Pertence, segundo a qual, 'quando cabível em tese a ação declaratória de constitucionalidade, a mesma força vinculante haverá de ser atribuída à decisão definitiva da ação direta de inconstitucionalidade." (Rcl 2.256, voto do Min. Gilmar Mendes, julgamento em 11.09.2003, *DJ* de 30.04.2004)

450. ZAVASCKI, Teori Albino, *op.cit.*, p. 46.

(ADPF) encontra-se prevista no §1º do art. 102 da Constituição Federal.[451]

Inspirada no "agravo alemão" (*Verfassungsbechwerde*),[452-453] a arguição é proposta diretamente perante o STF pelos legitimados, elencados no art. 103 da CF (art. 2º, I, Lei nº 9.882/99)[454] e tem por objeto evitar ou reparar lesão a preceito fundamental, resultante de ato do Poder Público (Executivo, Legislativo ou Judiciário),[455] conforme destacou Teori Zavascki nos autos da ADPF 127:

> A arguição de descumprimento de preceito fundamental foi concebida pela Lei 9.882/99 para servir como um instrumento de integração entre os modelos difuso e concentrado de controle de

---

451. § 1.º A arguição de descumprimento de preceito fundamental, decorrente desta Constituição, será apreciada pelo Supremo Tribunal Federal, na forma da lei.

452. NERY JUNIOR, Nelson. *Constituição Federal Comentada*. 6. ed. ampli e atual até EC 95/2016 e a Lei de Mandado de Injunção – Lei 13.300/2016. São Paulo: Editora Revista dos Tribunais, 2017. p. 886.

453. ADPF 33. Rel. Min. Gilmar Mendes: "É interessante notar que, quando se discute a natureza desse instituto, nós temos uma certa disceptação e controvérsia na doutrina. O notável Professor José Afonso da Silva chegou a dizer que a arguição de descumprimento de preceito fundamental inspirava-se, de alguma forma, na *Verfassungsbeschwerde* alemã. [...] Nós vamos ver que *Verfassungsbechwerde* e outros recursos constitucionais em geral vêm, na sua regulamentação, acompanhados dessa ideia de subsidiariedade, que se faz presente também na nossa ADPF".

454. Lei 9.882/99 - Art. 2º Podem propor arguição de descumprimento de preceito fundamental: I - os legitimados para a ação direta de inconstitucionalidade; [...].

455. "A possibilidade de incongruências hermenêuticas e confusões jurisprudenciais decorrentes dos pronunciamentos de múltiplos órgãos pode configurar uma ameaça a preceito fundamental (pelo menos, ao da segurança jurídica), o que também está a recomendar uma leitura compreensiva da exigência aposta à lei da arguição, de modo a admitir a propositura da ação especial toda vez que uma definição imediata da controvérsia mostrar-se necessária para afastar aplicações erráticas, tumultuárias ou incongruentes, que comprometam gravemente o princípio da segurança jurídica e a própria ideia de prestação judicial efetiva. Ademais, a ausência de definição da controvérsia – ou a própria decisão prolatada pelas instâncias judiciais – poderá ser a concretização da lesão a preceito fundamental. Em um sistema dotado de órgão de cúpula, que tem a missão de guarda da Constituição, a multiplicidade ou a diversidade de soluções pode constituir-se, por si só, em uma ameaça ao princípio constitucional da segurança jurídica e, por conseguinte, em uma autêntica lesão a preceito fundamental." (ADPF 33-MC, voto do Min. Gilmar Mendes, julgamento em 29.10.2003, *DJ* de 06.08.2004).

> constitucionalidade, viabilizando que atos estatais antes insuscetíveis de apreciação direta pelo Supremo Tribunal Federal, tais como normas pré-constitucionais ou mesmo decisões judiciais atentatórias a cláusulas fundamentais da ordem constitucional, viessem a figurar como objeto de controle em processo objetivo.[456]

Como bem apontado pelo trecho acima transcrito, duas singularidades destacam a ADPF dos demais instrumentos previstos na Constituição Federal, a saber: a subsidiariedade e a análise da legislação infraconstitucional pretérita.

A subsidiariedade significa que a arguição é admitida somente quando não houver outro meio eficaz de sanar a lesividade (art. 4º, § 1º, da Lei nº 9.882/99).[457] Apenas objetos que não podem ser impugnados via ADI e ADC poderão ser levados ao STF por meio de ADPF. Esse é o entendimento consolidado pela própria Corte,[458] conforme revela o voto proferido pelo Min. Relator Edson Fachin nos autos da ADPF nº 190:[459]

> [...] verifica-se estar presente o requisito da subsidiariedade, porquanto não se depreende qualquer outra ação constitucional com aptidão para evitar a lesividade ao preceito supracitado. [...] Torna-se certo que o princípio da subsidiariedade como requisito processual é aferido na propositura da ação. Ademais, a jurisprudência desta Corte é pacífica no sentido de que a ocorrência de coexistência de jurisdições constitucionais estadual e nacional configura a hipótese de suspensão prejudicial do processo de controle normativo abstrato instaurado perante o Tribunal de Justiça local, o que não foi observado no presente caso.

A possibilidade de controle direto de constitucionalidade de lei ou ato normativo anterior à Constituição (recepção)

---

456. ADPF 127, Relator(a): Min. TEORI ZAVASCKI, julgado em 25.02.2014, publicado em *DJe*-042 DIVULG 27.02.2014 PUBLIC 28.02.2014.

457. § 1º Não será admitida arguição de descumprimento de preceito fundamental quando houver qualquer outro meio eficaz de sanar a lesividade.

458. Sobre o caráter subsidiário da ADPF, cabe ainda indicar as ADPF's nº 33 e 127.

459. BRASIL. Supremo Tribunal Federal. Medida Cautelar na Arguição de Descumprimento de Preceito Fundamental nº 190, Decisão Monocrática. Relator: Min. Edson Fachin. Brasília, DF, 15 de dezembro de 2015.

constitui outra singularidade desse instrumento. Conforme previsão expressa contida no art. 1º, parágrafo único, I, da Lei nº 9.882/99,[460] a ADI e a ADC podem ser ajuizadas apenas contra dispositivos infraconstitucionais posteriores ao advento da Constituição da 1988.[461]

O STF tem considerado como preceitos fundamentais tuteláveis pela arguição os direitos e garantias individuais (art. 5º da Carta Maior), e, para além destes, os demais preceitos protegidos pela cláusula pétrea do art. 60, § 4º, da Constituição[462] (a forma federativa de Estado, a separação de Poderes e o voto direto, secreto, universal e periódico), e os chamados "princípios sensíveis", cuja violação pode dar ensejo à decretação de intervenção federal nos Estados-Membros (art. 34, VII, da Constituição).[463]

A utilização da ADPF em matéria tributária, sobretudo em virtude da subsidiariedade, não é frequente. Não

460. Art. 1º A arguição prevista no § 1º do art. 102 da Constituição Federal será proposta perante o Supremo Tribunal Federal, e terá por objeto evitar ou reparar lesão a preceito fundamental, resultante de ato do Poder Público. Parágrafo único. Caberá também arguição de descumprimento de preceito fundamental: I - quando for relevante o fundamento da controvérsia constitucional sobre lei ou ato normativo federal, estadual ou municipal, incluídos os anteriores à Constituição; [...].

461. ADPF 33, Relator(a): Min. GILMAR MENDES, Tribunal Pleno, julgado em 07.12.2005, *DJ* 27.10.2006 PP-00031 EMENT VOL-02253-01 PP-00001 RTJ VOL-00199-03 PP-00873.

462. § 4º - Não será objeto de deliberação a proposta de emenda tendente a abolir:
I - a forma federativa de Estado;
II - o voto direto, secreto, universal e periódico;
III - a separação dos Poderes;
IV - os direitos e garantias individuais.

463. Art. 34. A União não intervirá nos Estados nem no Distrito Federal, exceto para:
[...]
VII - assegurar a observância dos seguintes princípios constitucionais:
a) forma republicana, sistema representativo e regime democrático;
b) direitos da pessoa humana;
c) autonomia municipal;
d) prestação de contas da administração pública, direta e indireta.
e) aplicação do mínimo exigido da receita resultante de impostos estaduais, compreendida a proveniente de transferências, na manutenção e desenvolvimento do ensino e nas ações e serviços públicos de saúde.

obstante, a ADPF n.º 190,[464] ajuizada pelo Governador do Distrito Federal contra dispositivos de Lei do Município da Estância Hidromineral de Poá/SP sobre o ISSQN, é exemplo de utilização devida do instrumento. Segundo alegado pelo Impetrante da ADPF, os dispositivos do arts. 190, § 2º, e 191, §§ 6º e 7º, da Lei Municipal 2.614/1997[465] não só usurpariam a competência legislativa da União para definir base de cálculo dos impostos, como burlariam a alíquota mínima do ISSQN de 2%, constitucionalmente prevista. Essas duas violações afrontariam o princípio federativo.

Naquela oportunidade, o Relator Min. Edson Fachin verificou a presença do requisito da subsidiariedade (a ADI proposta no Tribunal de Justiça de SP já havia sido julgada improcedente, o município não se situava em São Paulo e o proponente era o Distrito Federal) e julgou procedente a Arguição apresentada.[466]

---

464. ADPF 190, Relator(a): Min. EDSON FACHIN, Tribunal Pleno, julgado em 29.09.2016, PROCESSO ELETRÔNICO *DJe*-087 DIVULG 26.04.2017 PUBLIC 27.04.2017.

465. Redação dada pelas Leis 3.269/2007 e 3.276/2007.

466. ARGUIÇÃO DE DESCUMPRIMENTO DE PRECEITO FUNDAMENTAL. DIREITO TRIBUTÁRIO. IMPOSTO SOBRE SERVIÇOS DE QUALQUER NATUREZA - ISSQN. ALÍQUOTA MÍNIMA. ART. 88 DO ADCT. COMPETÊNCIA LEGISLATIVA DA UNIÃO. NORMAS GERAIS DA LEGISLAÇÃO TRIBUTÁRIA. USURPAÇÃO. BASE DE CÁLCULO. DEFINIÇÃO POR LEI MUNICIPAL. CONCEITO DE RECEITA BRUTA DO PREÇO DO SERVIÇO. PRINCÍPIO FEDERATIVO. FEDERALISMO FISCAL. 1. Com espeque no princípio da eficiência processual, é possível ao Tribunal Pleno do STF convolar julgamento de referendo de medida cautelar em julgamento definitivo da ADPF. Precedente: ADPF 378, de minha relatoria, com acórdão redigido pelo Ministro Luís Roberto Barroso, Tribunal Pleno, *DJe* 08.03.2016. 2. O princípio da subsidiariedade é aferido no momento da propositura da ADPF, de modo que não se depreende qualquer outra ação constitucional com aptidão para evitar a lesividade ao pacto federativo em questão. 3. A ocorrência de coexistência de jurisdições constitucionais estadual e nacional configura a hipótese de suspensão prejudicial do processo de controle normativo abstrato instaurado perante o Tribunal de Justiça local. Precedentes. 4. O Governador do Distrito Federal possui legitimidade ativa para pleitear em processo abstrato medida judicial em face de lei municipal, de modo a salvaguardar o federalismo fiscal, notadamente pela natureza dúplice, estadual e municipal, do ente federativo em termos de competência tributária. 5. Reveste-se de inconstitucionalidade formal a lei municipal na qual se define base de cálculo em que se excluem os tributos federais relativos à prestação de serviços tributáveis e o valor do bem envolvido em contratos de arrendamento mercantil,

7.3 Cautelares e efeitos sobre as relações tributárias

7.3.1 Cautelar na ADC e seus reflexos tributários

Conforme afirmado anteriormente,[467] a concessão de medida cautelar na ADC tem como pressuposto o reconhecimento de relevante controvérsia judicial, responsável pela perturbação das relações jurídicas decorrentes de decisões contraditórias proferidas no controle difuso de constitucionalidade. O remédio cautelar previsto na legislação regente é compatível com o requisito exigido para o seu ajuizamento.

Conforme anteriormente ressaltado, embora a ADC e a ADI sejam, muitas vezes, definidas como a mesma ação com sinal invertido, tem-se que apresentam significativa distinção, ligada aos pressupostos que condicionam seu cabimento. Enquanto o pressuposto constitucional para ajuizamento da ADI é o questionamento da validade da norma perante a Constituição Federal, a propositura da ADC exige a inquestionável demonstração, pela parte autora, de instabilidade jurídica,

---

por se tratar de matéria com reserva de lei complementar, nos termos do art. 146, III, "a", da Constituição da República. 6. No âmbito da inconstitucionalidade material, viola o art. 88, I e II, do Ato das Disposições Constitucionais Transitórias do Texto Constitucional, incluído pela Emenda Constitucional 37/2002, o qual fixou alíquota mínima para os fatos geradores do ISSQN, assim como vedou a concessão de isenções, incentivos e benefícios fiscais, que resultasse, direta ou indiretamente, na redução da alíquota mínima estabelecida. Assim, reduz-se a carga tributária incidente sobre a prestação de serviço a um patamar vedado pelo Poder Constituinte. 7. Fixação da seguinte tese jurídica ao julgado: "É inconstitucional lei municipal que veicule exclusão de valores da base de cálculo do ISSQN fora das hipóteses previstas em lei complementar nacional. Também é incompatível com o Texto Constitucional medida fiscal que resulte indiretamente na redução da alíquota mínima estabelecida pelo art. 88 do ADCT, a partir da redução da carga tributária incidente sobre a prestação de serviço na territorialidade do ente tributante." 8. Modulação prospectiva dos efeitos temporais da declaração de inconstitucionalidade, a contar da data do deferimento da medida cautelar em 15.12.2015. 9. Arguição de Descumprimento de Preceito Fundamental parcialmente conhecida a que se dá procedência com a finalidade de declarar a inconstitucionalidade dos arts. 190, § 2º, II; e 191, § 6º, II e § 7º, da Lei 2.614/97, do Município de Estância Hidromineral de Poá. (ADPF 190, Relator(a): Min. EDSON FACHIN, Tribunal Pleno, julgado em 29/09/2016, PROCESSO ELETRÔNICO *DJe*-087 DIVULG 26-04-2017 PUBLIC 27.04.2017)

467. Vide item 7.1.

decorrente da existência de decisões judiciais contraditórias, proferidas em larga escala no exercício do controle difuso de constitucionalidade.

Assim, o reconhecimento de identidade entre elas, com a ressalva do sinal trocado (a procedência da ADI equivale à improcedência da ação declaratória de constitucionalidade), configura relação que deve ser adstrita à decisão de mérito proferida pelo Supremo Tribunal Federal. Isso ocorre porque, na realidade, as decisões cautelares proferidas na ADC– ao contrário daquelas proferidas nas ações diretas de inconstitucionalidade – não significam um prévio entendimento acerca do provável desfecho (futuro) da demanda, mas o reconhecimento, pelo Supremo Tribunal Federal, da existência de um contexto de incerteza judicial a ser debelado.

A cautelar em ação declaratória de constitucionalidade, dessa maneira, atinge apenas o processo normativo (enunciação), paralisando a atuação desenvolvida pelos órgãos judiciais no exercício do controle difuso de constitucionalidade. Não atinge a eficácia técnica da norma,[468] embora tenha o mesmo resultado prático.

Por mais estranho que possa soar, a presença de fortes indícios de *inconstitucionalidade* da norma é o que autoriza a própria concessão da medida cautelar numa ação declaratória de constitucionalidade, e não o contrário. A ocorrência de diversas decisões – proferidas em controle difuso –, reconhecendo a invalidade da norma perante a Constituição, constitui elemento essencial à situação de incerteza reclamada para a concessão da medida cautelar em ação declaratória de constitucionalidade.

Como se verifica, não se trata de um entendimento prévio do STF acerca da compatibilidade da norma questionada com a Constituição Federal, mas a mera constatação de um quadro

---

468. Em sentido contrário, vide LINS, Robson Maia. *Controle de Constitucionalidade da Norma Tributária – Decadência e Prescrição.* São Paulo: Quartier Latin, 2005, pp. 162-164.

judicial ambíguo, a reclamar a intervenção da Corte, como bem apontou o saudoso Min. Menezes Direito, Relator da ADC 18, ao apreciar o pedido cautelar formulado na respectiva ação:

> o que nós estamos analisando agora é apenas o deferimento, ou não, da medida cautelar. Não estamos, sob nenhum ângulo, examinando o mérito da ação, seja da própria ação direta de constitucionalidade, seja aquela dos recursos extraordinários que estão em tramitação nessa corte.[469]

Enfim, não se pode entender que a liminar concedida em ADC seja um reconhecimento da fumaça do bom direito, sustentada numa interpretação em favor da constitucionalidade da norma, pois não se infere nenhuma consideração acerca da tese de fundo alinhada pela parte autora, conforme ressaltado no trecho do voto abaixo transcrito, proferido pela Min. Cármen Lúcia, no julgamento da Medida Cautelar concedida na ADC 18:

> Senhor Presidente, eu, inclusive, já votei num recurso extraordinário de relatoria do eminente ministro Marco Aurélio. Todavia, considerando o que foi trazido pelo eminente Relator, a multiplicidade de julgados, e, ainda, que o recurso extraordinário teria aplicação exclusivamente naquele caso, em *que pese já ter votado e meu voto ser de conhecimento público, de toda sorte, quanto à cautelar, acompanharei o voto do Relator exclusivamente por uma questão de segurança jurisdicional.* [470]

A partir dos apontamentos acima alinhados, fica fácil perceber que *a cautelar concedida em ADC não possui natureza satisfativa*, na medida em que se destina, única e exclusivamente, a assegurar o desfecho útil do processo, atuando em prol da segurança jurídica e da situação cautelanda. Diferente seria se a cautelar determinasse a aplicação compulsória da

---

469. ADC 18 MC, Relator(a): Min. MENEZES DIREITO, Tribunal Pleno, julgado em 13.08.2008, *DJe*-202 DIVULG 23-10-2008 PUBLIC 24-10-2008 EMENT VOL-02338-01 PP-00001 RTJ VOL-00210-01 PP-00050.

470. ADC 18 MC, Relator(a): Min. MENEZES DIREITO, Tribunal Pleno, julgado em 13.08.2008, *DJe*-202 DIVULG 23.10.2008 PUBLIC 24.10.2008 EMENT VOL-02338-01 PP-00001 RTJ VOL-00210-01 PP-00050.

norma cuja constitucionalidade é defendida. É importante observar, também, que a suspensão dos julgamentos acerca da norma questionada não configura efeito antecipatório algum de uma pretensa decisão favorável de mérito.[471]

Embora o poder geral de cautela estendido ao Judiciário permita pensar-se em liminares concedidas em ação declaratória de constitucionalidade, dotadas de conteúdo diverso do previsto no art. 21 da Lei 9.868/99 (suspensão dos julgamentos realizados pelos órgãos jurisdicionais no exercício do controle difuso de constitucionalidade), o requisito constitucional que condiciona seu cabimento afasta qualquer hipótese nesse sentido, limitando a intervenção cautelar do STF à estabilização do contexto constitucionalmente definido como pressuposto ao ajuizamento da ação (instabilidade judicial no controle difuso de constitucionalidade).

Enquanto a ADI se contenta com a norma em sua forma estática, a ADC prescinde de atos de aplicação que justifiquem a intervenção da Suprema Corte, sendo impensável seu ajuizamento de forma preventiva. Assim, se não existe cenário judicial inquietante, descabe falar em ação declaratória de constitucionalidade; se sim, ela não apenas é cabível, como sua cautelar deve ser concedida, retirando a matéria do controle difuso de constitucionalidade até a decisão de mérito.

É possível, ainda, pensar-se numa controvérsia que, permeando o Poder Judiciário, atinja a Administração e seus respectivos órgãos julgadores. Nesse caso, a simples interpretação sistemática e teleológica aponta para a extensão do pedido e da medida cautelar ao referido órgão.[472]

Enfim, o art. 21 da Lei nº 9.868/99 autoriza a concessão de medida cautelar consistente na determinação de que os juízes e tribunais suspendam o julgamento dos processos que

---

471. Em sentido contrário, ZAVASCKI, Teori Albino, *op.cit.*, p. 62.

472. A hipótese, no entanto, é praticamente inexistente, tendo em vista o reiterado entendimento dos órgãos administrativos acerca de sua impossibilidade de análise de temas constitucionais.

envolvam a aplicação da lei ou do ato normativo até seu julgamento definitivo. A medida terá a eficácia de cento e oitenta dias, período dentro do qual o mérito deverá ser apreciado. Contudo, o STF admite a renovação da medida, prorrogando o purgatório das aflições constitucionais.[473]

Todos os julgamentos de ações, incidentais ou não, serão afetados pela cautelar concedida em ação declaratória de constitucionalidade. A dinâmica jurídica contempla diversas possibilidades.

Nos casos de execução fiscal, se os embargos opostos pelo sujeito passivo utilizarem como fundamento a inconstitucionalidade objeto da medida cautelar do STF, esses deverão ter sua apreciação suspensa pelo julgador até o pronunciamento definitivo do Supremo Tribunal Federal, o que deverá ocorrer, em tese, no prazo de cento e oitenta dias. Desse modo, mesmo que o juízo competente não identifique relevância no fundamento correspondente à inconstitucionalidade aventada pela parte embargante, a concessão da medida cautelar determinando a suspensão dos processos tem como consequência o preenchimento desse requisito e não poderá ser desconsiderada pelo juiz.

Segundo o art. 21 da Lei nº 9.868/99, deverão ser suspensos os julgamentos dos processos nos quais a matéria objeto da medida cautelar deferida pelo STF constitua causa de pedir. Desse modo, garantida a execução e estando pendente análise dos embargos à execução, o feito deverá ser suspenso, dispensando-se a análise, em concreto, dos demais requisitos exigidos pelo § 1° do art. 919, do CPC/2015.[474] Sobrevindo decisão de mé-

---

473. A cautelar concedida, por exemplo, na ADC 18 (que discute a inclusão do ICMS na base de cálculo do PIS e da COFINS), ajuizada pelo Presidente da República, já foi prorrogada duas vezes, em 16.04.2009 e em 16.09.2009. O precedente utilizado como fundamentação segue transcrito: ARGUIÇÃO DE DESCUMPRIMENTO DE PRECEITO FUNDAMENTAL. LEI DE IMPRENSA. REFERENDO DA MEDIDA LIMINAR. EXPIRAÇÃO DO PRAZO DE 180 (CENTO E OITENTA) DIAS. Tendo em vista o encerramento do prazo de 180 (cento e oitenta) dias, fixado pelo Plenário, para o julgamento de mérito da causa, resolve-se a Questão de Ordem para estender esse prazo por mais 180 (cento e oitenta) dias (ADPF 130 Relator Min. Carlos Britto, Tribunal Pleno, *D.J.U.* 07.11.2008).

474. Art. 919. Os embargos à execução não terão efeito suspensivo.

rito chancelando a constitucionalidade da norma questionada diante do Texto Constitucional, terá incidência o § 2º do art. 919, do CPC/2015,[475] retomando o processo seu curso.[476]

Apesar da regra geral prevista no *caput* do art. 1.012 do CPC/2015, a interposição de recurso de apelação contra decisão que extingue sem resolução de mérito ou julga improcedente embargos do executado não possui efeito suspensivo *ex lege*, nos termos do § 1º, inciso III, do mesmo dispositivo.[477] Desse modo, estando o processo no Tribunal, a suspensão prevista no art. 21 da Lei 9.868/99 deverá ser pleiteada pela parte apelante ao relator do recurso, conforme o parágrafo único do art. 995[478] e o § 4º, do art. 1.012,[479] ambos do CPC/2015.

---

§ 1º O juiz poderá, a requerimento do embargante, atribuir efeito suspensivo aos embargos quando verificados os requisitos para a concessão da tutela provisória e desde que a execução já esteja garantida por penhora, depósito ou caução suficientes.

475. § 2º Cessando as circunstâncias que a motivaram, a decisão relativa aos efeitos dos embargos poderá, a requerimento da parte, ser modificada ou revogada a qualquer tempo, em decisão fundamentada.

476. Entende-se que o disposto no art. 919 do CPC/2015 não se aplica às execuções fiscais. Os arts. 19 e 24 da Lei de Execuções Fiscais (Lei nº 6.830/80) só admitem o prosseguimento da execução e dos atos expropriatórios nos casos em que a execução não é embargada ou quando os embargos opostos são rejeitados. Esses dispositivos permanecem vigentes. Não obstante, endossando a tese sustentada pela Fazenda, os Tribunais vêm aplicando as regras contidas no Código de Processo Civil/2015 (lei geral), na execução fiscal (lei especial) - RESP repetitivo nº 1.272.827/PE – TEMA 526.

477. Art. 1.012. A apelação terá efeito suspensivo.
§ 1º Além de outras hipóteses previstas em lei, começa a produzir efeitos imediatamente após a sua publicação a sentença que: [...] III - extingue sem resolução do mérito ou julga improcedentes os embargos do executado; [...].

478. Art. 995. Os recursos não impedem a eficácia da decisão, salvo disposição legal ou decisão judicial em sentido diverso. [...] Parágrafo único. A eficácia da decisão recorrida poderá ser suspensa por decisão do relator, se da imediata produção de seus efeitos houver risco de dano grave, de difícil ou impossível reparação, *e* ficar demonstrada a probabilidade de provimento do recurso.
Parágrafo único. Aplicar-se-á o disposto neste artigo as hipóteses do art. 520.

479. Art. 1.012 [...] § 4º Nas hipóteses do § 1º, a eficácia da sentença poderá ser suspensa pelo relator se o apelante demonstrar a probabilidade de provimento do recurso *ou* se, sendo relevante a fundamentação, houver risco de dano grave ou de difícil reparação (destaque nosso).

Se houver a demonstração da probabilidade de provimento do recurso ou se for relevante a fundamentação, o risco de dano grave ou de difícil reparação, o relator do processo de apelação poderá suspender o cumprimento da decisão recorrida (art. 1.012, § 4º, CPC/2015). Nesse sentido, é preciso ter-se presente que a concessão da medida cautelar pelo STF deflagra a relevância do tema, cuja definição é avocada pela própria Corte.

Assim, se não podem ser produzidas decisões meramente declaratórias sobre a matéria objeto da cautelar deferida pelo STF, tampouco se pode imaginar que a expropriação do executado, cuja defesa repousa no argumento de constitucionalidade analisado pelo STF, possa ter seguimento. Quem não pode menos (declarar) não pode mais (expropriar).

O processo, assim, deve ficar suspenso até o pronunciamento do STF sobre o tema e a posterior manifestação do órgão colegiado julgador, confirmando o entendimento adotado pelo STF.[480] Durante esse prazo, não há que se falar em prescrição intercorrente, tendo em vista que o não desenvolvimento regular do feito não decorre de omissão ou inércia da fazenda pública.

As ações anulatórias ajuizadas pelos contribuintes e os mandados de segurança por eles impetrados também serão atingidos pelo art. 21 da Lei nº 9.868/99, o que não significa revogação de liminares e tutelas antecipadas já concedidas. Pelo contrário, os provimentos decisórios acerca da matéria constitucional objeto da medida cautelar deferida pelo STF ficarão estabilizados, isto é, não haverá sua revisão ou reforma, não serão concedidas nem cassadas tais decisões, até o julgamento em definitivo.

Aplicando os presentes apontamentos aos embargos à execução fiscal e às ações anulatórias, tem-se que a cautelar

480. A suspensão dos julgamentos atua sobre os dois "lados da moeda". Enquanto impede a concessão de medidas liminares em favor dos contribuintes para pagamentos vincendos a menor e/ou compensações, favorecendo a União, impede igualmente o seguimento de processos executivos que tenham como objeto créditos tributários nos quais a manifestação do STF constitui questão prejudicial.

concedida em ADC atinge o processo normativo (enunciação), impedindo a produção das normas judiciais (decisões), respectivamente: sentenças, acórdãos recursais, acórdãos do STJ e acórdãos do STF, sejam elas declaratórias, desconstitutivas, mandamentais, condenatórias ou expropriatórias (executivas).

Da mesma forma, a concessão de medida cautelar em ADC acarretará a vedação ao deferimento de qualquer medida liminar ou antecipação de tutela pleiteadas pelo contribuinte com fundamento no tema constitucional objeto da ação declaratória de constitucionalidade. A cautelar concedida impedirá, também, a produção de decisões judiciais (precárias ou definitivas) sobre o indébito pleiteado pelo sujeito passivo.

Da mesma forma, deferida a cautelar, não poderão ser produzidos sentença ou acórdão que apreciem o pedido de restituição/compensação formulados pelo contribuinte com base no fundamento constitucional tratado pela ação direta de constitucionalidade.

7.3.2 Cautelar na ADI e seus reflexos tributários

A liminar concedida em ADI suspende – como regra geral – a vigência da respectiva norma questionada,[481] pois sua presunção de validade é infirmada pelo STF através de juízo sujeito à confirmação. Aqui reside a grande diferença em relação às medidas cautelares concedidas em ação declaratória de constitucionalidade. A cautelar em ADI afeta de plano o ordenamento jurídico, e sua decisão é fundamentada por requisitos que consideram os vícios existentes na norma atacada ou no seu processo produtivo.

A suspensão da vigência da norma geral e abstrata analisada pelo Supremo Tribunal Federal atinge a eficácia dos atos judiciais – ainda não definitivos – praticados a partir dela.

---

481. *Vide* art. 11, §1º, da Lei nº 9.868/99, que autoriza a retirada, excepcional, do vigor ("retirada da vigência com efeitos retroativos", conforme redação legal) da norma questionada.

Nesse sentido, conforme ressaltou o Min. Celso de Mello, a liminar em ADI acarreta consequências que podem ser sintetizadas da seguinte forma:

i) inibe os pedidos de tutela antecipada que encontrem fundamento na norma cuja vigência foi suspensa;

ii) não se aplica, a princípio, aos efeitos já consumados, decorrentes de decisões anteriores, proferidas em controle difuso;

iii) estende-se a antecipações de tutela ainda não executadas, qualquer que tenha sido o momento da prolação do respectivo ato decisório (suspensão da eficácia do ato de aplicação materializado na norma judicial, individual e concreta);

iv) suspende a execução dos efeitos futuros, relativamente a direitos decorrentes de relações de trato sucessivo, emergentes de decisões antecipatórias que precederam ao julgamento da medida cautelar deferida pelo STF.[482]

A complexidade do tema não se encerra aqui. Embora a cautelar em ADI suspenda a vigência da norma questionada, a jurisprudência do STF tem entendido – acertadamente – que, em grande parte dos casos, a concessão de tal medida deve ter como consequência a suspensão dos julgamentos dos processos simétricos no controle difuso de constitucionalidade. A razão, de ordem prática, é evidente: afasta os indesejáveis problemas nascidos nos casos em que o julgamento de mérito da ação direta de inconstitucionalidade, ao contrário da decisão precária, reconhece a constitucionalidade da norma analisada.[483]

---

482. Pet 1404, ADC 4, *D.J.U.* 12.03.1998.

483. Nesse sentido, *vide* o voto proferido pelo Min. Néri da Silveira na ADI 1244, reproduzido pelo Min. Gilmar Mendes na Reclamação 2256-1 (*D.J.U.* 11.09.2003): "Não vejo outra solução, Senhor Presidente, admitido o efeito vinculante que terá a decisão de mérito, a não ser atribuir à decisão cautelar efeito suspensivo dos

Em alguns casos, no entanto, quando a cautelar empreende análise profunda do tema discutido, o STF tem reconhecido a possibilidade de o controle subjetivo de constitucionalidade ter seguimento, não obstante a pendência de decisão definitiva, na ação direta de inconstitucionalidade.

Conforme já abordado, as liminares, em ação direta de inconstitucionalidade, de modo geral, são dotadas de eficácia *ex nunc* (art. 11, § 1º, da Lei nº 9.868/99), embora, excepcionalmente, possa a Suprema Corte atribuir eficácia *ex tunc* à medida. Publicada a decisão no *Diário de Justiça*, ela atinge a produção de toda e qualquer decisão judicial proferida no controle difuso de constitucionalidade, impedindo a prolação de decisão que tenha como fundamento a aplicação da norma cuja vigência foi suspensa pela cautelar deferida.

O amplo espectro da decisão proferida em ADI decorre da alteração promovida pelo STF no ordenamento jurídico, suspendendo a vigência de uma norma dotada de conteúdo deôntico completo, em torno da qual circundam expectativas e direitos.

Tratando-se de norma que institua ou majore obrigação tributária, deferida a medida liminar, a conduta prevista no seu prescritor ficará suspensa. Os desdobramentos dessa circunstância merecem análise em virtude da sua relevância. A primeira consequência, que constitui corolário lógico da suspensão da vigência da norma, corresponde à inexigibilidade – precária

---

processos cuja decisão pende de aplicação, inaplicação, ou declaração de inconstitucionalidade em concreto de lei que teve sua eficácia suspensa por força de decisão cautelar do Supremo Tribunal Federal.
Do contrário, a convivência, já difícil, dos dois sistemas de controle de constitucionalidade que praticamos conduzirá ao caos.
Note-se: sequer para adotar decisão no sentido da decisão cautelar do Supremo, poderá ser julgada a ação proposta perante o juízo ordinário, porque da nossa decisão de mérito poderá resultar, afinal, em sentido contrário, a decisão de constitucionalidade da lei.
Desse modo, a cautelar não compele o juiz a que julgue a causa como se a lei fosse inconstitucional, porque a lei ainda não está declarada inconstitucional.
A única solução, assim, é a suspensão do andamento do feito ou, pelo menos, a suspensão da decisão que nele se tenha que tomar, num ou noutro sentido, até a decisão de mérito da ação direta no Supremo Tribunal Federal."

– do cumprimento da conduta contida na norma, pelo contribuinte. Assim, estará dispensado, sob condição resolutória, o recolhimento do tributo ou de sua majoração, conforme o caso.

Na mesma esteira, como segunda consequência, fica a Administração impedida de realizar qualquer lançamento ou ato administrativo destinado à constituição do crédito tributário sobre período posterior à vigência da liminar. Isso não afeta a cobrança administrativa dessa exação no período anterior à suspensão da vigência da norma, concedida com eficácia *ex nunc*.

Se à fazenda é vedada a aplicação de norma destituída de vigência, ela não pode ter contra si iniciada a contagem de qualquer prazo preclusivo, relativamente a direito que não pode ser exercido, por estar amparado em norma destituída de vigência[484] (logo, não há direito subjetivo).

Os processos judiciais que têm por objeto a cobrança de crédito tributário erigido a partir de norma sobre a qual repousa a presunção de *in*constitucionalidade conferida pela decisão cautelar concedida na ação direta de inconstitucionalidade, deverão ser suspensos, nos termos do art. 313, V, "a", do CPC/205,[485] tendo em vista a avocação jurisdicional ocorrida a partir da decisão exarada em controle concentrado. Durante o período em que perdurar a suspensão, não corre prazo preclusivo algum contra a fazenda pública.

Da mesma forma, não deverão ser proferidas quaisquer decisões em ações anulatórias ou mandados de segurança, que discutam o crédito tributário dotado de esteio na norma objeto da cautelar deferida pelo STF. Essa consequência acarreta os seguintes desdobramentos:

---

484. Sobre esse ponto, recomendamos as argutas observações alinhadas por ZAVASCKI, Teori Albino, *op.cit.*, item 3.8.

485. Art. 313. Suspende-se o processo: [...] V - quando a sentença de mérito: a) depender do julgamento de outra causa ou da declaração de existência ou de inexistência de relação jurídica que constitua o objeto principal de outro processo pendente; [...].

i) suspensão das execuções fiscais: considerando a presunção de inconstitucionalidade existente diante da medida cautelar deferida pelo STF, a decisão judicial proferida nos processos de execução dando prosseguimento a qualquer ato executivo ou constritivo (penhora) deve ser imediatamente suspensa;

ii) Certidões de Regularidade Fiscal: o crédito tributário que tem como fundamento de validade norma fulminada, cautelarmente, pelo STF, não pode servir de óbice à obtenção de certidão positiva com efeitos de negativa, prevista no art. 206 do CTN.[486]

Como novamente se constata, ao contrário das medidas cautelares concedidas em ação declaratória de constitucionalidade, verifica-se, nas ações diretas de inconstitucionalidade, uma evidente natureza satisfativa no provimento liminar, na medida em que, nesse caso, há uma clara antecipação de parcela do pedido formulado, materializado na inaplicabilidade temporária da norma.

O estágio decisório do processo individual deverá observar o entendimento do STF em sede cautelar. Assim, eventuais tutelas provisórias indeferidas, calcadas em decisão que tenha como pressuposto a constitucionalidade da norma, deverão ser revistas e adequadas ao alinhamento definido pela Corte Constitucional. A concessão da medida cautelar em ADI constitui fato novo, dotado de inquestionável relevância e cogência, implicando a imediata adequação das decisões proferidas em controle difuso à nova presunção de inconstitucionalidade que gravita sobre a norma tributária.

A concessão da medida cautelar implicará o afastamento, de modo precário, da eficácia das decisões proferidas no controle difuso que tenham determinado o recolhimento de

486. Art. 206. Tem os mesmos efeitos previstos no artigo anterior a certidão de que conste a existência de créditos não vencidos, em curso de cobrança executiva em que tenha sido efetivada a penhora, ou cuja exigibilidade esteja suspensa.

tributo cuja hipótese normativa tributária teve vigência retirada. O que ocorre, na realidade, é a perda da eficácia da decisão individual e concreta, tendo em vista a superveniência de liminar cujo resultado é a inexigibilidade da obrigação tributária.

7.3.3 Cautelar na ADPF e seus reflexos no campo tributário

A concessão de medida cautelar poderá encerrar mandamento para que os juízes e os Tribunais suspendam o julgamento dos processos que envolvam a aplicação da lei ou do ato normativo objeto da ação até seu julgamento definitivo (art. 5º, § 3º, da Lei nº 9.882/99),[487] tal qual na Ação Declaratória de Constitucionalidade,[488] Da mesma forma, a decisão cautelar poderá suspender a eficácia dos dispositivos questionados, o que ocorreu no julgamento cautelar da ADPF n.º 190.[489]

Como se verifica, a cautelar na ADPF possui um espectro maior e engloba medidas previstas para a ADC e para a ADI.

---

487. Art. 5º. O Supremo Tribunal Federal, por decisão da maioria absoluta de seus membros, poderá deferir pedido de medida liminar na arguição de descumprimento de preceito fundamental.

[...]

§ 3º A liminar poderá consistir na determinação de que juízes e tribunais suspendam o andamento de processos ou os efeitos de decisões judiciais, ou de qualquer outra medida que apresente relação com a matéria objeto da arguição de descumprimento de preceito fundamental, salvo se decorrentes da coisa julgada.

488. Sobre a relação entre a medida cautelar proferida em sede de ADC e em ADPF, explicam Meirelles, Wald e Mendes: "[...] a cautelar da arguição de descumprimento de preceito fundamental assemelha-se à disciplina conferida pela Lei 9.868/1999 à medida liminar na ação declaratória de constitucionalidade (art. 21). Dessa forma, a liminar passa a ser também um instrumento de economia processual e de uniformização da orientação jurisprudencial." (MEIRELLES, Hely Lopes; WALD, Arnoldo; MENDES, Gilmar Ferreira. *Mandado de segurança e ações constitucionais*; com a colaboração de Marina Gaensly e Rodrigo de Oliveira Kaufmann. 37. ed., atual. e ampl. São Paulo: Malheiros, 2016, p. 699).

489. "Ante o exposto, conheço parcialmente da arguição de descumprimento de preceito fundamental e, na parte conhecida, defiro, *ad referendum* do Pleno, medida liminar para suspender a eficácia dos arts. 190, §2º, II; e 191, §6º, II, e §7º, da Lei 2.614/97."

Cabe uma ressalva importante. Segundo o art. 5º, § 3º, da Lei nº 9.882/99, a cautelar concedida na ADPF não pode suspender os feitos de decisões judiciais transitadas em julgado. Embora a mesma vedação não esteja presente na Lei regulamenta a ADC,[490] entende-se que decisão precária, mesmo proferida pelo STF, não tem o condão de suspender os feitos de decisão transitada em julgado favoravelmente ao contribuinte. A Lei nº 9.882/99 positivou no plano infraconstitucional um comando que deflui do próprio Texto Maior e se aplica também à cautelar em ADC.

Os efeitos das decisões cautelares em ADPF, destarte, são exatamente os mesmos das decisões cautelares proferidas em ADC e ADI. Assim, seus reflexos sobre as relações de crédito e indébito percutem as mesmas teclas analisadas nos tópicos antecedentes.

7.4 Decisões definitivas no controle concentrado

7.4.1 Declaração de constitucionalidade e seus reflexos tributários

É na decisão definitiva proferida pelo STF que nasce a identidade entre as ações direta de inconstitucionalidade e a declaratória de constitucionalidade. Esse é o aspecto a partir do qual as ações diretas podem ser definidas como iguais com o sinal trocado. Na realidade, tal assertiva diz respeito apenas à decisão de mérito nelas proferidas, já que as hipóteses de cabimento e as respectivas medidas cautelares são bem diversas, conforme já abordado.

A improcedência da ADI equivale à procedência da ADC: esquematicamente, **dADI = – dADC** (decisão de procedência

---

490. Art. 21. O Supremo Tribunal Federal, por decisão da maioria absoluta de seus membros, poderá deferir pedido de medida cautelar na ação declaratória de constitucionalidade, consistente na determinação de que os juízes e os Tribunais suspendam o julgamento dos processos que envolvam a aplicação da lei ou do ato normativo objeto da ação até seu julgamento definitivo.

da ADI equivale à de improcedência da ADC, conforme reconhecido pelo próprio legislador no art. 24 da Lei nº 9.868/99).[491]

A decisão definitiva de constitucionalidade não impede a revisão do tema pelo Supremo, seja revisitando as mesmas inconsistências constitucionais de uma norma (anteriormente refutadas), seja analisando o assunto sob novo enfoque constitucional, conforme abordado anteriormente.[492]

Não obstante, a prerrogativa de rediscussão do tema é estendida unicamente ao Plenário do Supremo Tribunal Federal, visto que o entendimento estabelecido é cogente e compulsório a todos os órgãos jurisdicionais, o que inclui as Turmas da própria Corte, às quais, em situações como essa, cabem dois caminhos: aplicar o entendimento do Plenário, se já existente, ou a ele remeter o feito para (re)definição do tema.

Os reflexos da decisão de constitucionalidade compreendem uma gama de desdobramentos, abaixo analisados.

A decisão definitiva de constitucionalidade autoriza a retomada dos julgamentos judiciais suspensos pela concessão da medida cautelar, prevista no art. 21 da Lei nº 9.869/99.[493] O encerramento dos feitos existentes exigirá a prolação de sentença/acórdão extinguindo a relação processual, a fim de reproduzir uma resolução de mérito congruente com a definição conferida ao tema pelo Supremo Tribunal Federal. Em outras palavras, produz-se, assim, o alinhamento do *status decisório* existente nos processos difusos com a decisão do STF.

491. Art. 24. Proclamada a constitucionalidade, julgar-se-á improcedente a ação direta ou procedente eventual ação declaratória; e, proclamada a inconstitucionalidade, julgar-se-á procedente a ação direta ou improcedente eventual ação declaratória.

492. *Vide* item 5.1.

493. Art. 21. O Supremo Tribunal Federal, por decisão da maioria absoluta de seus membros, poderá deferir pedido de medida cautelar na ação declaratória de constitucionalidade, consistente na determinação de que os juízes e os Tribunais suspendam o julgamento dos processos que envolvam a aplicação da lei ou do ato normativo objeto da ação até seu julgamento definitivo.

A declaração de constitucionalidade da norma questionada deve ser aplicada em todos os procedimentos administrativos de cobrança, restituição, compensação ou ressarcimento, desde que o argumento suscitado pelo contribuinte se subsuma à decisão do Supremo Tribunal Federal, cuja norma validada deverá ser aplicada em todas as decisões proferidas – administrativas ou judiciais.

7.4.2 Decisão de inconstitucionaliadade e seus reflexos tributários

A presunção de constitucionalidade que recai sobre as normas pertencentes a um ordenamento jurídico, conforme demonstrou Kelsen, não impede que elas sejam posteriormente *julgadas inconstitucionais* ou revogadas por outras normas.[494] A regra geral, conforme visto, é que a decisão proferida pelo STF atinja a validade e a vigência passada (vigor) da norma. A legislação prevê a possibilidade, no entanto, de mitigação dos drásticos efeitos decorrentes da inconstitucionalidade. Isso ocorre através da modulação dos efeitos da decisão,[495] que será analisada no Capítulo seguinte.

O julgamento de procedência da ADI ou de improcedência da ADC significa o reconhecimento de incompatibilidade entre a norma analisada e a Constituição Federal. Na primeira hipótese, se a vigência da norma já houver sido retirada pela concessão da

---

494. Segundo Kelsen: "Se a afirmação, corrente na jurisprudência tradicional, de que uma lei é inconstitucional há de ter um sentido jurídico possível, não pode ser tomada ao pé da letra. O seu significado apenas pode ser o de a lei em questão, de acordo com a Constituição, pode ser revogada não só pelo processo usual, quer dizer, por uma outra lei, [...] mas também através de um processo especial, previsto pela Constituição. Enquanto, porém, não for revogada, tem de ser considerada como válida; e, enquanto for válida, não pode ser inconstitucional". (KELSEN, Hans, 2006, *op.cit.*, p. 300).

495. A modulação aplica-se aos efeitos da decisão e não à norma questionada. Sobre essa, a declaração de inconstitucionalidade poderá, atendendo à história de existência da norma questionada e o risco decorrente do seu desaparecimento jurídico desde a origem, ser temporalmente modulada, caso em que a norma será atingida em seu plano de vigência, apenas, respeitadas sua existência e validade até então. *Vide*, a respeito, os excelentes apontamentos de Robson Maia Lins (LINS, Robson Maia, *op.cit.*, pp. 80-84 e 181-182).

medida cautelar, o julgamento definitivo declarará sua invalidade; na segunda, tendo sido concedida medida precária determinando a suspensão de todos os julgamentos, a decisão definitiva determinará sua retomada, condicionando o conteúdo das decisões proferidas em controle concreto de constitucionalidade ao deslinde conferido pelo Supremo Tribunal Federal.

Dessa forma, inviabiliza-se o ajuizamento de execução fiscal calcada em crédito tributário que encontre, em norma declarada inconstitucional, seu fundamento de validade. Nesses casos, considerando que o fundamento legal constitui matéria essencial ao nascimento da relação jurídica tributária, a substituição da certidão de dívida ativa, autorizada pelo art. 2º, § 8º, da Lei de Execuções Fiscais (Lei nº 6.830/80),[496] não terá o condão de regularizar a pretensão do fisco. O vício é constitutivo e deve ser refeito em sua origem (lançamento), permitindo que a obrigação tributária nasça validamente, com a correta descrição da hipótese legal.

A decisão de inconstitucionalidade condicionará o conteúdo não apenas das decisões administrativas (cobrança, restituição, compensação e ressarcimento),[497] como também das decisões judiciais. Todas deverão guardar simetria com a definição conferida ao tema pelo STF.[498]

---

496. Art. 2º - Constitui Dívida Ativa da Fazenda Pública aquela definida como tributária ou não tributária na Lei nº 4.320, de 17 de março de 1964, com as alterações posteriores, que estatui normas gerais de direito financeiro para elaboração e controle dos orçamentos e balanços da União, dos Estados, dos Municípios e do Distrito Federal. [...] § 8º - Até a decisão de primeira instância, a Certidão de Dívida Ativa poderá ser emendada ou substituída, assegurada ao executado a devolução do prazo para embargos.

497. A propósito, corrobora nesse sentido o texto do art. 24, *caput*, da LINDB, introduzida pela Lei nº 13.655/2018, que determina: "A revisão, nas esferas administrativa, controladora ou judicial, quanto à validade de ato, contrato, ajuste, processo ou norma administrativa cuja produção já se houver completado levará em conta as orientações gerais da época, sendo vedado que, com base em mudança posterior de orientação geral, se declarem inválidas situações plenamente constituídas."

498. Sobre o precedente e seu efeito vinculante, consultar o capítulo anterior.

8. JURISDIÇÃO CONSTITUCIONAL E O TEMPO: RESCISÃO DA COISA JULGADA E MODULAÇÃO DE EFEITOS DAS DECISÕES DO STF

8.1 Coisa julgada e ação rescisória em matéria tributária

Os contribuintes se relacionam com o Estado, que é composto por seus três poderes. Nessa relação, eles pressupõem a constitucionalidade das leis publicadas e dos significados a elas atribuídos pelo Estado. Malgrado a existência do que Jorge Miranda[499] denominou de "orgia legislativa" - decorrência do intervencionismo estatal e sua motorização legislativa –, não se pode exigir do cidadão mais do que a confiança nos enunciados prescritivos produzidos pelos Poderes Legislativo, Judiciário e Executivo, sob pena de criar-se uma atmosfera de permanente desconfiança, cuja consequência poderia desembocar no retorno à instabilidade e ao subjetivismo do direito medieval.

No estado de direito, a confiança no conteúdo das decisões judiciais há de ser total. A estabilidade desses atos é atingida com a coisa julgada, marco temporal que torna definitiva a decisão que dirimiu determinada controvérsia.

499. MIRANDA, Jorge, *op.cit.*, p. 276.

O art. 5º, inciso XXXVI,[500] da Constituição Federal de 1988, atribui à coisa julgada o *status* de cláusula pétrea (garantia constitucional),[501] prescrevendo que a legislação infraconstitucional não poderá restringi-la. Instrumento indispensável à garantia da previsibilidade e certeza do direito, a coisa julgada impede que litígios judiciais se arrastem ou sejam reabertos indefinidamente. Possui, assim, relação indissociável com a segurança jurídica, como bem apontado por Humberto Ávila.[502]

A chamada coisa julgada formal ocorre com a preclusão endoprocessual, o que implica dizer que a relação jurídica tributária não poderá mais ser discutida dentro do processo encerrado. O transcurso *in albis* do prazo para ajuizamento da ação rescisória deflagra a coisa julgada material, desde que o comando judicial analisado defina a relação jurídica material controvertida à luz do art. 487 do Código Processual.[503] Nesse estágio, o processo de estabilização normativa chega ao seu ocaso, surgindo o que se denomina *lei entre as partes*.

Se não há coisa julgada material sem coisa julgada formal, o inverso não pode ser dito, uma vez que toda relação jurídica

---

500. Art. 5º Todos são iguais perante a lei, sem distinção de qualquer natureza, garantindo-se aos brasileiros e aos estrangeiros residentes no País a inviolabilidade do direito à vida, à liberdade, à igualdade, à segurança e à propriedade, nos termos seguintes: [...] XXXVI - a lei não prejudicará o direito adquirido, o ato jurídico perfeito e a coisa julgada; [...].

501. AGRAVO REGIMENTAL EM AÇÃO RESCISÓRIA. EXCEPCIONALIDADE DA RESCISÃO. COISA JULGADA. CLÁUSULA PÉTREA. DIVERGÊNCIA JURISPRUDENCIAL. NÃO CABIMENTO DE AÇÃO RESCISÓRIA. SÚMULA 343. INCIDÊNCIA. AGRAVO A QUE SE NEGA PROVIMENTO. I – Divergência jurisprudencial não enseja ação rescisória. II – Coisa julgada consiste em cláusula pétrea constitucional, do que decorre a excepcionalidade da rescisão. III - Agravo regimental não provido. (AR 2341 AgR, Relator(a): Min. RICARDO LEWANDOWSKI, Tribunal Pleno, julgado em 18/05/2018, PROCESSO ELETRÔNICO *DJe*-107 DIVULG 29.05.2018 PUBLIC 30.05.2018).

502. ÁVILA, Humberto. *Teoria da segurança jurídica*. 4. ed., rev., atual. e ampl. São Paulo: Malheiros, 2016, p. 370-371.

503. Art. 487. Haverá resolução de mérito quando o juiz: I - acolher ou rejeitar o pedido formulado na ação ou na reconvenção; II - decidir, de ofício ou a requerimento, sobre a ocorrência de decadência ou prescrição; III - homologar: a) o reconhecimento da procedência do pedido formulado na ação ou na reconvenção; b) a transação; c) a renúncia à pretensão formulada na ação ou na reconvenção.

processual alcança seu momento de preclusão endoprocessual, mesmo nos casos em que o encerramento decorre do reconhecimento da ausência de uma das condições da ação.

Como bem apontou Carla de Lourdes Gonçalves, em excelente artigo sobre o tema,[504] o CPC/2015 adotou, corretamente, a imutabilidade como critério de definição da coisa julgada, a qual somente pode ser descaracterizada mediante o ajuizamento de medida rescisória.

A propositura da ação rescisória deverá respeitar as hipóteses previstas pelo art. 966 do CPC/2015, dispositivo abaixo reproduzido:

> Art. 966. A decisão de mérito, transitada em julgado, pode ser rescindida quando:
>
> I - se verificar que foi proferida por força de prevaricação, concussão ou corrupção do juiz;
>
> II - for proferida por juiz impedido ou por juízo absolutamente incompetente;
>
> III - resultar de dolo ou coação da parte vencedora em detrimento da parte vencida ou, ainda, de simulação ou colusão entre as partes, a fim de fraudar a lei;
>
> IV - ofender a coisa julgada;
>
> V - violar manifestamente norma jurídica;
>
> VI - for fundada em prova cuja falsidade tenha sido apurada em processo criminal ou venha a ser demonstrada na própria ação rescisória;
>
> VII - obtiver o autor, posteriormente ao trânsito em julgado, prova nova cuja existência ignorava ou de que não pôde fazer uso, capaz, por si só, de lhe assegurar pronunciamento favorável;
>
> VIII - for fundada em erro de fato verificável do exame dos autos.
>
> [...].

---

504. LOURDES, Carla Gonçalves de. Coisa julgada em matéria tributária e a (im) possibilidade de revisão em face da declaração de inconstitucionalidade pelo STF. *In* ALVIM, Teresa Arruda; DIDIER JR, Fredie (orgs.). *Doutrinas Essenciais Novo Processo Civil*. São Paulo: RT, 2018, pp. 555-569.

Tratando-se de violação ao Texto Constitucional, a ação rescisória é proposta com base no art. 966, V, do CPC/2015. O dispositivo análogo contido no Código de Processo Civil de 1973 era o art. 485, V, cuja hipótese previa o cabimento de ação rescisória nos casos de violação expressa de dispositivo de lei. Como se verifica, incorporando o paradigma de que um enunciado prescritivo é definido pelo significado a ele atribuído – norma jurídica –, o novo CPC redesenhou adequadamente o enunciado legal ora analisado.

Para que a rescisória não fosse utilizada como mero sucedâneo recursal, o STF sempre aplicou a Súmula nº 343, segundo a qual a ação rescisória por ofensa literal de lei (ou norma jurídica, conforme CPC/2015) seria descabida sempre que a decisão rescindenda estivesse baseada em texto legal de interpretação controvertida nos tribunais. A aplicação da Súmula passou a ser paulatinamente relativizada pelo STF nas ações rescisórias fundadas em violação de dispositivo constitucional no início dos anos 2000. A partir de 2014, no entanto, esse movimento sofreu reversão que culminou na aprovação da Tese[505] 136,[506] abaixo reproduzida, e no retorno aos parâmetros historicamente adotados pelo STF:

> Não cabe ação rescisória quando o julgado estiver em harmonia com o entendimento firmado pelo Plenário do Supremo à época da formalização do acórdão rescindendo, ainda que ocorra posterior superação do precedente.

Ato contínuo, o STF aprovou a Tese 733,[507] segundo a qual a decisão de constitucionalidade ou de inconstitucionalidade pelo STF não produz a automática reforma ou rescisão das

505. As matérias com repercussão geral reconhecida são reduzidas a *temas*, todos numerados. Julgado o recurso e enfrentado o tema, é elaborada uma tese que – de maneira sintetizada e incompleta – busca equacionar o tema submetido ao STF.

506. Tese definida no *RE 590.809*, rel. Min. Marco Aurélio, j. 22.10.2014, *DJE* 230 de 24.11.2014, Tema 136.

507. Tese definida no RE 730.462, rel. Min. Teori Zavascki, j. 28.05.2015, *DJE* 177 de 09.09.2015, Tema 733.

decisões anteriores que tenham adotado entendimento diferente. Para que isso ocorra, é indispensável a interposição de recurso próprio ou, se for o caso, a propositura de ação rescisória própria, nos termos do art. 966 do CPC/2015, observado o respectivo prazo decadencial (CPC/2015, art. 975).

8.1.1 A ação rescisória proposta pela fazenda

A fazenda pode ajuizar ação rescisória com base em violação à norma constitucional incorrida pelo acórdão rescindendo. Na maioria desses casos em que essa medida é proposta, o contribuinte possui decisão judicial transitada em julgado reconhecendo a inconstitucionalidade de determinado preceito normativo – no qual se encontra amparada a cobrança do tributo –, e o STF acaba julgando constitucional esse preceito. Mas, noutros casos, o posicionamento do STF, ao declarar a constitucionalidade, ocorre antes mesmo do trânsito em julgado da decisão de inconstitucionalidade obtida por determinado contribuinte. Essas hipóteses apresentam distintos desdobramentos jurídicos, como será adiante analisado.

A fazenda terá, a partir da última decisão proferida no processo, o prazo de dois anos para propositura da ação rescisória, que, por sua vez, poderá ser proposta desde que afastada a aplicação da Súmula 343, do STF. Isso significa demonstrar que o tema não era controvertido à época do acórdão rescindendo.

A propositura da ação rescisória destinada a desconstituir integralmente o acórdão rescindendo por afronta à norma constitucional encontra-se estampada no art. 966, V, do CPC/2015 (Capítulo VII). Atacando decisão que reconheceu a inexistência de obrigação tributária, a rescisória deverá respeitar a irretroatividade e a segurança jurídica. Esses princípios impedem a instituição retroativa de obrigação tributária seja ela decorrente de ato legislativo, administrativo ou judicial, como a decisão proferida na ação rescisória.[508]

508. O STF, ao enfrentar o tema da modulação de efeitos nas declarações de

O art. 156, X, do CTN, reforça a diretriz acima apontada ao prescrever solenemente a extinção de qualquer direito subjetivo ao tributo quando se dá o trânsito em julgado do respectivo processo. O art. 146 do CTN, por fim, veda a utilização retroativa de novo critério jurídico para constituição do crédito, mesmo quando previsto em decisão judicial (como a proferida numa ação rescisória). O dispositivo limita a aplicação do novo parâmetro aos fatos geradores futuros à sua introdução.

Além dos dispositivos próprios do sistema tributário, a alteração na Lei de Introdução às Normas do Direito Brasileiro (LINDB) agregou nova garantia aos contribuintes, estampada no art. 24 desse Diploma Legal. Segundo esse dispositivo, a revisão judicial quanto à validade de ato cuja produção já se houver completado levará em conta as orientações gerais da época, sendo vedado que, com base em mudança posterior, se declarem inválidas situações plenamente constituídas. Seu parágrafo único define como orientações gerais a jurisprudência judicial majoritária.

Os contribuintes detentores de uma decisão judicial final são protegidos pela boa-fé objetiva,[509] que não tutela os demais

---

inconstitucionalidade, tem exigido como depositário mínimo de expectativas juridicamente relevantes – caracterizador da segurança jurídica reclamada pelo art. 27 da Lei nº 9.868/99 – a existência de trânsito em julgado (formal) nas guinadas de jurisprudência, como foi caso dos Recursos Extraordinários 353.657 e 370.682, relativamente ao direito de crédito nas aquisições de insumos tributados com a alíquota zero (IPI). O trânsito em julgado foi apontado como marco a partir do qual nascem as justas expectativas acerca da intangibilidade do passado.

509. Misabel Abreu Derzi diferencia boa-fé objetiva e confiança. Essa distinção pode ser apreendida das seguintes observações: a) uma alteração no entendimento do Judiciário acaba por criar nova norma, e esta equivale a uma "nova lei"; b) a Irretroatividade aplica-se à norma jurídica e protege a intangibilidade do passado nos casos de decisão transitada em julgado; c) a proteção da confiança, mesmo nos casos em que não se pode falar de coisa julgada do precedente proferido pelo STF, assegura a tutela jurídica sobre condutas praticadas a partir dessas manifestações, que carregam inquestionáveis expectativas diante de todos os cidadãos; d) a boa-fé objetiva refere-se a casos concretos, seria um *plus* em relação à confiança, já que está, por sua vez, estende-se a terceiros que não são partes de uma relação jurídica concreta definida de acordo com a orientação jurisprudencial superada; e) a proteção da confiança e da boa-fé do contribuinte aplicam-se às hipóteses de atos estatais lícitos ou ilícitos, desde que não se configure a desonestidade do próprio contribuinte. Já o Estado não pode ser protegido dos atos ilícitos (aprovação e aplicação

contribuintes cujos processos ainda não encerraram (bem como aqueles que sequer propuseram ação). São graus diferentes de proteção conferidos pelo ordenamento, pois as expectativas juridicamente tuteláveis são igualmente distintas. O passado dos detentores de decisão judicial definitiva está protegido pela irretroatividade; o dos demais contribuintes dependerá da concessão de efeitos modulatórios atribuídos pelo STF à própria decisão.

A esse respeito não se pode deixar de referir a decisão proferida pelo Min. Luiz Fux na Medida Cautelar nº 11476, solicitada pela fazenda nacional no âmbito de medida rescisória ajuizada contra decisão do Plenário do TRF da 5ª Região.[510] O acórdão recorrido, embora tenha julgado procedente a medida rescisória, afastou a cobrança pretérita do tributo.

A liminar solicitada na cautelar foi indeferida a partir do entendimento de que a não concessão, pelo STF, de efeitos

---

de uma norma incompatível com a Constituição) que praticar. A boa-fé dos contribuintes possui relação umbilical com o dogma conhecido como *venire contra factum proprium (estoppel)*, utilizado como ponto de referência à proteção da confiança. (DERZI, Misabel Abreu Machado. Modificações da jurisprudência no direito tributário: proteção da confiança, boa-fé objetiva e irretroatividade como limitações constitucionais ao poder judicial de tributar. São Paulo: Noeses, 2009).

510. PROCESSO CIVIL. AÇÃO RESCISÓRIA. TRIBUTÁRIO. PRELIMINAR DE INTEMPESTIVIDADE. ISENÇAO CONCEDIDA ATRAVÉS DO ART. 6º, II, DA LEI COMPLEMENTAR Nº 70/91. REVOGAÇAO PELO ART. 56 DA LEI Nº 9.3430/96. SÚMULA 343 DO STF. MODULAÇAO DE EFEITOS. PRECEDENTE DO STF.- O cômputo para aferição da tempestividade da ação rescisória, nos termos do art. 495 do CPC deve levar em consideração a data do trânsito em julgado da última decisão efetivamente proferida nos autos, independentemente se ali restou decidida a inadmissibilidade de recurso outrora interposto.- O Supremo Tribunal Federal já se manifestou em inúmeros julgados, sendo favorável à possibilidade de revogação da isenção concedida através do art. 6º, II, da Lei Complementar nº 70/91 pelo art. 56 da Lei nº 9.3430/96. Tratando-se de matéria de cunho constitucional, afasta-se a aplicabilidade da Súmula 343 do STF à espécie. Aplicação da modulação dos efeitos da decisão, no sentido de que o recolhimento da COFINS deva ser efetivado, tão somente, a partir da data deste julgamento. - Precedente do STF. (RE-AgR 295563/RS, Rel. Ministro CEZAR PELUSO, *DJ*. 07.10.2008) - Ação Rescisória julgada parcialmente procedente. ACÓRDAO. Vistos etc. Decide o Pleno do Tribunal Regional Federal da 5ª Região, por maioria, julgar parcialmente procedente a ação rescisória, nos termos do Relatório, Voto e notas taquigráficas constantes dos autos, que ficam fazendo parte integrante do presente julgado. Recife, 01 de abril de 2009. (Data de julgamento) Ação Rescisória nº 2008.05.00.060637-7.

modulatórios no julgamento do *leading case*[511] não afastaria a proteção dispensada pelo ordenamento jurídico aos contribuintes detentores de decisão judicial transitada em julgado. Assim, a exigência dos tributos não recolhidos pelo contribuinte foi rejeitada.

A existência de coisa julgada formal, nas palavras do Min. Fux, não impede a propositura de ação rescisória pela fazenda, cujo objeto, no entanto, deverá ficar adstrito às competências posteriores ao trânsito em julgado da decisão que acolhe o pleito rescisório. Nesse sentido, o acórdão do Tribunal Regional protegeu, corretamente, a boa-fé do contribuinte que deixou de recolher o tributo por estar amparado por sentença judicial transitada em julgado.

A utilidade da ação rescisória proposta pela Fazenda contra o contribuinte, portanto, está adstrita às decisões judiciais declaratórias proferidas em relações jurídicas de trato sucessivo (continuado). A procedência da ação rescisória nessas hipóteses tornará exigível o tributo a partir de então (futuro), assegurando a isonomia na jurisdição e a livre-concorrência entre os agentes econômicos, sem aviltar a boa-fé objetiva e a coisa julgada. A *ponderação* (Alexy)[512] encontra encaixe adequado nessa fórmula, que conjuga a proteção dos princípios envolvidos atribuindo máxima eficácia a cada um na respectiva dimensão do tempo.

Se o posicionamento favorável ao Fisco foi adotado pelo STF em decisão proferida em controle abstrato de constitucionalidade, a ação rescisória será despicienda. Isso porque a decisão produzida no controle abstrato retirará a eficácia da norma individual e concreta transitada em julgado, tenha ou não transcorrido o prazo da ação rescisória, fazendo com que o tributo seja exigível a partir de então.[513] A decisão proferida pelo STF configura

511. Recuso Extraordinário 377.457-3.

512. *Vide* Capítulo 1, item 1.2.

513. Essa também é a posição de Heleno Torres, em excelente obra na qual aborda a segurança jurídica no direito tributário (TORRES, Heleno. *Direito constitucional tributário e segurança jurídica*. 3. ed., rev., atual. e ampl. São Paulo: Revista dos Tribunais, 2019, p. 414).

alteração do próprio ordenamento jurídico, que, à luz do art. 505, I, do Código de Processo Civil, atinge exclusivamente períodos posteriores a sua introdução, conforme já definido pelo STF.[514]

Por fim, se a decisão final obtida pelo contribuinte simplesmente desconstituía o crédito tributário exigido pela fazenda (como a decisão que acolhe os embargos à execução fiscal, por exemplo), não há que se falar em rescisória, pois seu único objetivo, nessa hipótese, seria o de instituir, retroativamente, uma obrigação tributária, o que é rechaçado pelo ordenamento jurídico, conforme há pouco demonstrado.

Caso o acórdão rescindendo constitua título executivo judicial, a Fazenda poderá impugnar a execução suscitando a inexigibilidade da respectiva obrigação, conforme prescreve o art. art. 535, III, do CPC/2015. Segundo o § 5º desse dispositivo, considera-se inexigível a obrigação reconhecida em título executivo judicial fundado em lei ou ato normativo – ou em

514. CONSTITUCIONAL E PROCESSUAL CIVIL. DECLARAÇÃO DE INCONSTITUCIONALIDADE DE PRECEITO NORMATIVO PELO SUPREMO TRIBUNAL FEDERAL. EFICÁCIA NORMATIVA E EFICÁCIA EXECUTIVA DA DECISÃO: DISTINÇÕES. INEXISTÊNCIA DE EFEITOS AUTOMÁTICOS SOBRE AS SENTENÇAS JUDICIAIS ANTERIORMENTE PROFERIDAS EM SENTIDO CONTRÁRIO. INDISPENSABILIDADE DE INTERPOSIÇÃO DE RECURSO OU PROPOSITURA DE AÇÃO RESCISÓRIA PARA SUA REFORMA OU DESFAZIMENTO. [...] 4. Afirma-se, portanto, como tese de repercussão geral que a decisão do Supremo Tribunal Federal declarando a constitucionalidade ou a inconstitucionalidade de preceito normativo não produz a automática reforma ou rescisão das sentenças anteriores que tenham adotado entendimento diferente; para que tal ocorra, será indispensável a interposição do recurso próprio ou, se for o caso, a propositura da ação rescisória própria, nos termos do art. 485, V, do CPC, observado o respectivo prazo decadencial (CPC, art. 495). *Ressalva-se desse entendimento, quanto à indispensabilidade da ação rescisória, a questão relacionada à execução de efeitos futuros da sentença proferida em caso concreto sobre relações jurídicas de trato continuado.* 5. No caso, mais de dois anos se passaram entre o trânsito em julgado da sentença no caso concreto reconhecendo, incidentalmente, a constitucionalidade do artigo 9º da Medida Provisória 2.164-41 (que acrescentou o artigo 29-C na Lei 8.036/90) e a superveniente decisão do STF que, em controle concentrado, declarou a inconstitucionalidade daquele preceito normativo, a significar, portanto, que aquela sentença é insuscetível de rescisão. 6. Recurso extraordinário a que se nega provimento. (RE 730462, Relator(a): Min. TEORI ZAVASCKI, Tribunal Pleno, julgado em 28.05.2015, ACÓRDÃO ELETRÔNICO REPERCUSSÃO GERAL - MÉRITO *DJe*-177 DIVULG 08.09.2015 PUBLIC 09.09.2015).

sua aplicação ou interpretação – considerados inconstitucionais pelo STF.

Sob o enfoque processual, a alegação de inexigibilidade do título com base no § 5º do art. 535 somente poderá ser suscitada quando a decisão do STF ocorrer antes do trânsito em julgado da decisão exequenda. Sendo posterior a ele, a fazenda deverá manejar ação rescisória, cujo prazo será contado a partir do trânsito em julgado da decisão proferida pela Suprema Corte, conforme determina o § 8º do mesmo artigo.

As hipóteses tratadas pelos §§ 5º e 8º do art. 535 reproduzem os preceitos inseridos no art. 741, do CPC/73 pela Lei 11.232/2005, instituindo verdadeiros mecanismos de oposição a sentenças com trânsito em julgado cujo fundamento é a inconstitucionalidade da sentença exequenda. Embora ainda haja controvérsia na doutrina, o STF já se manifestou sobre o tema nos autos da ADI 2.418, reconhecendo a constitucionalidade de tais dispositivos.[515]

---

515. Ementa: CONSTITUCIONAL. LEGITIMIDADE DAS NORMAS ESTABELECENDO PRAZO DE TRINTA DIAS PARA EMBARGOS À EXECUÇÃO CONTRA A FAZENDA PÚBLICA (ART. 1º-B DA LEI 9.494/97) E PRAZO PRESCRICIONAL DE CINCO ANOS PARA AÇÕES DE INDENIZAÇÃO CONTRA PESSOAS DE DIREITO PÚBLICO E PRESTADORAS DE SERVIÇOS PÚBLICOS (ART. 1º-C DA LEI 9.494/97). LEGITIMIDADE DA NORMA PROCESSUAL QUE INSTITUI HIPÓTESE DE INEXIGIBILIDADE DE TÍTULO EXECUTIVO JUDICIAL EIVADO DE INCONSTITUCIONALIDADE QUALIFICADA (ART. 741, PARÁGRAFO ÚNICO E ART. 475-L, § 1º DO CPC/73; ART. 525, § 1º, III E §§ 12 E 14 E ART. 535, III, § 5º DO CPC/15). [...] 3. *São constitucionais as disposições normativas do parágrafo único do art. 741 do CPC, do § 1º do art. 475-L, ambos do CPC/73, bem como os correspondentes dispositivos do CPC/2015, o art. 525, § 1º, III e §§ 12 e 14, o art. 535, § 5º*. São dispositivos que, buscando harmonizar a garantia da coisa julgada com o primado da Constituição, vieram agregar ao sistema processual brasileiro um mecanismo com eficácia rescisória de sentenças revestidas de vício de inconstitucionalidade qualificado, assim caracterizado nas hipóteses em que (a) a sentença exequenda esteja fundada em norma reconhecidamente inconstitucional – seja por aplicar norma inconstitucional, seja por aplicar norma em situação ou com um sentido inconstitucionais; ou (b) a sentença exequenda tenha deixado de aplicar norma reconhecidamente constitucional; e (c) desde que, em qualquer dos casos, o reconhecimento dessa constitucionalidade ou a inconstitucionalidade tenha decorrido de julgamento do STF realizado em data anterior ao trânsito em julgado da sentença exequenda. 4. Ação julgada improcedente. (destaque nosso, ADI 2418, Relator: Min. TEORI ZAVASCKI, Tribunal Pleno, julgado em 04.05.2016, ACÓRDÃO ELETRÔNICO *DJe*-243 DIVULG 16.11.2016 PUBLIC 17.11.2016).

O art. 535 do CPC/2015 se encontra inserido no Título II (Do Cumprimento da sentença) do Capítulo V (Do Cumprimento da Sentença que Reconheça a Exigibilidade da Obrigação de Pagar Quantia Certa pela Fazenda Pública), do CPC. Seus §§ 5º e 8º materializam instrumentos de oposição à sentença transitada em julgado, evitando que uma decisão incompatível com o posicionamento do STF gere reflexos patrimoniais. A eficácia desses mecanismos deve, consequentemente, ficar adstrita a esse âmbito.

Sendo assim, as execuções propostas contra a fazenda podem, na maioria dos casos, ser obstadas pela impugnação prevista pelo § 5º do art. 535, do CPC/2015. Caso a decisão proferida pelo STF seja posterior ao trânsito em julgado da decisão exequenda, restará à fazenda o manejo da medida rescisória entabulada pelo § 8º, cujos efeitos também ficarão limitados ao título executivo. Essa é a única maneira de compatibilizar esse enunciado com o texto constitucional e a estabilidade assegurada pela coisa julgada.

Imaginar que a medida rescisória prevista no § 8º do art. 535 teria o condão de reabrir o passado e permitir a redefinição pretérita da relação jurídica em virtude de um posicionamento tomado pelo STF após o trânsito em julgado da decisão que constitui o título exequendo não parece ser a melhor interpretação. A aplicação § 8º para reescrever a obrigação tributária passada já extinta afrontaria o Texto Constitucional, tornando aplicáveis as críticas bem formuladas por Marinoni e Mitidiero.[516]

---

516. "Entretanto, diz o § 15 do art. 525, CPC, que, 'se a decisão referida no § 12 for proferida após o trânsito em julgado da decisão exequenda, caberá ação rescisória, cujo prazo será contado do trânsito em julgado da decisão proferida pelo Supremo Tribunal Federal'. Vale dizer que o § 15 do art. 525, CPC, sustenta a possibilidade de ação rescisória fundada em decisão de 'inconstitucionalidade' posterior à formação da coisa julgada. Esse dispositivo do Código de 2015 merece muita atenção, pois é irremediavelmente inconstitucional. Note-se que, enquanto o § 14 do art. 525, CPC, corretamente exclui a possibilidade de a superveniente decisão de inconstitucionalidade obstaculizar a execução da sentença, o § 15 admite a sua invocação como fundamento para a ação rescisória. Trata-se de duas normas claramente contraditórias, de modo que a segunda só pode ser compreendida como resultado de uma inserção descuidada, dessas que são feitas em uma lei de grande amplitude no

De qualquer forma, a medida rescisória deverá observar a Súmula 343, do STF, e demonstrar que a decisão exequenda destoou integralmente do entendimento uníssono adotado, à época, pelos tribunais e, posteriormente, fixado pelo STF. Esse filtro também restringe o indesejado acesso irrestrito da máquina estatal ao "Túnel do Tempo".[517]

Além desses apontamentos, é importante relembrar que a execução de título judicial contra a fazenda pública comporta obrigações de diversas naturezas (previdenciárias, estatutárias, tributárias etc.). Seu cumprimento, portanto, deverá respeitar os respectivos regimes jurídicos que, no caso do direito tributário, está fixado em norma geral tributária (CTN, arts. 146, 156, X) e na própria Constituição. Assim, em matéria tributária, o art. 535, § 8º, do CPC/2015, pode ser equiparado a uma ação revisional (*querela nullitatis*) dotada de eficácia meramente prospectiva.

Estando extinto o crédito tributário por força do art. 156, X, do CTN, o pagamento realizado pelo contribuinte foi indevido. Inexistente o direito subjetivo ao pagamento do tributo, o título executivo judicial mantém-se hígido. Restrições temporais *ope legis* ao avanço retroativo de decisões constitucionais, como as inseridas no CTN, estão presentes em nosso ordenamento e devem ser respeitadas, conforme assinalou o Min. Teori Zavascki,[518] sobretudo quando essas limitações estão assentadas em

---

apagar das luzes da discussão parlamentar. (MARINONI, Luiz Guilherme; MITIDIERO, Daniel. *Ação rescisória: Do juízo rescindendo ao Juízo Rescisório*. São Paulo: Editora Revista dos Tribunais, 2017. Item. 3.5.14.2.).

517. Seriado de televisão lançado pela ABC (*American Broadcasting Company*). Nele, dois cientistas voltam no tempo para tentar proteger um projeto secreto e ficam presos na máquina do tempo, viajando e vivendo diversas aventuras no passado e no futuro. O primeiro episódio foi ao ar em 09 de setembro 1966. Em virtude dos reflexos em cadeia de suas ações, no tempo, que poderiam modificar vidas e a própria história da humanidade, o cuidado das personagens com as interferências no passado, a partir de um senso de justiça presente, é o mesmo que o direito deve guardar em relação à rescisória. O Estado não pode afrontar o passado jurídico dos cidadãos em benefício próprio.

518. Trecho extraído do voto proferido no RE 730.462: "Imunidades dessa espécie são decorrência natural da já mencionada irretroatividade do efeito vinculante (e,

garantias constitucionais, como a coisa julgada, a irretroatividade e a segurança jurídica. Não se pode corrigir uma eventual deformidade constitucional criando-se outra.

8.1.2 Ação rescisória proposta pelo contribuinte

O contribuinte, tal qual o Fisco, pode ajuizar ação rescisória com base em violação a norma constitucional incorrida pelo acórdão rescindendo. Essa hipótese, na maioria das vezes, ocorre quando a ação por ele ajuizada com fundamento na inconstitucionalidade da exação é rejeitada por decisão definitiva.

A ação com base no art. 966, V, do CPC/2015, deverá ser proposta no prazo de dois anos contados da última decisão proferida no processo e terá como consequência a rescisão do acórdão atacado com o julgamento procedente da respectiva ação. Com isso, o indébito será constituído e o tributo deixará de ser recolhido, ao final do processo ou desde a concessão da tutela de evidência.

---

portanto, da eficácia executiva) das decisões em controle concentrado de constitucionalidade. Há, aqui, uma espécie de modulação temporal *ope legis* dessas decisões, que ocorre não apenas em relação a sentenças judiciais anteriores revestidas por trânsito em julgado, mas também em muitas outras situações em que o próprio ordenamento jurídico impede ou impõe restrições à revisão de atos jurídicos já definitivamente consolidados no passado. São impedimentos ou restrições dessa natureza, por exemplo, a prescrição e a decadência. Isso significa que, embora formados com base em preceito normativo declarado inconstitucional (e, portanto, excluído do ordenamento jurídico), certos atos pretéritos, sejam públicos, sejam privados, não ficam sujeitos aos efeitos da superveniente declaração de inconstitucionalidade porque a prescrição ou a decadência inibem a providência extrajudicial (v.g., o lançamento fiscal) ou o ajuizamento da ação própria (v.g., ação anulatória, constitutiva, executiva ou rescisória) indispensável para efetivar o seu ajustamento à superveniente decisão do STF. No âmbito criminal, configura hipótese típica de modulação temporal ope legis a norma que não admite revisão criminal da sentença absolutória (art. 621 do CPP), bem como inibe o agravamento da pena, em caso de procedência da revisão (art. 626, parágrafo único, do CPP). Isso significa que, declarada inconstitucional e excluída do ordenamento jurídico uma norma penal que tenha sido aplicada em benefício do acusado em sentença criminal transitada em julgado, há empecilho legal à eficácia executiva *ex tunc* dessa declaração, por falta de instrumentação processual para tanto indispensável" (RE 730462, Relator(a): Min. TEORI ZAVASCKI, Tribunal Pleno, julgado em 28.05.2015, ACÓRDÃO ELETRÔNICO REPERCUSSÃO GERAL - MÉRITO *DJe*-177 DIVULG 08.09.2015 PUBLIC 09.09.2015).

A consequência de uma sentença de improcedência em ação anulatória ajuizada pelo contribuinte pode corresponder à cobrança judicial do crédito tributário controvertido. Nesses casos, prosseguindo a execução fiscal, o contribuinte pode suscitar a inexigibilidade da obrigação tributária e a consequente inexequibilidade do título executivo fundado em norma considerada inconstitucional pelo STF, nos termos do §12 do art. 525, do CPC/2015.

A decisão do STF referida no § 12 deve ser anterior ao trânsito em julgado da decisão exequenda. Se posterior, caberá ação rescisória, cujo prazo será contado a partir do trânsito em julgado da decisão proferida pelo STF.

Independentemente do estágio em que se encontra o processo executivo, o contribuinte executado poderá, por simples petição, enquanto não satisfeito o crédito tributário e extinta a relação processual, pleitear a suspensão imediata de todos os atos executivos e a extinção da execução fiscal, imperativos que decorrem dos princípios da moralidade, da legalidade, da isonomia, da vedação ao enriquecimento e da implementação de confisco travestido de tributo.[519]

A segurança jurídica, é bom relembrar, é um escudo do contribuinte contra, justamente, a invalidade de normas produzidas pelo estado e a incerteza na sua aplicação. Não pode ser suscitada pela fazenda como fundamento para manutenção de uma decisão inconstitucional cujos efeitos atingiram o patrimônio de pessoas ou empresas. O princípio da não surpresa não socorre o Estado contra o cidadão. Pensar o contrário seria chancelar verdadeiro *venire contra factum proprium* em favor do Estado.[520]

Desse modo, embora a jurisprudência, até o momento, não tenha realizado uma abordagem diferenciada quanto à

---

519. Vide, a respeito, Capítulo 3, item 3.1.

520. Vide, a respeito, as observações lançadas no Capítulo, item 8.3. relativamente "à inaplicabilidade da segurança jurídica contra o contribuinte".

aplicação da Súmula 343, do STF, entende-se que o cabimento da rescisória ajuizada pelo contribuinte deve sofrer o menor embaraço processual possível, pois, nesse caso, os princípios há pouco referidos atuam de maneira plena, uma vez que contra eles não pode ser oposta a (in)segurança jurídica.

8.2 Modulação de efeitos

8.2.1 Modulação de efeitos: breve histórico e conceitos elementares

A ideia de controle de constitucionalidade surgiu, em 1803, na Suprema Corte dos Estados Unidos com o conhecido caso *Marbury vs. Madison*, e, desde lá, foi forjada e retorcida no calor dos casos concretos. As primeiras teorias adotavam um caráter excludente entre a norma inconstitucional e a Constituição, já que reconhecer a vigência temporária de lei inconstitucional implicaria dizer que a Constituição teria ficado suspensa por essa norma.

As teorias variavam desde a ideia de "*void and null*" (inexistente e nula) à de "*the inconstitutional statute is not law at all*".[521] Esses primórdios do *judicial review* apenas ensejavam uma espécie de declaração de inconstitucionalidade: a declaração de nulidade total.

Com o passar do tempo, entretanto, começaram a aparecer os primeiros casos em que a aplicação da teoria radical da nulidade absoluta acarretava a violação a outros preceitos constitucionais, como a segurança jurídica. Nesses casos, os julgadores se mostravam receosos quanto aos efeitos da declaração de inconstitucionalidade sobre os atos praticados sob a vigência da norma inconstitucional.

---

521. W.W. Willoughby, The Constitutional Law of the United States, v.1, p. 9-10 *apud* MENDES, Gilmar Ferreira. *Jurisdição Constitucional*. 5. ed. São Paulo: Saraiva, 2005, p. 318.

Na década de 60, a Suprema Corte americana alterou seu posicionamento sobre os efeitos ("nulidade absoluta") das suas decisões. No julgamento do caso *Mapp vs. Ohio,*[522] em 1961, entendeu que, em respeito à 4ª Emenda da Constituição Americana, as provas obtidas ilegalmente (sem mandado judicial adequado) não seriam admitidas num juízo penal. Isso gerou uma onda de processos que buscavam anular as condenações anteriores baseadas em provas ilegais.

Em 1965, ao analisar o caso *Linkletter vs. Walker,*[523] a Suprema Corte Americana decidiu, por 7 a 2, que nem todas as decisões declarando inconstitucionalidade de determinados atos poderiam ser consideradas nulas e inexistentes, pois seria muito oneroso ao Estado rever todos os seus atos a cada mudança de jurisprudência. As consequências dessa mudança seriam avassaladoras e imporiam uma carga excessiva de trabalho à administração pública a cada inversão de posição. Sendo assim, foi mantida a condenação de *Linkletter* baseada em provas obtidas irregularmente. Esse precedente abriu uma nova era do *judicial review.*

Já o *Bundesverfassungsgericht,* desde sua criação, em 1954, aplicava a técnica de declaração de inconstitucionalidade sem nulidade, possibilitando a modulação dos efeitos e abrindo espaço à eficácia *ex nunc.* A Corte Alemã foi a introdutora, no âmbito do sistema continental, dessa técnica.

Em Portugal, a Constituição de 1982 consagra, como regra geral, o princípio da nulidade, prescrevendo, no art. 282º-1, que a declaração de inconstitucionalidade ou de ilegalidade com força obrigatória geral produz efeitos desde a entrada em vigor da norma declarada inconstitucional ou ilegal e determina a repristinação das normas que ela, eventualmente, haja revogado.

---

522. UNITED STATES OF AMERICA. Supreme Court of the United States. Mapp v. Ohio, 367 U.S. 643 (1961).

523. UNITED STATES OF AMERICA. Supreme Court of the United States. Linkletter v. Walker, 381 U.S. 618 (1965).

A exceção à regra acima referida encontra-se estampada no art. 282º-4 da Constituição Portuguesa, dispositivo segundo o qual o Tribunal Constitucional poderá fixar os efeitos da inconstitucionalidade ou da ilegalidade com alcance mais restrito do que o previsto nos n.ºs 1 e 2, quando a segurança jurídica e razões de equidade ou de interesse público de excepcional relevo o exigirem.

No Brasil, a Assembleia Constituinte de 1988 não endossou proposta de inclusão no texto constitucional de dispositivo que permitiria ao STF definir se a decisão que reconhece a inconstitucionalidade de uma norma em controle abstrato teria efeito retroativo ou prospectivo. A rejeição presumiu a adoção do princípio da nulidade pelo texto constitucional de 1988.

Não obstante,[524] apoiado na doutrina europeia que aplicava a flexibilização da teoria da nulidade da lei inconstitucional

---

524. "No Recurso Extraordinário n.º 78.594/SP, julgado em 07.06.1974, a 2ª Turma do Supremo Tribunal Federal enfrentou um caso no qual um funcionário público assumiu as funções de oficial de justiça com base em uma determinada lei estadual que viria a ser declarada inconstitucional pelo STF. Aplicada a teoria da nulidade plena ao caso, todos os atos realizados pelo 'oficial de justiça' seriam nulos de plano. Em seu voto, o Relator Min. Bilac Pinto afirmou que 'os efeitos desse tipo de declaração de inconstitucionalidade – declaração feita contra lei em tese – não podem ser sintetizados numa regra única, que seja válida para todos os casos'. Para solucionar o referido litígio, o STF entendeu que os atos até então praticados pelo funcionário público seriam válidos, não obstante a inconstitucionalidade da lei que lhe deu investidura. Também no julgamento do Recurso Extraordinário nº 79.343-BA em 31 de maio de 1977, o Relator, Min. Leitão de Abreu, apoiado na doutrina kelseniana, propugnou a anulabilidade da lei e a natureza constitutiva da decisão judicial que proclama a inconstitucionalidade. O Ministro defendeu a presunção de constitucionalidade da lei – elaborada por órgão legislativo competente e na observância do devido processo legislativo, tendo passado até mesmo pelo crivo do chefe do Poder Executivo –, que não pode simplesmente ser declarada nula desde a origem, pois, enquanto vigente, estabeleceu relações jurídicas entre o particular e o público, relações estas que não são possíveis de ser ignoradas em face do princípio da boa-fé. O certo é que o ato normativo declarado inconstitucional, por um determinado interregno, constituiu fato jurídico eficaz. O particular que agiu em conformidade com a norma, na presunção de que o fazia segundo o direito objetivo, não pode por isso ser prejudicado. O Ministro Leitão de Abreu atribuía ao Supremo Tribunal Federal o poder de declarar a inconstitucionalidade com eficácia restrita, dando ensejo à aplicação da norma inconstitucional ao caso concreto, o que seria inconcebível para a teoria da nulidade." (PASSOS, Anderson Santos dos. A modulação de efeitos nas decisões de inconstitucionalidade: a produção de efeitos jurídicos de normas inconstitucionais e o sistema de controle de constitucionalidade

e em precedentes já proferidos pela própria Corte desde a década de 70, o STF passou a adotar, em situações excepcionais, a técnica da modulação de efeitos das decisões de inconstitucionalidade, quando constatada ameaça à segurança jurídica e à proporcionalidade, como ocorreu no julgamento do Recurso Extraordinário n.º 266994/SP.[525]

A incompatibilidade de uma norma com o ordenamento constitucional atinge a sua validade, identificada como sua

---

brasileiro. *Revista Âmbito Jurídico*. Publicado em 01.03.2010. Disponível em: https://bit.ly/2lGSkqW Acesso em: 09 set. 2019.

525. RECURSO EXTRAORDINÁRIO. MUNICÍPIOS. CÂMARA DE VEREADORES. COMPOSIÇÃO. AUTONOMIA MUNICIPAL. LIMITES CONSTITUCIONAIS. NÚMERO DE VEREADORES PROPORCIONAL À POPULAÇÃO. CF, ARTIGO 29, IV. APLICAÇÃO DE CRITÉRIO ARITMÉTICO RÍGIDO. INVOCAÇÃO DOS PRINCÍPIOS DA ISONOMIA E DA RAZOABILIDADE. INCOMPATIBILIDADE ENTRE A POPULAÇÃO E O NÚMERO DE VEREADORES. INCONSTITUCIONALIDADE, INCIDENTER TANTUM, DA NORMA MUNICIPAL. EFEITOS PARA O FUTURO. SITUAÇÃO EXCEPCIONAL. 1. O artigo 29, inciso IV, da Constituição Federal exige que o número de Vereadores seja proporcional à população dos Municípios, observados os limites mínimos e máximos fixados pelas alíneas a, b e c. 2. Deixar a critério do legislador municipal o estabelecimento da composição das Câmaras Municipais, com observância apenas dos limites máximos e mínimos do preceito (CF, artigo 29), é tornar sem sentido a previsão constitucional expressa da proporcionalidade. 3. Situação real e contemporânea em que Municípios menos populosos têm mais Vereadores do que outros com um número de habitantes várias vezes maior. A ausência de um parâmetro matemático rígido que delimite a ação dos legislativos Municipais implica evidente afronta ao postulado da isonomia. 4. Princípio da razoabilidade. Restrição legislativa. A aprovação de norma municipal que estabelece a composição da Câmara de Vereadores sem observância da relação cogente de proporção com a respectiva população configura excesso do poder de legislar, não encontrando eco no sistema constitucional vigente. 5. Parâmetro aritmético que atende ao comando expresso na Constituição Federal, sem que a proporcionalidade reclamada traduza qualquer lesão aos demais princípios constitucionais nem resulte formas estranhas e distantes da realidade dos Municípios brasileiros. Atendimento aos postulados da moralidade, impessoalidade e economicidade dos atos administrativos (CF, artigo 37). 6. Fronteiras da autonomia municipal impostas pela própria Carta da República, que admite a proporcionalidade da representação política em face do número de habitantes. Orientação que se confirma e se reitera segundo o modelo de composição da Câmara dos Deputados e das Assembleias Legislativas (CF, artigos 27 e 45, § 1º). Inconstitucionalidade. 7. Efeitos. Princípio da segurança jurídica. Situação excepcional em que a declaração de nulidade, com seus normais efeitos *ex tunc*, resultaria em grave ameaça a todo o sistema legislativo vigente. Prevalência do interesse público para assegurar, em caráter de exceção, efeitos *pro futuro* à declaração incidental de inconstitucionalidade. Recurso extraordinário não conhecido (RE 266994, Relator(a): Min. MAURÍCIO CORRÊA, Tribunal Pleno, julgado em 31.03.2004, *DJ* 21.05.2004 PP-00034 EMENT VOL-02152-02 PP-00390).

existência perante um sistema com o qual deve guardar relação de pertinência. Sendo inválida, a norma não poderia e não deveria produzir efeitos.

Ocorre que a presunção é a constitucionalidade das normas, e não o contrário. Sendo assim, o reconhecimento de sua incompatibilidade com o sistema muitas vezes tem lugar quando seus efeitos – nascidos dos atos concretos de aplicação – correspondem a atos vivenciados pelo teatro da vida. Contratos firmados, custos estabelecidos, direitos nascidos e confiança na inalterabilidade do passado materializam um plexo de relações juridicamente tuteláveis. A preservação da segurança jurídica e a vedação ao enriquecimento ilícito constituem eixos fundamentais do estado de direito, assim como o controle de constitucionalidade.

Se a inconstitucionalidade é a doença a ser extirpada e a declaração de inconstitucionalidade, o remédio criado pelo ordenamento para esse desiderato, não se pode conceber que os efeitos da decisão de inconstitucionalidade tragam consequências mais danosas aos cidadãos que os decorrentes da própria norma inconstitucional.

No diálogo Fedro, Platão compara a linguagem a "pharmakon", expressão grega utilizada para designar tanto o remédio quanto o veneno. A figura utilizada pelo filósofo é dotada de uma riqueza retórica interminável. No caso do controle de constitucionalidade, expulsar a norma questionada do sistema prescritivo válido corresponde ao efeito depurador do sistema (remédio). Sua aplicação, por outro lado, não pode causar maiores prejuízos ao sistema do que a própria doença por ele extirpada, sob pena de transformá-lo em veneno. Nasce daí a necessidade de um instrumento calibrador (modulação), responsável pela mitigação dos efeitos colaterais causados ao ordenamento jurídico pela declaração de inconstitucionalidade.[526] Assim, a modulação de efeitos é o instrumento que im-

526. Antes da entrada em vigor da Lei nº 13.105/2015 (CPC/2015), a modulação no tempo dos efeitos das decisões era um instituto jurídico aplicável unicamente no

pede que, em determinados contextos, o remédio (declaração de inconstitucionalidade) se transforme em veneno.

A modulação em controle de constitucionalidade exige a inexorável intersecção entre semântica e pragmática. Isso ocorre porque, verificada a incompatibilidade da norma com a Carta Constitucional (inconstitucionalidade), o aplicador deverá percorrer o plano das relações já juridicizadas por ela, recolhendo dos significados e efeitos concretos[527] os elementos que serão utilizados como fundamentos para a modulação.

A regra geral é que as decisões proferidas no controle de constitucionalidade retroajam à data em que a norma declarada inconstitucional ingressou no mundo jurídico (efeitos *ex tunc*).[528]

A nulidade e a decorrente eficácia *ex tunc* só poderão ser afastadas a partir de uma demonstração, concreta, de que seu reconhecimento resultaria em inquestionável insegurança jurídica ou implicaria uma violação a outro princípio ou direito assegurado pelo Texto Constitucional. Essa disjunção

---

âmbito da jurisdição constitucional, ou seja, nas decisões proferidas em controle concentrado ou difuso de constitucionalidade pelo Supremo Tribunal Federal. Agora, também tutela a segurança jurídica diante de guinadas jurisprudenciais em temas infraconstitucionais, decididos pelo STJ.

527. Como aponta Clarice von Oertzen de Araujo, a pragmática privilegia a observação sobre o desempenho do sistema normativo. (ARAUJO, Clarice von Oertzen de. *Incidência jurídica: teoria e crítica*. São Paulo: Noeses, 2011, p. 182).

528. Segundo Jorge Miranda, "assim sucede por dois motivos essenciais: por a Constituição (ou a lei) como fundamento de validade, como base da força intrínseca da norma em causa, dever prevalecer incondicionalmente desde o momento em que esta é emitida ou em que ocorre a contradição ou desconformidade, e não apenas desde o instante em que a contradição é reconhecida; por a mera eficácia futura da declaração poder acarretar diferenças de tratamento das pessoas, e dos casos sob o império do mesmo princípio ou preceito constitucional, uns sujeitos ao seu comando e outros (os considerados antes da declaração de inconstitucionalidade ou de ilegalidade) subordinados ao sentido da norma inconstitucional ou ilegal, ao sentido de uma norma juridicamente inválida" (MIRANDA, Jorge, *op.cit.*, p. 285). Conforme Canotilho, "distingue-se consoante se atribua à decisão de anulação uma eficácia *ex nunc*, no sentido de que o efeito da invalidade só começa a partir do momento em que seja declarada a inconstitucionalidade, e uma eficácia *ex tunc*, com efeitos retroactivos, próprios da nulidade em sentido técnico, quando a eficácia invalidante abrange todos os actos, mesmo os praticados antes da declaração da inconstitucionalidade" (CANOTILHO, José Joaquim Gomes, *op.cit.*, p. 969).

inclusiva está retoricamente ligada à preservação do respeito ao estado de direito e à confiança depositada, pela sociedade, nas manifestações prescritivas (administrativas, legais e judiciais) proferidas pelo Estado.[529]

O CPC/2015 também ampliou a utilização da modulação de efeitos que, se antes estava restrita às decisões proferidas no controle de constitucionalidade, agora também pode ser aplicada nos casos em que a decisão do STF configure alteração de jurisprudência constitucional e infraconstitucional conforme preceitua o art. 927, §3º, do CPC/2015.

A modulação de efeitos das decisões proferidas no exercício do controle de constitucionalidade pode ser classificada a partir de dois critérios, conforme regras próprias estabelecidas em nosso ordenamento: I) a natureza da declaração (constitucionalidade ou inconstitucionalidade); e II) a natureza do controle (difuso ou abstrato).

Esse binômio permite a construção das quatro hipóteses: a) modulação em controle concentrado dos efeitos de declaração de *inconstitucionalidade*; b) modulação em *controle concentrado* dos efeitos de declaração de *constitucionalidade*; c) modulação em *controle difuso* dos efeitos de declaração de *inconstitucionalidade;* d) modulação em controle difuso dos efeitos de declaração de *constitucionalidade.*

529. "A norma contida no art. 27 da Lei n. 9.868, de 10 de novembro de 1999, tem caráter fundamentalmente interpretativo, desde que se entenda que os conceitos jurídicos indeterminados utilizados – segurança jurídica e excepcional interesse social – se revestem de base constitucional. No que diz respeito à segurança jurídica, parece não haver dúvida de que encontra expressão no próprio princípio do Estado de Direito consoante, amplamente aceito pela doutrina pátria e alienígena. Excepcional interesse social pode encontrar fundamento em diversas normas constitucionais. O que importa assinalar é que, consoante a interpretação aqui preconizada, o princípio da nulidade somente há de ser afastado se se puder demonstrar, com base numa ponderação concreta, que a declaração de inconstitucionalidade ortodoxa envolveria o sacrifício da segurança jurídica ou de outro valor constitucional materializável sob a forma de interesse social." (AI 474.708-AgR, Rel. Min. Gilmar Mendes, decisão monocrática, julgamento em 17.03.2008, *DJE* de 18.04.2008).

8.2.2 Modulação no controle concentrado

As Leis nº 9.882/99 e nº 9.868/99[530] regulamentaram a modulação de efeitos no tempo das decisões proferidas pelo STF após a Constituição de 1988, através dos dispositivos abaixo transcritos:

> Lei nº 9.882/99
>
> Art. 11. Ao declarar a inconstitucionalidade de lei ou ato normativo, no processo de arguição de descumprimento de preceito fundamental, e tendo em vista razões de segurança jurídica ou de excepcional interesse social, poderá o Supremo Tribunal Federal, *por maioria de dois terços de seus membros, restringir os efeitos daquela declaração ou decidir que ela só tenha eficácia a partir de seu trânsito em julgado ou de outro momento que venha a ser fixado.* [grifamos]
>
> Lei nº 9.868/99
>
> Art. 27. Ao declarar a inconstitucionalidade de lei ou ato normativo, e tendo em vista razões de segurança jurídica ou de excepcional interesse social, poderá o Supremo Tribunal Federal, *por maioria de dois terços de seus membros, restringir os efeitos daquela declaração ou decidir que ela só tenha eficácia a partir de seu trânsito em julgado ou de outro momento que venha a ser fixado.* [grifamos]

A possibilidade de modulação foi, no plano literal normativo, adstrita às decisões de *inconstitucionalidade* proferidas no *controle concentrado* de constitucionalidade. Conforme se depreende dos dispositivos acima reproduzidos, a aplicação da modulação exige a maioria de dois terços dos membros do STF.[531]

---

530. TALAMINI, Eduardo. *Coisa julgada e sua revisão: coisa julgada e Constituição, o regime infraconstitucional da coisa julgada, a ação rescisória e outros meios rescisórios típicos, os limites da revisão atípica ('relativização') da coisa julgada, as sentenças inexistentes.* São Paulo: Rev. dos Tribunais, 2005, Pág. 445.

531. CONCURSO PÚBLICO - TRATAMENTO DIFERENCIADO. O concurso público pressupõe o tratamento igualitário dos candidatos, discrepando da ordem jurídico-constitucional a previsão de vantagens quanto a certos cidadãos que venham prestando serviços à Administração Pública. PROCESSO OBJETIVO - PRONUNCIAMENTO - MODULAÇÃO. *Uma vez não alcançado o quorum de dois terços relativo à modulação – de resto, de constitucionalidade duvidosa –, impõe-se concluir de forma contrária ao fenômeno.* (STF - ADI nº 2.949, relator Ministro Joaquim Barbosa. Relator para Acórdão Ministro Marco Aurélio, julgado em 26/09/07).

Em que pese a omissão das Leis nº 9.868/99 e nº 9.882/99 quanto à possibilidade de modulação de efeitos de decisões que declaram a constitucionalidade de determinada lei ou ato jurídico, o STF reconheceu essa possibilidade no julgamento da ADI nº 3.756.[532] Esse julgado, no entanto, não esclareceu o *quorum* de votos necessário à modulação de efeitos nas declarações de constitucionalidade.

Em decisão proferida já na vigência do CPC/2015 (RE nº 723.651 QO),[533] os Ministros Roberto Barroso, Celso de Mello e Gilmar Mendes manifestaram seu entendimento no sentido de que a modulação de efeitos *sem declaração de inconstitucionalidade* exige apenas maioria absoluta dos votos dos membros do Tribunal, e não dois terços dos votos.[534]

---

532. De relatoria do Ministro Carlos Britto, julgada em 21.06.2007, nessa ação, ajuizada pela Mesa Diretora da Câmara Legislativa do Distrito Federal, sustentou-se a inconstitucionalidade do art. 1º, §3º, inciso II, bem como do art. 20, incisos II e III, todos da Lei de Responsabilidade Fiscal (LC nº 101/2000). No mérito, por unanimidade, o Tribunal julgou improcedente a ADI nº 3.756, portanto, declarando a constitucionalidade da LC nº 101/2000.
O Governador do Distrito Federal e a Mesa Diretora da Câmara Legislativa do Distrito Federal interpuseram embargos de declaração contra o acórdão que declarou a constitucionalidade da Lei Complementar para que constasse "na parte dispositiva do acórdão que a sua eficácia será a partir de seu trânsito em julgado, considerando a boa-fé, a segurança jurídica e as razões de excepcional interesse social adjacentes ao caso (...)". Por unanimidade, o Tribunal acolheu os embargos da Mesa Diretora da Câmara Legislativa para modular os efeitos da decisão, conferindo efeitos *ex nunc* à *declaração de constitucionalidade.*

533. Relator Min. Marco Aurélio, julgado em 04.02.2016.

534. IMPOSTO SOBRE PRODUTOS INDUSTRIALIZADOS – IMPORTAÇÃO DE BENS PARA USO PRÓPRIO – CONSUMIDOR FINAL. Incide, na importação de bens para uso próprio, o Imposto sobre Produtos Industrializados, sendo neutro o fato de tratar-se de consumidor final.
[...]
Decisão: Após os votos ora reajustados dos Ministros Luiz Fux e Ricardo Lewandowski (Presidente), não foi alcançado o *quorum* para a modulação dos efeitos da decisão proferida. *Os Ministros Roberto Barroso, Celso de Mello e Gilmar Mendes assinalaram o entendimento de que nos casos em que há mudança de jurisprudência, sem declaração de inconstitucionalidade, a modulação pode ser feita por maioria absoluta do Tribunal.* Presidiu o julgamento o Ministro Ricardo Lewandowski. Plenário, 04.02.2016. [grifo nosso]

O Ministro Roberto Barroso reiterou sua posição durante o julgamento do já mencionado RE nº 593.849, ocasião em que o STF declarou inconstitucional lei do estado de Minas Gerais que impossibilitava a restituição do ICMS/ST.[535]

Esse entendimento ganhou mais força com o julgamento do RE nº 377.457 ED (julgado em 19.10.2016). Ao analisar o caso, a Min. Rosa Weber, relatora do caso, destacou que o STF, mesmo antes do advento da Lei nº 9.868/99, havia fixado efeitos prospectivos às suas decisões. Essa construção pretoriana foi incorporada à legislação pelo art. 927, §§ 3º e 4º do CPC/2015.

O voto proferido pela ministra no caso acima referido não foi acompanhado pela maioria dos ministros, por motivo distinto à discussão do quórum. Seguindo o voto exarado pelo Min. Teori Zavascki, o Plenário do STF entendeu inexistente contradição ou omissão no julgamento embargado. Não

---

535. Transcrição dos debates ocorridos durante o voto proferido pelo Min. Barroso: "O SENHOR MINISTRO GILMAR MENDES - Eu só estou querendo entender a modulação de efeitos. Não temos aqui declaração de inconstitucionalidade. Pelo contrário...

O SENHOR MINISTRO LUÍS ROBERTO BARROSO – Ministro Gilmar, esse é um ponto importante, que eu até conversei...

A SENHORA MINISTRA CÁRMEN LÚCIA (PRESIDENTE) – Dá-se uma interpretação à norma, inovando a aplicação.

O SENHOR MINISTRO EDSON FACHIN (RELATOR) - No meu voto há, do Estado de Minas... [refere-se à existência de declaração de inconstitucionalidade]

O SENHOR MINISTRO LUÍS ROBERTO BARROSO - O Ministro Fachin entende... Só para, se eu puder organizar, você tem três situações: quando você quer modular que declarou a lei inconstitucional em ação direta, possibilidade um; modular quando declarou a lei inconstitucional incidentalmente, possibilidade dois; e quando você apenas mudou a jurisprudência sem declaração de inconstitucionalidade.

A SENHORA MINISTRA CÁRMEN LÚCIA (PRESIDENTE) - Interpretando de forma que não era aquela que vinha prevalecendo.

O SENHOR MINISTRO LUÍS ROBERTO BARROSO: *Eu inclusive sustento que, nesta terceira hipótese, basta a maioria absoluta, que só se exigem os dois terços quando se modula em casos de declaração de inconstitucionalidade.* Se for mudança de jurisprudência, não. Tanto que eu cheguei a propor isso ao Ministro Fachin. Só que ele noticiou, com razão, que aqui, neste caso, ele está declarando incidentalmente a inconstitucionalidade da lei mineira. Portanto, em relação à lei de Minas, para modular, é preciso dois terços. Porém, pode parecer uma complexidade, mas é importante: em relação aos estados que não têm lei, e que, portanto, nós estamos tratando apenas de mudança de jurisprudência... [grifo nosso]

obstante, os Ministros Edson Fachin e Ricardo Lewandowski acompanharam a Min. Relatora.

Nesse contexto, considerando as manifestações anteriores relativas ao quórum, é seguro afirmar que há uma forte tendência na Corte favorável ao entendimento de que a fixação de efeitos prospectivos em decisões de constitucionalidade satisfaz-se com o *quorum* absoluto.

8.2.3 Modulação no controle difuso

Como verificado, a modulação de efeitos em matéria constitucional possuía respaldo legal expresso apenas no exercício do controle concentrado. No entanto, por meio de construção pretoriana, o STF passou a admitir a modulação de efeitos no âmbito do controle difuso, aplicando, por analogia, as disposições e o *quorum* previstos no art. 27 da Lei nº 9.868/99, conforme se depreende da manifestação do Ministro Lewandowski nos autos do RE nº 377.457:

> O Sr. Ministro RICARDO LEWANDOWSKI – Senhor Presidente, reafirmando a tese de que nós *podemos, por analogia também, adotar a modulação em processos subjetivos levados a Plenário, eu, data venia* da divergência, nesse caso, como o Supremo já havia sinalizado uma mudança de orientação, não modulo na situação sob apreço. [grifo nosso]

O entendimento revelado pela decisão acima referida está consolidado no STF.[536] A Corte exige o *quorum* qualifi-

---

536. A aplicação do instituto às decisões proferidas em controle de constitucionalidade difuso também pode ser verificada no caso clássico, em que o Supremo declarou inconstitucional lei municipal que estabelecia o número de vereadores do município. Ali, o STF entendeu que a não modulação dos efeitos poderia acarretar em prejuízo maior que a manutenção dos efeitos do ato normativo até o reconhecimento da inconstitucionalidade. Nesse sentido, segue a ementa do acórdão do julgamento do Recurso Extraordinário nº 197.917: RECURSO EXTRAORDINÁRIO. MUNICÍPIOS. CÂMARA DE VEREADORES. COMPOSIÇÃO. AUTONOMIA MUNICIPAL. LIMITES CONSTITUCIONAIS. NÚMERO DE VEREADORES PROPORCIONAL À POPULAÇÃO. CF, ARTIGO 29, IV. APLICAÇÃO DE CRITÉRIO ARITMÉTICO RÍGIDO. INVOCAÇÃO DOS PRINCÍPIOS DA ISONOMIA E DA RAZOABILIDADE.

cado de dois terços para a aplicação da modulação de efeitos de decisões que declaram a *inconstitucionalidade* de ato ou norma, seja no controle concentrado, por força de disposição legal expressa, seja no controle difuso, por aplicação analógica das Leis nº 9.868/99 e nº 9.882/99.

Como já mencionado no item anterior, embora as questões quanto ao *quorum* necessário para a modulação de efeitos em sede de controle de constitucionalidade estejam ainda em aberto, identifica-se uma forte tendência do Supremo em aplicar o *quorum* absoluto (voto de seis ministros) também nas hipóteses de declaração de constitucionalidade em controle difuso.

8.3 Modulação de efeitos de decisões em matéria tributária

A função judicial no macrossistema estatal destina-se a preservar a estabilidade das relações jurídico-sociais, tornando previsíveis[537] e estáveis as soluções de conflitos. No âmbito da jurisdição constitucional, não seria diferente. O direto tributário constitui um sistema dotado de regras e garantias constitucionais próprias, as quais devem ser observadas pelo intérprete na aplicação do instituto da modulação temporal dos efeitos das decisões proferidas pelo STF. Entre as principais, está a segurança jurídica, cuja concretização da segurança jurídica, portanto, demanda não apenas a edição de atos normativos cognoscíveis, como a proteção da confiança

INCOMPATIBILIDADE ENTRE A POPULAÇÃO E O NÚMERO DE VEREADORES. INCONSTITUCIONALIDADE, INCIDENTER TANTUM, DA NORMA MUNICIPAL. EFEITOS PARA O FUTURO. SITUAÇÃO EXCEPCIONAL. [...] 8. Inconstitucionalidade, *incidenter tantum,* da norma municipal. Efeitos para o futuro. Situação excepcional. [...] Efeitos. Princípio da segurança jurídica. Situação excepcional em que a declaraçao de nulidade, com seus normais efeitos *ex tunc*, resultaria grave ameaça a todo o sistema legislativo vigente. Prevalência do interesse público para assegurar, em caráter de exceção, efeitos pro futuro à declaração incidental de inconstitucionalidade. (RE nº 197.917, Relator Ministro Maurício Corrêa, julgado em 06.06.2002).

537. MAIA FILHO, Napoleão Nunes. *Processo e julgamento judicial no paradigma juspositivista tardio: breves ensaios sobre a hermenêutica dos fatos na resolução de demandas jurídicas*. Fortaleza: Imprece, 2015, p. 233.

gerada a partir da interpretação firmada pelos órgãos estatais incumbidos de aplicá-las, como explica Ana Paula Ávila:

> Os princípios da proteção da confiança e da segurança jurídica podem ser assim formulados: o cidadão deve poder ter confiança que os atos ou decisões públicas, incidentes sobre seus direitos, estão relacionados a efeitos duradouros, previstos ou calculados com base nas normas jurídicas vigentes. Esses princípios apontam basicamente para: (a) a proibição de leis retroativas; (b) a inalterabilidade do caso julgado; e (c) a tendencial irrevogabilidade de atos administrativos constitutivos de direitos.[538]

As posições do contribuinte e da fazenda, no que tange à tutela da segurança jurídica, são marcadamente distintas.

Os contribuintes estão sujeitos às normas estatais e confiam nos atos administrativos e judiciais a partir delas produzidos. A credibilidade atribuída a esse posicionamento do Estado (em sentido amplo) serve de ponto fixo sobre o qual se alavanca o desenvolvimento econômico e jurídico de uma sociedade.

A realização dos investimentos indispensáveis ao desenvolvimento econômico (objetivo previsto no art. 3º, II, da CF 88) assenta-se no pressuposto de manutenção de estabilidade das regras do jogo. Contra a incerteza de um sistema dinâmico e instável que altera significados e no qual a instabilidade muitas vezes está presente, é que existe a segurança jurídica, estabelecida em favor do contribuinte. Ele deve assumir o risco da atividade econômica e não o custo da instabilidade e da ineficiência normativa do Estado.

Já a fazenda, face executiva do Estado que aprovou, implementou e executou uma norma eventualmente inconstitucional não pode suscitar em seu favor a segurança jurídica a fim de preservar os efeitos dessa violação à Carta

538. ÁVILA, Ana Paula Oliveira. *A modulação de efeitos temporais pelo STF no controle de constitucionalidade: ponderação e regras de argumentação para a interpretação conforme a constituição do art. 27 da Lei nº 9.868/99*. Porto Alegre: Livraria do Advogado Editora, 2009, p. 153.

Constitucional. Além de imoral e psicologicamente perversa, essa lógica estimularia novas violações,[539] colocando em xeque a própria eficácia das garantias constitucionais.[540]

As decisões circunstanciais que chancelam essa possibilidade plantam o germe da destruição do próprio direito, pois estremecem a confiança dos cidadãos nos comandos produzidos pelo Estado, estimulando a indiferença e o desrespeito, diante da incerteza do seu conteúdo deôntico e sua adequação constitucional.

8.4 Modulação de efeitos em matéria tributária: decisões do STF

8.4.1 IPI alíquota zero (RE 353.657-5 e 370.682)

Ao apreciar os Recursos Extraordinários 350.446,[541] 353.668-1, 357.277-6 e 358.493-6, o STF reconheceu o direito à apuração

---

539. Sobre essa peculiar posição do Estado em face da boa-fé objetiva, explica Ana Paula Ávila: "[...] seria incongruente com os ditames da boa-fé (objetiva, saliente-se), a mais não poder, a solução que permitisse ao Estado usar (no caso, abusar) do poder de legislar em desrespeito à Constituição – ou seja, inconstitucionalissimamente –, e, como prêmio, ainda dispor da possibilidade de ver mantido o proveito que tenha logrado em virtude da lei inconstitucional, muito especialmente se esse proveito se dá em detrimento dos direitos individuais. Este importante aspecto do princípio da boa-fé reside, muito mais que numa proposição juridicamente fundada na segurança jurídica, na própria virtude e na ética das comunidades juridicamente organizadas, e há que ser considerado, portanto, na interpretação do art. 27 da Lei nº 9.868/99. (ÁVILA, Ana Paula Oliveira. *A modulação de efeitos temporais pelo STF no controle de constitucionalidade: ponderação e regras de argumentação para a interpretação conforme a constituição do art. 27 da Lei nº 9.868/99*. Porto Alegre: Livraria do Advogado Editora, 2009. p. 155).

540. Não pode passar imune à crítica a estratégia perversa instituída no exercício da jurisdição. Com fundamento no art. 15 Lei n° 12.106/2009, liminares concedidas em favor dos contribuintes contra leis manifestamente inconstitucionais são muitas vezes cassadas pelo Presidente do Tribunal de origem ou Presidente do Tribunal Superior ao qual caberia recurso, sob o fundamento de grave lesão à economia. Passados alguns anos, a Fazenda requerer ao STF a modulação dos efeitos da declaração de inconstitucionalidade em virtude dos danos financeiros que foram assegurados pela própria decisão que, anteriormente, cassara a liminar assegurando o recolhimento do tributo inconstitucional.

541. CONSTITUCIONAL. TRIBUTÁRIO. IPI. CREDITAMENTO. INSUMOS ISENTOS, SUJEITOS À ALÍQUOTA ZERO. Se o contribuinte do IPI pode creditar o valor dos insumos adquiridos sob o regime de isenção, inexiste razão para deixar de

de crédito de IPI para as aquisições de insumos sujeitas à alíquota zero (0%), seguindo premissas adotas em julgamento na mesma direção em relação às aquisições de insumos isentos.

A discussão relativa à alíquota zero, no entanto, foi reaberta no julgamento dos Recursos Extraordinários 353.657 e 370.682,[542] quando o Plenário do STF, por maioria (diferença de um voto), entendeu que a aquisição de insumos sujeitos à alíquota 0% de IPI não conferia direito de crédito aos contribuintes.

Considerando a evidente mudança de entendimento da Corte, o Min. Ricardo Lewandowski propôs a aplicação de efeitos modulatórios ao novo entendimento adotado pela Corte. Utilizou para tanto os seguintes fundamentos: a) existência de um cenário jurisprudencial de quase uma década, a partir do qual diversos contribuintes, confiando nos precedentes do STF, passaram a creditar-se, de forma rotineira, do IPI decorrente das operações que envolviam a entrada de insumos tributados com alíquota de 0%; b) a mudança abrupta da jurisprudência do STF, decorrência provável da sua nova composição, a qual não poderia causar prejuízo aos jurisdicionados que pautaram suas ações pelo entendimento até então vigente; c) o respeito à segurança jurídica, que tem por escopo evitar alterações

---

reconhecer-lhe o mesmo direito na aquisição de insumos favorecidos pela alíquota zero, pois nada extrema, na prática, as referidas figuras desonerativas, notadamente quando se trata de aplicar o princípio da não cumulatividade. A isenção e a alíquota zero em um dos elos da cadeia produtiva desapareceriam quando da operação subsequente, se não admitido o crédito. Recurso não conhecido (Plenário do STF, Rel. Min. Nelson Jobim, *D.J.U.* 06.06.2003).

542. IPI - INSUMO - ALÍQUOTA ZERO - AUSÊNCIA DE DIREITO AO CREDITAMENTO. Conforme disposto no inciso II do § 3º do artigo 153 da Constituição Federal, observa-se o princípio da não cumulatividade, compensando-se o que for devido em cada operação com o montante cobrado nas anteriores, ante o que não se pode cogitar de direito a crédito quando o insumo entra na indústria considerada a alíquota zero. IPI - INSUMO - ALÍQUOTA ZERO - CREDITAMENTO - INEXISTÊNCIA DO DIREITO - EFICÁCIA. *Descabe, em face do texto constitucional regedor do Imposto sobre Produtos Industrializados e do sistema jurisdicional brasileiro, a modulação de efeitos do pronunciamento do Supremo, com isso sendo emprestada à Carta da República a maior eficácia possível, consagrando-se o princípio da segurança jurídica* (destaque nosso, Plenário do STF, Rel. Min. Marco Aurélio, *D.J.U.* 06.03.2008).

surpreendentes que desestabilizem a situação dos administrados, como a transformação de jurisprudência.

A posição defendida pelo Min. Lewandowski foi superada pelo entendimento contrário à fixação de efeitos modulatórios, adotado pelos demais ministros do STF e apoiado nas seguintes justificativas: a) aplicação de efeitos modulatórios seria cabível somente nas hipóteses em que ocorre a declaração de inconstitucionalidade, sendo descabida na declaração de constitucionalidade; b) a inocorrência de trânsito em julgado das decisões proferidas pelo Plenário do STF nos Recursos Extraordinários 350.446-1, 353.668-1, 357.277-6, 358.493-6, tendo em vista a interposição de sucessivos embargos declaratórios pela fazenda, demonstraria tanto a inexistência de jurisprudência pacífica sobre o tema, quanto a inexistência de violação à segurança jurídica; c) a publicação do acórdão *leading case*, apontado como fundamento para proteção jurídica e modulação de efeitos (RE 350.446), ocorrera em 06.06.2003; em 25.02.2003, a Primeira Turma já propunha a rediscussão da matéria no âmbito do Plenário; d) a Constituição traz mecanismos específicos de estabilização de expectativa dos cidadãos, a saber: o trânsito em julgado, a declaração de inconstitucionalidade ou constitucionalidade em controle concentrado, a adoção de Resolução pelo Senado Federal, a Súmula vinculante, a prescrição e a decadência, sendo que nenhuma dessas formas atingiu o exame em questão.

Como se verifica, a maioria dos Ministros entendeu que a ausência de coisa julgada da decisão proferida nos Recursos Extraordinários nºs 350.446, 353.668-1, 357.277-6 e 358.493-6 não permitia a caracterização de um quadro violador da segurança jurídica que desembocasse na modulação dos efeitos da decisão.

O problema é que os embargos declaratórios – sobretudo em matéria exclusivamente jurídica – servem simplesmente para esclarecer algum ponto do acórdão embargado. Desse modo, a confiança dos contribuintes na estabilidade da definição conferida ao tema era, até então, inquestionável, sendo sua relativização um prêmio a quem, através de medidas protelatórias, desafiou a autoridade da própria Corte Constitucional apostando numa modificação futura de seu entendimento (e de sua composição), estratégia processual vedada pelo art. 538, parágrafo único, do antigo Código de Processo Civil de 1973,[543] e pelo art. 1.026, §2º, do CPC/2015.[544]

Ademais, embora tenha adotado o critério do trânsito em julgado para determinar a irradiação de efeitos e a proteção da legítima expectativa, os próprios Ministros do STF já estavam aplicando o entendimento ainda não transitado em julgado em decisões monocráticas.[545]

543. Parágrafo único. Quando manifestamente protelatórios os embargos, o juiz ou o tribunal, declarando que o são, condenará o embargante a pagar ao embargado multa não excedente de 1% (um por cento) sobre o valor da causa. Na reiteração de embargos protelatórios, a multa é elevada a até 10% (dez por cento), ficando condicionada à interposição de qualquer outro recurso ao depósito do valor respectivo.

544. § 2º Quando manifestamente protelatórios os embargos de declaração, o juiz ou o tribunal, em decisão fundamentada, condenará o embargante a pagar ao embargado multa não excedente a dois por cento sobre o valor atualizado da causa.

545. DECISÃO: 1. Trata-se de agravo regimental contra decisão do teor seguinte: "1. Trata-se de recurso extraordinário contra acórdão do Tribunal Regional Federal da 1ª Região que entendeu indevida a compensação de créditos de IPI relativamente à aquisição de matérias primas e insumos sujeitos à alíquota zero. A recorrente, com fundamento no art. 102, III, a, alega ter havido ofensa ao art. 153, § 3º, II, da Constituição Federal. 2. Inconsistente o recurso. Esta Corte, a partir do julgamento do RE nº 212.484 (Rel. p/ acórdão Min. NELSON JOBIM, j. 05.03.1998), reconheceu a existência do direito de crédito de IPI na aquisição de insumos isentos, como se lhe pode ver da respectiva ementa: "CONSTITUCIONAL. TRIBUTÁRIO. IPI. ISENÇÃO INCIDENTE SOBRE INSUMOS. DIREITO DE CRÉDITO. PRINCÍPIO DA NÃO CUMULATIVIDADE. OFENSA NÃO CARACTERIZADA. Não ocorre ofensa à CF (art. 153, § 3º, II) quando o contribuinte do IPI credita-se do valor do tributo incidente sobre insumos adquiridos sob o regime de isenção. Recurso não conhecido." *A Corte estendeu esse entendimento para o caso de aquisição de insumos não tributados ou tributados com alíquota zero, no julgamento do RE nº 350446 (Rel. Min. NELSON JOBIM, DJ de 06.06.2003): "CONSTITUCIONAL. TRIBUTÁRIO. IPI. CREDITAMENTO. INSUMOS ISENTOS, SUJEITOS À ALÍQUOTA ZERO. Se o contribuinte do IPI pode creditar o valor dos insumos adquiridos sob o regime de isenção, inexiste razão para deixar de reconhecer-lhe o mesmo direito na aquisição de insumos favorecidos pela alíquota zero, pois nada extrema, na prática, as referidas figuras desonerativas, notadamente quando se trata de aplicar o princípio da não cumulatividade. A isenção e a alíquota zero em um dos elos da cadeia produtiva desapareceriam quando da operação subsequente, se não admitido o crédito. Recurso não conhecido." (No mesmo sentido: RE nº 293511-AGR, Rel. Min. CELSO DE MELLO, DJ de 21.03.2003)* Mas, no que toca à aquisição de insumos não tributados ou tributados com alíquota zero, a Corte no julgamento dos REs nº 370.682 (Rel.

De positivo, restou o esclarecimento realizado pelo STF sobre o momento a partir do qual as expectativas dos contribuintes são definitivamente tuteladas: o trânsito em julgado, que torna inalterado o passado albergado pela decisão judicial que tenha afastado o direito subjetivo fazendário.

8.4.2 Prescrição e decadência (RE nº 559.943)

Na análise do Recurso Extraordinário (RE nº 559.943),[546] o STF reconheceu a inconstitucionalidade dos arts. 45 e 46

Min. ILMAR GALVÃO), e nº 353.657 (Rel. Min. MARCO AURÉLIO), concluído em 25.06.2007, reviu tal entendimento, decidindo ser indevida compensação de créditos de IPI decorrentes da aquisição de matérias-primas e insumos não tributados ou sujeitos à alíquota zero. 3. Ante o exposto, nego seguimento ao recurso (art. 21, § 1º, do RISTF, art. 38 da Lei nº 8.038, de 28.05.90, e art. 557 do CPC)." (fl. 209/210). A parte recorrente pede seja reconsiderada a decisão agravada, pelas razões expostas às fls. 217-219, com o consequente provimento do recurso. 2. Esta Corte, no julgamento do RE nº 483.994-AgR-QO (Rel. Min. ELLEN GRACIE, Segunda Turma, DJE de 20.11.2008), decidiu estender a todos os agravos regimentais e embargos de declaração anteriores a 20.8.2008, interpostos de decisões monocráticas proferidas em processos cujo tema foi reconhecido como de repercussão geral, a seguinte solução: reconsiderar a decisão agravada e determinar a devolução dos autos ao Tribunal de origem, ficando prejudicado o agravo regimental ou os embargos de declaração. No caso, trata-se de recurso extraordinário que versa sobre tema cuja repercussão geral foi reconhecida na análise do RE nº 562.980 (Rel. Min. RICARDO LEWANDOWSKI, *DJE* de 16.05.2008). 3. Ante o exposto, reconsidero a decisão agravada e, com fundamento no art. 328, parágrafo único, do RISTF, determino a devolução dos autos ao Tribunal de origem, para os fins do art. 543-B do CPC, ficando prejudicado o agravo regimental. Publique-se. Int. Brasília, 30 de março de 2010. Ministro CEZAR PELUSO Relator. (destaque nosso, RE 460251 AgR, Relator(a): Min. CEZAR PELUSO, julgado em 30.03.2010, publicado em *DJe*-067 DIVULG 15.04.2010 PUBLIC 16.04.2010).

546. DIREITO TRIBUTÁRIO. CONSTITUCIONALIDADE FORMAL DOS ARTIGOS 45 E 46 DA LEI N. 8.212/1991. ARTIGO 146, INCISO III, ALÍNEA B, DA CONSTITUIÇÃO DA REPÚBLICA. PRESCRIÇÃO E DECADÊNCIA TRIBUTÁRIAS. MATÉRIA RESERVADA À LEI COMPLEMENTAR. ARTIGOS 173 E 174 DO CÓDIGO TRIBUTÁRIO NACIONAL. RECURSO EXTRAORDINÁRIO AO QUAL SE NEGA PROVIMENTO. 1. A Constituição da República de 1988 reserva à lei complementar o estabelecimento de normas gerais em matéria de legislação tributária, especialmente sobre prescrição e decadência, nos termos do art. 146, inciso III, alínea b, in fine, da Constituição da República. Análise histórica da doutrina e da evolução do tema desde a Constituição de 1946. 2. Declaração de inconstitucionalidade dos artigos 45 e 46 da Lei n. 8.212/1991, por disporem sobre matéria reservada à lei complementar. 3. Recepcionados pela Constituição da República de 1988 como disposições de lei complementar, subsistem os prazos prescricional e decadencial previstos nos artigos

da Lei 8.212/91 que fixavam prazos decadencial e prescricional de dez anos para os créditos tributários previdenciários. A Corte entendeu que os aludidos dispositivos, veiculados por lei ordinária, invadiram área reservada, segundo o art. 146, III, "b", à lei complementar. Esse papel normativo é desempenhado pelo Código Tributário Nacional, cujos arts. 173[547] e 174[548] fixam o prazo de cinco anos para constituição e para a cobrança judicial do crédito tributário.

A decadência e a prescrição, nos termos do art. 156, V, do Código Tributário Nacional,[549] extinguem o crédito tributário, razão pela qual o reconhecimento da aludida inconstitucionalidade teria como consequências: a impossibilidade de cobrança (administrativa e judicial) dos créditos tributários constituídos ou cobrados, judicialmente, fora do prazo entabulado pelo CTN. Consequentemente, os contribuintes teriam direito à restituição dos pagamentos de débitos prescritos ou decaídos.

O STF reconheceu a inconstitucionalidade dos aludidos dispositivos ordinários e o Min. Gilmar Mendes propôs a modulação de efeitos da respectiva decisão sob a seguinte justificativa: "Diante da repercussão que o assunto envolve, eu fiz outras considerações, mas vou poupar o Tribunal dessas considerações sobre o assunto".

Apesar da lacônica justificativa acima alinhada, claramente inválida à luz do art. 93, IX, da Constituição Federal,[550]

---

173 e 174 do Código Tributário Nacional. 4. *Declaração de inconstitucionalidade, com efeito* ex nunc, *salvo para as ações judiciais propostas até 11.6.2008, data em que o Supremo Tribunal Federal declarou a inconstitucionalidade dos artigos 45 e 46 da Lei n. 8.212/1991.* 5. Recurso extraordinário ao qual se nega provimento (destaque nosso, Plenário do STF, Relatora Min. Cármen Lúcia, *D.J.U.* 25.09.2008).

547. Art. 173. O direito de a Fazenda Pública constituir o crédito tributário extingue-se após 5 (cinco) anos, contados: I - do primeiro dia do exercício seguinte àquele em que o lançamento poderia ter sido efetuado; II - da data em que se tornar definitiva a decisão que houver anulado, por vício formal, o lançamento anteriormente efetuado.

548. Art. 174. A ação para a cobrança do crédito tributário prescreve em cinco anos, contados da data da sua constituição definitiva.

549. Art. 156. Extinguem o crédito tributário: [...] V - a prescrição e a decadência; [...].

550. Art. 93. Lei complementar, de iniciativa do Supremo Tribunal Federal, disporá

o Plenário da Corte modulou os efeitos da sua decisão. Reconheceu a impossibilidade de cobrança administrativa/judicial do crédito tributário atingido pela decadência e/ou prescrição, mas afastou, com exceção de ações já ajuizadas pelos contribuintes neste sentido, a possibilidade de repetição de indébito dos valores indevidamente recolhidos, relativos a créditos tributários prescritos ou fulminados pela decadência.

Em seu voto divergente (vencido), o Min. Marco Aurélio destacou que aquele caso revelava não só a adoção pela Corte de questionáveis parâmetros para fixação de efeitos modulatórios em favor do fisco – muito menos rígidos do que os exigidos quando foi pleiteada a modulação de efeitos em defesa da segurança jurídica dos contribuintes – como o endosso do enriquecimento ilícito do Estado, beneficiado pela própria lei inconstitucional.[551]

---

sobre o Estatuto da Magistratura, observados os seguintes princípios:
IX - todos os julgamentos dos órgãos do Poder Judiciário serão públicos, e fundamentadas todas as decisões, sob pena de nulidade, podendo a lei limitar a presença, em determinados atos, às próprias partes e a seus advogados, ou somente a estes, em casos nos quais a preservação do direito à intimidade do interessado no sigilo não prejudique o interesse público à informação; [...].

551. O voto vencido do Ministro Marco Aurélio, abaixo reproduzido, reclama leitura atenta:
SENHOR MINISTRO MARCO AURÉLIO – Senhor Presidente, o Colegiado conhece meu ponto de vista sobre o instituto da modulação, especialmente em processos subjetivos.
Entendo que não cabe uma mitigação do ato judicial em termos de guarda da Constituição a ponto de se afastar do próprio sistema procedimentos por ele contemplados.
A matéria versada não é nova e o primeiro pronunciamento do Tribunal quanto à necessidade de lei complementar – recordo que a Lei nº 8.212/91 é de 24 de julho de 1991 – ocorreu em 1992. Este Plenário – já estava inclusive compondo-o –, sem voto discrepante, assentou, na dicção do relator, ministro Carlos Velloso, a indispensável observância do instrumento – lei complementar – para alcançar-se a disciplina da prescrição e da decadência. Assim, repito – e aqui não se pode cogitar de surpresa para quem quer que seja, muito menos para o Estado –, decidiu o Pleno no Recurso Extraordinário nº 138.284-8, em 1º de julho de 1992.
Consignou o Ministro Carlos Velloso:
"Todas as contribuições, sem exceção, sujeitam-se a lei complementar de normas gerais, assim ao C.T.N. (art. 146, III, *ex vi* do disposto no art. 149)."
E fez ver Sua Excelência que a instituição, em si, da contribuição não exige a lei complementar. Mas, no tocante ao que se quer na Constituição como disciplina linear – e, se não tivesse sido a decisão do Plenário no sentido do tratamento igualitário, ficaria a imaginar 27 assembleias deliberando sobre o Imposto sobre Circulação de Mercadorias e

Além das bem lançadas críticas, alinhadas pelo Min. Marco Aurélio, a modulação realizada trouxe como resultado prático o estímulo ao questionamento judicial pelos contribuintes, pois aqueles que preferiram adotar a presunção de constitucionalidade das leis foram severamente atingidos e discriminados em detrimento daqueles que, acostumados a desconfiar da legislação tributária brasileira, ajuizaram suas respectivas ações,

---

Serviços, a prescrição e a decadência, 5.554 Câmaras de vereadores o fazendo quanto ao Imposto sobre Serviços, o que haveria em termos de guerra fiscal –, assentou o Tribunal – nesse julgamento, expressamente, em 1992, daí não se poder cogitar de insegurança jurídica – que a questão da prescrição e da decadência já estava pacificada àquela época, em 1992. E diria: tornou-se pacificada tão logo veio à balha a Emenda Constitucional nº 1/69, no que remeteu a lei complementar normas gerais sobre tributos. É que tais institutos – a prescrição e a decadência – são próprios ao conceito de normas gerais.
Posteriormente, o Plenário, também relator o ministro Carlos Velloso, tributarista emérito, constitucionalista, julgando o Recurso Extraordinário nº 396.266-3-SC, fez ver que se teria como necessária a disciplina das matérias aludidas mediante lei complementar.
Ante esses precedentes, passamos nós outros a decidir monocraticamente, negando seguimento a recursos voltados a infirmar pronunciamentos de Regionais Federais no sentido da necessidade da lei complementar. Eu próprio assim assentei, como também, os ministros Carlos Ayres Britto, Celso de Mello e Eros Grau.
Indago: podemos cogitar de contexto a autorizar a modulação? A meu ver, não. E decidimos, há pouco – só que aqui os ventos beneficiam o Estado e no caso a que me refiro, o pleito se mostrou dos contribuintes –, em situação mais favorável à modulação, e ela foi rechaçada, quando examinamos a questão da alíquota zero e do Imposto sobre Produtos Industrializados. O Tribunal, nessa oportunidade – e buscavam os contribuintes a modulação –, apontou que não haveria como se cogitar de insegurança jurídica porque os pronunciamentos anteriores, estes sim a favor dos contribuintes, dos beneficiários do pleito de modulação, não teriam transitado em julgado.
Ora, Presidente, neste caso concreto, em que a jurisprudência do Supremo, desde 1969, sempre foi no sentido de se ter como indispensável o trato da matéria mediante lei complementar – e a Lei nº 8.212, repito, é de 1991 –, não há premissa que leve o Tribunal a quase sinalizar no sentido de que vale a pena editar normas inconstitucionais porque, posteriormente, ante a morosidade da Justiça, se acaba chegando a um meio termo que, em última análise – em vez de homenagear a Constituição, de torná-la realmente observada por todos, amada por todos –, passa a mitigá-la, solapá-la, feri-la praticamente de morte.
De mais a mais, os contribuintes que recolheram indevidamente o tributo não terão o prazo de dez anos para a ação de repetição de indébito! Disporão de cinco anos, o que já afasta gama enorme de contribuintes que teriam direito à devolução do que satisfeito à margem da ordem jurídica, considerada toda sorte de medidas coercitivas do próprio Estado.
Não vejo com bons olhos, Presidente, a modulação em caso que acaba por diminuir a eficácia da Constituição Federal. A modulação quando, em última análise, há o prejuízo para os contribuintes, já exasperados com a carga tributária e, também, o locupletamento do Estado.
Por isso, peço vênia para, na espécie, votar contra a modulação, com a devida vênia, repito, dos colegas que entendem de forma diversa.

antes da decisão proferida pelo Supremo Tribunal Federal, numa clara afronta ao art. 150, II, da Carta Magna.

8.4.3 COFINS (RE nº 377.457)

O Recurso em epígrafe, interposto pela União, questionava a validade da revogação da isenção prevista pelo art. 6º, II, da Lei Complementar nº 70/91,[552] promovida pelo art. 56 da Lei 9.430/96.[553] A União sustentava que a Lei Complementar 70/91, ao dispor sobre a isenção da COFINS, atuava em campo estendido, pelo legislador constituinte, ao legislador ordinário, razão pela qual a revogação da isenção realizada por lei ordinária era perfeitamente compatível com a Constituição Federal.

O STJ, no entanto, havia assentado entendimento contrário ao defendido pela União, expresso na aprovação da Súmula 276 (cancelada em 2008 – AR 3.761-PR), a seguir transcrita: "As sociedades civis de prestação de serviços profissionais são isentas da Cofins, irrelevante o regime tributário adotado".

A partir das decisões proferidas pelo STJ e pelos Tribunais Regionais Federais, aplicando a Súmula 276 do STJ, foram interpostos recursos extraordinários pela fazenda. Os recursos não foram inicialmente conhecidos, face ao entendimento de que o tema apresentava índole infraconstitucional.[554] Desse modo, o cenário estabelecido apontava a definitividade do deslinde dado ao tema pelo STJ.

---

552. Art. 6°. São isentas da contribuição: [...] II - as sociedades civis de que trata o art. 1° do Decreto-Lei n° 2.397, de 21 de dezembro de 1987; [...].

553. Art. 56. As sociedades civis de prestação de serviços de profissão legalmente regulamentada passam a contribuir para a seguridade social com base na receita bruta da prestação de serviços, observadas as normas da Lei Complementar nº 70, de 30 de dezembro de 1991.

554. AGRAVO REGIMENTAL EM AGRAVO DE INSTRUMENTO. ACÓRDÃO QUE DECIDIU A CONTROVÉRSIA EXCLUSIVAMENTE À LUZ DA LEGISLAÇÃO INFRACONSTITUCIONAL PERTINENTE. AUSÊNCIA DE PREQUESTIONAMENTO DOS DISPOSITIVOS CONSTITUCIONAIS TIDOS POR VIOLADOS. Caso em que ofensa à Carta da República, se existente, dar-se-ia de forma reflexa ou indireta, o que não enseja a abertura da via extraordinária. Incide, ademais, o

Ocorre que o STF alterou seu entendimento acerca da natureza infraconstitucional do tema, passando, inclusive, a suspender decisões judiciais a partir de reclamações ajuizadas pela União, as quais tinham como fundamento a decisão tomada pela Suprema Corte no julgamento de ADC nº 1. Outras decisões, no entanto, entenderam que as considerações acerca do tema, ocorridas no âmbito da ADC 1, não passariam de afirmações *obiter dictum* e, por isso, não poderiam ser utilizadas como fundamento de reclamações. E foi nesse sentido que o Plenário, ao apreciar a Reclamação 2475, fixou seu entendimento, pois as afirmações ali contidas, relacionadas ao tema tributário controvertido (revogação, por lei ordinária, de isenção fixada por lei complementar), não constituíram o fundamento da respectiva decisão, mas representavam opiniões alinhadas pelo Relator, fruto de suas convicções pessoais.[555]

Conforme se verifica, até o julgamento do Recurso Extraordinário nº 377.457-3, o cenário jurídico do tema objeto da controvérsia entre a fazenda e o contribuinte podia ser descrito do seguinte modo: i) existência de cristalino entendimento favorável ao contribuinte e de decisões proferidas pelo STF reconhecendo a inexistência de ofensa direta ao Texto Constitucional nos recursos aviados pela fazenda; e ii) reconhecimento pelo STF de que inexistia precedente da Corte que infirmasse a definição conferida ao tema pelo STJ.

Iniciado o julgamento, houve a alteração do posicionamento até então adotado pelo STF, o qual passou a entender que o tema controvertido envolvia matéria constitucional. Analisando a questão de fundo, o STF acolheu as alegações da fazenda

---

óbice das Súmulas 282 e 356 desta colenda Corte. Agravo desprovido (STF, Primeira Turma, AgR 479724, Relator Min. Carlos Britto, *D.J.U.* 27.10.2006). A decisão transitou em julgado em 28.11.2006.

555. COFINS - LEI COMPLEMENTAR Nº 70/91 - AÇÃO DECLARATÓRIA DE CONSTITUCIONALIDADE Nº 1-1/DF - JULGAMENTO - ALCANCE. No julgamento da Ação Declaratória de Constitucionalidade nº 1-1/DF, o Colegiado não dirimiu controvérsia sobre a natureza da Lei Complementar nº 70/91, consubstanciando a abordagem, no voto do relator, simples entendimento pessoal. (STF, Plenário, Rel. p/ acórdão Min. Marco Aurélio, *D.J.U.* 01.02.2008).

e, por maioria de votos, vencidos os Ministros Marco Aurélio e Eros Roberto Grau, desproveu o recurso interposto pelo contribuinte. O pedido de modulação de efeitos foi negado pelo Tribunal, vencidos os Ministros Menezes Direito, Eros Roberto Grau, Celso de Mello, Ricardo Lewandowski e Carlos Britto.

Algumas circunstâncias relacionadas à decisão acerca da modulação de efeitos da decisão devem, ainda, ser destacas.

Em primeiro lugar, o brilhante voto proferido pelo Min. Celso de Mello,[556] o qual, responsável pela mudança de

556. Como se sabe, o E. Superior Tribunal de Justiça, após reiteradas decisões que proferiu sobre a matéria objeto do presente litígio, veio a sumular, em 2003, o entendimento jurisprudencial daquela alta Corte judiciária, fazendo-o nos termos constantes da Súmula 276/STJ, nesta reconhecendo que "As sociedades civis de prestação de serviços profissionais são isentas da Cofins, irrelevante o regime tributário adotado".
Essa diretriz jurisprudencial, consolidada na Súmula 276/STJ, veio a prevalecer no âmbito do Superior Tribunal de Justiça após ampla discussão sobre a controvérsia jurídica em questão.
Esse dado assume, a meu juízo, Senhor Presidente, extrema importância, pois coloca em pauta a questão relevantíssima da segurança jurídica, que há de prevalecer nas relações entre o Estado e o contribuinte, em ordem a que as justas expectativas deste não sejam frustradas por atuação inesperada do Poder Público, como sucederia em situações, como a ora em exame, em que se registra clara ruptura de paradigmas, com a prolação de decisão que evidentemente onera a esfera jurídica do sujeito passivo da obrigação tributária.
Não se desconhece que, na cláusula constitucional que contempla o direito à segurança, inclui-se a positivação do direito à segurança jurídica, sob pena de se ignorar, com grave lesão aos cidadãos, o atributo da previsibilidade das ações estatais, que norteia e estimula a adoção de padrões de comportamento por parte das pessoas em geral (e dos contribuintes em particular).
Os cidadãos não podem ser vítimas da instabilidade das decisões proferidas pelas instâncias judiciárias ou das deliberações emanadas dos corpos legislativos.
Assume relevo, desse modo, a asserção segundo a qual "o princípio da segurança jurídica supõe que o direito seja previsível e que as situações jurídicas permaneçam relativamente estáveis".
A instabilidade das decisões estatais, motivada pela ruptura abrupta de critérios jurisprudenciais, que, até então, pautavam o comportamento dos contribuintes – cujo planejamento fiscal na matéria em causa traduzia expressão direta do que se continha na Súmula 276/STJ –, não pode nem deve afetar ou comprometer a esfera jurídica daqueles que, confiando em diretriz firmada pelos Tribunais e agindo de acordo com esse entendimento, ajustaram, de boa-fé, a sua conduta aos pronunciamentos reiterados do Superior Tribunal de Justiça a propósito da subsistência, no caso, da isenção da Cofins.
Não constitui demasia assinalar, neste ponto, Senhor Presidente, que o princípio da segurança jurídica, que se reveste de natureza eminentemente constitucional, tem sido prestigiado, por esta Suprema Corte, em diversos julgamentos, inclusive naqueles envolvendo relações de direito público (MS 24.268/MG, Rel. p/ o acórdão Min.

GILMAR MENDES - MS 24.927/RO, Rel. Min. CEZAR PELUSO, v.g.) e de caráter político (RE 197.917/SP, Rel. Min. MAURÍCIO CORRÊA), cabendo mencionar, ainda, por relevante, decisão do Plenário deste Tribunal, que se acha consubstanciada, no ponto, em acórdão assim ementado:
"(...) 5. Obrigatoriedade da observância do princípio da segurança jurídica enquanto subprincípio do Estado de Direito. Necessidade de estabilidade das situações criadas administrativamente. 6. Princípio da confiança como elemento do princípio da segurança jurídica. Presença de um componente de ética jurídica e sua aplicação nas relações jurídicas de direito público. [...]." (MS 22.357/DF, Rel. Min. GILMAR MENDES - grifei)
Entendo que a formulação inscrita na Súmula 276/STJ não pode ser desconsiderada na decisão que este Supremo Tribunal, agora, vai proferir a propósito da pretendida modulação dos efeitos do julgamento que acabamos de realizar na presente sessão plenária.
É preciso destacar que a Súmula - idealizada e concebida, entre nós, pelo saudoso Ministro VICTOR NUNES LEAL ("Passado e Futuro da Súmula do STF", "in" RDA 145/1-20) - desempenha, na lição desse eminente Magistrado, enquanto método de trabalho, várias e significativas funções, pois, como se sabe, o enunciado sumular (a) confere maior estabilidade à jurisprudência predominante nos Tribunais; (b) atua como instrumento de referência oficial aos precedentes jurisprudenciais nele compendiados; (c) acelera o julgamento das causas e (d) evita julgados contraditórios.
Daí o alto significado jurídico e social que resulta da formulação sumular, pois, além de encerrar um resultado paradigmático pertinente a decisões judiciais futuras em torno da mesma controvérsia, dá concreção às múltiplas funções que são inerentes à súmula da jurisprudência predominante nos Tribunais: função de segurança jurídica, função de orientação jurisprudencial, função de simplificação da atividade processual e função de previsibilidade decisória, v.g. (RDA 78/453-459 - RDA 145/1-20), como esta Corte já teve o ensejo de proclamar (RTJ 195/281-282, Rel. Min. CELSO DE MELLO, v.g.).
O fato, Senhor Presidente, é que esta Suprema Corte, considerando os precedentes por ela própria firmados, analisados sob a perspectiva das virtualidades que lhes são inerentes - tais como conferir previsibilidade às futuras decisões judiciais nas matérias abrangidas por esses mesmos precedentes, atribuir estabilidade às relações jurídicas constituídas sob a sua égide, gerar certeza quanto à validade dos efeitos decorrentes de atos praticados de acordo com esses mesmos precedentes e preservar, assim, em respeito à ética do Direito, a confiança dos cidadãos nas ações do Estado -, tem reconhecido a possibilidade, mesmo em temas de índole constitucional, (RE 197.917/SP, Rel. Min. MAURÍCIO CORRÊA), de determinar, nas hipóteses de revisão substancial da jurisprudência, derivada de ruptura de paradigma, a não incidência, sobre situações previamente consolidadas, dos novos critérios consagrados pelo Supremo Tribunal.
O postulado da segurança jurídica e o princípio da confiança do cidadão nas ações do Estado representam diretrizes constitucionais a que o Supremo Tribunal Federal, em contexto como o que ora se apresenta, não pode permanecer indiferente.
Na realidade, os postulados da segurança jurídica e da proteção da confiança, enquanto expressões do Estado Democrático de Direito, mostram-se impregnados de elevado conteúdo ético, social e jurídico, projetando-se sobre as relações jurídicas, inclusive as de direito público, sempre que se registre alteração substancial de diretrizes hermenêuticas, impondo-se à observância de qualquer dos Poderes do Estado e, desse modo, permitindo preservar situações já consolidadas no passado e anteriores aos marcos temporais definidos pelo próprio Tribunal.
A ruptura de paradigma resultante de substancial revisão de padrões jurisprudenciais, como sucede no caso, impõe, em respeito à exigência de segurança jurídica e

entendimento dos Ministros Lewandowski e Carlos Britto, sintetizou muito bem o cenário de insegurança jurídica que deveria ser imunizado pela modulação por ele defendida.

Em segundo lugar, deve ser sublinhado que, embora a votação tenha empatado, dois Ministros utilizaram como fundamento em seus votos a impossibilidade de fixação de efeitos

---

ao princípio da proteção da confiança dos cidadãos, que se defina o momento a partir do qual terá aplicabilidade a nova diretriz hermenêutica.
É importante referir, neste ponto, em face de sua extrema pertinência, a aguda observação de J. J. GOMES CANOTILHO (Direito Constitucional e teoria da Constituição. Coimbra: Almedina, 2002. p. 250.):
"Estes dois princípios - segurança jurídica e protecção da confiança - andam estreitamente associados a ponto de alguns autores considerarem o princípio da protecção de confiança como um subprincípio ou como uma dimensão específica da segurança jurídica. Em geral, considera-se que a segurança jurídica está conexionada com elementos objectivos da ordem jurídica - garantia de estabilidade jurídica, segurança de orientação e realização do direito - enquanto a protecção da confiança se prende mais com as componentes subjectivas da segurança, designadamente a calculabilidade e previsibilidade dos indivíduos em relação aos efeitos jurídicos dos actos dos poderes públicos. A segurança e a protecção da confiança exigem, no fundo: (1) fiabilidade, clareza, racionalidade e transparência dos actos do poder; (2) de forma que em relação a eles o cidadão veja garantida a segurança nas suas disposições pessoais e nos efeitos jurídicos dos seus próprios actos. Deduz-se já que os postulados da segurança jurídica e da protecção da confiança são exigíveis perante 'qualquer acto' de 'qualquer poder' - legislativo, executivo e judicial." (grifei)
Ainda que de todo dispensável a referência que a seguir farei, vale assinalar, por oportuno, que também a prática jurisprudencial da Suprema Corte americana tem respeitado esses mesmos critérios e idênticos princípios, fazendo-os incidir naquelas hipóteses em que sobrevém alteração substancial de diretrizes que, até então, vinham sendo observadas na formação das relações jurídicas, inclusive em matéria penal.
Refiro-me, não só ao conhecido caso "Linkletter" - Linkletter v. Walker, 381 U.S. 618, 629, 1965 -, como, ainda, a muitas outras decisões daquele Alto Tribunal, nas quais se proclamou, a partir de certos marcos temporais, considerando-se determinadas premissas e com apoio na técnica do '*prospective overruling*', a inaplicabilidade do novo precedente e situações já consolidadas no passado, cabendo relembrar, dentre vários julgados, os seguintes: Chevron Oil Co. v. Huson, 404 U.S. 97, 1971; Hanover Shoe v. United Shoe Mach. Corp., 392 U.S. 481, 1968; Simpson v. Union Oil Co., 377 U.S. 13, 1964; England v. State Bd. of Medical Examiners, 375 U.S. 411, 1964; City of Phoenix v. Kolodziejski, 399 U.S. 204, 1970; Cipriano v. City of Houma, 395 U.S. 701, 1969; Allen v. State Bd. of Educ., 393 U.S. 544, 1969, v.g.
Em suma: entendo, Senhor Presidente, que se justifica, plenamente, a aplicação analógica do art. 27 da Lei nº 9.868/99, pois se acham delineados, na espécie, os requisitos autorizadores da modulação dos efeitos da decisão que esta Suprema Corte vem de proferir no julgamento da presente controvérsia constitucional.
Sendo assim, com apoio nas razões ora expostas, e pedindo vênia, acompanho a divergência, solicitando, ao eminente Ministro MENEZES DIREITO, que confirme se é desta data que Sua Excelência estabelece o início da eficácia da modulação ora deferida.

modulatórios nos casos de declaração de *constitucionalidade* (que seriam cabíveis apenas nos casos de declaração de inconstitucionalidade). Se esse tema tivesse sido analisado como questão preliminar ao julgamento do mérito, os votos desses Ministros poderiam caminhar favoravelmente à modulação.

Noutros termos, não se pode colocar no mesmo cesto temas como a possibilidade de fixação de efeitos modulatórios nas declarações de constitucionalidade e a necessidade de modulação no tempo dos seus efeitos. O primeiro é pressuposto do segundo e, como tal, deve ser previamente enfrentado. Desse modo, superada a preliminar (cabimento de modulação nas declarações de *constitucionalidade*), a votação da matéria relativa à segurança jurídica e à necessidade de modulação provavelmente teria outro placar.

8.4.4 IPTU (AI 677.590 AgR)

O município do Rio de Janeiro interpôs diversos recursos extraordinários contra decisões proferidas pelo Tribunal de Justiça desse Estado, reconhecendo a inconstitucionalidade da cobrança do IPTU e das taxas de limpeza e de iluminação públicas. Nesses recursos, pleiteou a modulação de efeitos das decisões proferidas pelo STF.

O pedido foi indeferido, sem exceção, sob o fundamento de excepcionalidade dos efeitos prospectivos em declaração de inconstitucionalidade, no qual não se enquadrava a restituição do IPTU e/ou taxas, pagos indevidamente pelos contribuintes.[557]

Conforme o voto proferido pelo Min. Marco Aurélio no julgamento do AI 677.590 AgR,[558] concluir que os efeitos da declaração de um fato anteriormente existente apenas surgem com a respectiva decisão implica o enriquecimento ilícito do município

557. Vide, por exemplo: AgRg no RE 487567, Rel. Min. Eros Grau, Segunda Turma, *D.J.U.* 06.12.2007, AI 651.389, Rel. Min. Menezes Direito, Primeira Turma, *D.J.U.* 08.08.2008.

558. AI 677590 AgR, Relator(a): Min. MARCO AURÉLIO, julgado em 16.10.2008, publicado em *DJe*-208 DIVULG 03.11.2008 PUBLIC 04.11.2008.

em flagrante prejuízo ao contribuinte. A modulação ainda potencializaria o desequilíbrio no embate entre o Estado e o cidadão.

Andou bem o STF no precedente acima transcrito, optando pela preservação da confiança do contribuinte nas regras do jogo e do restabelecimento do *status quo ante* quando as regras são violadas, o que representa a melhor forma de assegurar os princípios da boa-fé e da moralidade e desestimular novas incursões inconstitucionais do Estado sobre os contribuintes.

8.4.5 Funrural (RE 363.852 e RE 718.874)

O Supremo Tribunal Federal, nos autos do RE nº 363.852/MG,[559] considerou inconstitucional a contribuição instituída pela Lei nº 8.540/92 (art. 1º), incidente sobre a comercialização da produção rural realizada pelo empregador rural (pessoa física), por violação aos arts. 195, I,[560] 195, § 4º[561] e 150, II, da Constituição Federal.

A fazenda nacional, derrotada no embate de fundo, pleiteou a modulação dos efeitos da decisão proferida pelo Supremo, apoiada em argumentos de índole financeira (valores arrecadados).

O relator, Min. Marco Aurélio, votou pela inadequação da modulação pretendida, afirmando que a decisão de Corte

559. Recurso Extraordinário nº 363.852/MG. Relator: Min. Marco Aurélio. Órgão: Tribunal Pleno. Julgado em 03.02.2010. Publicado em 23.04.2010. *DJe* 071.

560. Art. 195. A seguridade social será financiada por toda a sociedade, de forma direta e indireta, nos termos da lei, mediante recursos provenientes dos orçamentos da União, dos Estados, do Distrito Federal e dos Municípios, e das seguintes contribuições sociais:
I - do empregador, da empresa e da entidade a ela equiparada na forma da lei, incidentes sobre:
a) a folha de salários e demais rendimentos do trabalho pagos ou creditados, a qualquer título, à pessoa física que lhe preste serviço, mesmo sem vínculo empregatício;
b) a receita ou o faturamento;
c) o lucro; [...].

561. § 4º - A lei poderá instituir outras fontes destinadas a garantir a manutenção ou expansão da seguridade social, obedecido o disposto no art. 154, I.

deveria refletir postura pedagógica, que não estimulasse o descumprimento da Carta Maior. Salientou, ainda, que a segurança jurídica era garantida pelo limite temporal representado pelo prazo prescricional.

Dos demais votos proferidos, devem ser destacados os seguintes posicionamentos. O Min. Cezar Peluso acompanhou o Min. Marco Aurélio, observando que a generalização dos efeitos modulatórios em matéria tributária, na prática, implicaria a abolição do instituto da repetição de indébito". Já o Min. Ricardo Lewandowski destacou a falta de rigor do STF no tema relativo à modulação de efeitos em matéria tributária, criticando a maior sensibilidade da Corte ao pleito de modulação realizado pela fazenda pública. A Min. Cármen Lúcia, por fim, destacou que a modulação somente deve ser aplicada em casos excepcionalíssimos, nos quais a execução do julgado proferido pelo STF gere problemas sociais, e não econômicos ou financeiros. Assim como o particular paga pelos seus erros na vida pessoal, o Estado também deve pagar pelos seus erros, como quando recebe parcela do patrimônio dos cidadãos em desconformidade com Constituição.

A Min. Ellen Gracie, por sua vez, em outro sentido, defendeu a modulação, a partir dos seguintes argumentos: (i) a ausência de modulação incentivaria a criação de milhares de processos em primeiro grau; e (ii) o valor recolhido a título da exação questionada teria sido incorporado ao preço pelo qual as mercadorias foram vendidas.

Tais argumentos – aumento do número de processos ou o eventual repasse do tributo ao preço das mercadorias – também não resistem ao devido enfrentamento, já que os custos direto (restituição) e indireto (aumento da carga sobre o aparelho judiciário) não podem servir como fundamento para afastar a satisfação do direito reconhecido pelo próprio STF, sobretudo em virtude de um ato inválido criado pelo Estado.

A aventada transferência do custo ao preço, embora seja *juridicamente* impossível (a contribuição analisada tem evidente caráter de tributo direto), teria como consequência apenas a alteração da legitimidade ativa para o pleito da restituição (em vez de feita pelo agricultor, a restituição poderia ser pleiteada pelo adquirente ou, no limite, pelo consumidor final).[562]

A certeza quanto à restituição dos valores pagos indevidamente estimula a confiança dos cidadãos no Estado. Como bem salientaram os demais ministros nesse julgamento do RE 363.852, eventual dispensa judicial de restituição serviria de perigoso fomento à instituição de novas inconstitucionalidades no campo tributário.

Em 2017, contudo, o STF voltou a apreciar a constitucionalidade da contribuição ao FUNRURAL nos autos RE nº 718.874/RS. O objeto do novo recurso se limitou à validade da cobrança desse tributo após o advento da Lei nº 10.256/2001, Esse diploma alterou a redação do art. 25 da Lei nº 8.212/91, dispositivo no qual a contribuição para o Funrural estava prevista.

Em decisão proferida em 30.03.2017, o STF decidiu que o posicionamento firmado nos autos do RE 363.852 não atingia a Lei nº 10.256/2001, sendo constitucional a contribuição a partir de então.[563]

---

562. Segundo a legislação aplicável, o valor da contribuição para o Funrural deverá ser retido da parcela do preço pago pelo adquirente. A parcela do preço recebida pelo vendedor, portanto, é composta da seguinte forma: valor líquido recebido + valor da contribuição para o Funrural = valor do preço. Dessa forma, a compreensão mais correta do fenômeno jurídico parece ser aquela a partir da qual o contribuinte (agricultor) reconhece como receita o valor bruto e, como despesa, o valor retido e recolhido pelo adquirente, a título de Funrural. O caso, aliás, em nada difere no Imposto sobre a Renda retido e recolhido pelas pessoas jurídicas. O fato de o imposto ser retido e recolhido pela fonte pagadora não retira sua titularidade da pessoa física, que terá legitimidade ativa para pleitear eventual restituição.

563. Conforme se depreende do voto do Ministro Alexandre de Moraes: "O novo texto constitucional foi regulamentado pela Lei 10.256, de 9 de julho de 2001, que, alterando o artigo 25 da Lei 8.212/91, reintroduziu o empregador rural como sujeito passivo da contribuição, da mesma forma que os segurados especiais, entre eles, os trabalhadores rurais sem empregados, com a alíquota de 2% da receita bruta proveniente da comercialização da sua produção; espécie da base de cálculo receita, autorizada pelo novo texto da EC 20/98. Em relação ao empregador rural, portanto, as alterações da EC nº 20/98 e da Lei 10.256, de 9 de julho de 2001, afastaram o principal e remanescente argumento que levou o Supremo Tribunal Federal a desobrigar os

Contra a decisão que alterou o posicionamento da Corte, foram opostos embargos de declaração com o intuito de suscitar a modulação dos efeitos do julgado, na medida em que o novo entendimento frustrou inúmeros contribuintes que deixaram de recolher o tributo com base na posição exarada no RE 363.852.

No entanto, o Tribunal desacolheu os embargos de declaração, rejeitando o pedido de modulação de efeitos. Segundo o redator do acórdão, Ministro Alexandre de Morares, os julgamentos anteriores ao RE 718.874 não trataram da matéria à luz Emenda Constitucional nº 20 e da Lei nº 10.256/2001. Não houve alteração na jurisprudência dominante do STF capaz de ensejar modulação dos efeitos da decisão, visto que:

> Constam dos Embargos de Declaração em análise, ainda, o requerimento de modulação dos efeitos da decisão, com a atribuição de reflexos somente prospectivos a partir do dia 30/03/2017, data de julgamento do RE em consideração, alegando alteração de jurisprudência da Corte.

---

empregadores rurais pessoas físicas da retenção e do recolhimento da contribuição social ou do seu recolhimento por subrogação sobre a receita bruta proveniente da comercialização da produção rural, qual seja, a inconstitucionalidade formal, pois a nova redação do inciso I do artigo 195 da CF passou a permitir a edição de lei ordinária para a instituição e cobrança da contribuição com base de cálculo receita. E essa nova lei foi editada. Refiro-me ao principal e remanescente argumento, pois os outros dois fundamentos utilizados no julgamento do RE 363.853 já haviam sido afastados no julgamento do RE 596.177 (Repercussão Geral): (a) *bis in idem* não autorizado pela Constituição Federal; (b) desrespeito à isonomia. [...] Em conclusão, os vícios de inconstitucionalidade apontados pela Corte nos RE 363.852 e 596.177 excluíram o empregador rural pessoa física como sujeito passivo da contribuição previdenciária prevista no artigo 25, que, porém, continuou a existir, com plena vigência e eficácia em relação aos segurados especiais. As alterações constitucionais realizadas no inciso I do artigo 195 da CF, pela EC 20/98, não tiveram o condão de realizar a repristinação da exigência da contribuição em relação aos empregadores rurais pessoas físicas, fixadas com base na receita. Entretanto, a EC 20/98 permitiu que houvesse nova criação, agora por lei ordinária, não mais exigindo-se *(sic)* lei complementar, de contribuição previdenciária em relação aos empregadores rurais pessoas físicas, com base de cálculo na receita. Essa criação foi feita com a inclusão dos empregadores rurais pessoas físicas como sujeito passivo na contribuição prevista no artigo 25." (RE 718874, Relator(a): Min. EDSON FACHIN, Relator(a) p/ Acórdão: Min. ALEXANDRE DE MORAES, Tribunal Pleno, julgado em 30.03.2017, PROCESSO ELETRÔNICO REPERCUSSÃO GERAL - MÉRITO *DJe*-219 DIVULG 26.09.2017 PUBLIC 27.09.2017 REPUBLICAÇÃO: *DJe*-225 DIVULG 02-10-2017 PUBLIC 03.10.2017).

> Incabível o pedido, pois inaplicável na presente hipótese as previsões do art. 927, §3º do Código de Processo Civil de 2015, que, conjuntamente às cláusulas do art. 11 da Lei 9.882/1999 e do art. 27 da Lei 9.868/1999, a do art. 927, § 3º, permitem, observada alteração de jurisprudência dominante do SUPREMO TRIBUNAL FEDERAL e dos tribunais superiores ou daquela oriunda de julgamento de casos repetitivos, a modulação dos efeitos da alteração no interesse social e no da segurança jurídica.
>
> Inexistiu qualquer alteração de jurisprudência dominante, pois conforme salientado anteriormente, a CORTE analisou pela primeira vez a matéria, sob a ótica da EC 20, de 15/12/1998 e sua regulamentação pela Lei nº 10.256, de 9 de julho de 2001, e o fez exatamente pela necessidade de se fixar, com repercussão geral, a possibilidade de exigência por lei ordinária da contribuição social do empregador rural pessoa física incidente sobre a receita bruta obtida com a comercialização da produção, a partir da alteração promovida pela EC nº 20/98.
>
> Daí, não poder ser tomado como representativo de modificação de jurisprudência dominante o julgamento do RE 718.874, pois os anteriores posicionamentos se referiam à legislações pretéritas e sem qualquer relação com a EC nº 20/98 ou com a Lei 10.256/2001; que exatamente foram editadas para permitir a referida incidência da contribuição.
>
> O acórdão embargado, dessa forma, não importou em qualquer solução de continuidade no tratamento normativo ou jurisprudencial relacionado com a matéria. Não houve alteração no panorama, com a invalidação de conteúdo normativo, em qualquer extensão, ou sequer a edição de pronunciamento conflitante com outros pronunciamentos da CORTE. Por isso, reafirme-se, inexistem razões a recomendar a modulação de efeitos, antes o contrário, a pretendida modulação é que terminaria por ocasionar inovação na normatividade em debate.[564]

Esse posicionamento foi acompanhado pelos Ministros Luís Roberto Barroso, Luiz Fux, Ricardo Lewandowski, Gilmar Mendes, Cármen Lúcia e Dias Toffoli. Foram vencidos os Ministros Edson Fachin, Rosa Weber e Marco Aurélio, que acolhiam os embargos para modular os efeitos.

---

564. RE 718874 ED, Relator(a): Min. ALEXANDRE DE MORAES, Tribunal Pleno, julgado em 23.05.2018, PROCESSO ELETRÔNICO *DJe*-191 DIVULG 11.09.2018 PUBLIC 12.09.2018.

8.4.6 ICMS ST (RE nº 593.849)

No julgamento do RE nº 593.849,[565] o STF analisou a substituição tributária para frente do ICMS e julgou devida a restituição de parcela desse imposto, sempre que o preço presumido aplicado como base de cálculo para o recolhimento antecipado fosse superior ao preço praticado pelo substituído tributário na venda ao consumidor final.

O STF modulou os efeitos no tempo da decisão para que a mesma incidisse apenas sobre os fatos ocorridos após a fixação do entendimento pelo revelado pela decisão. Ressalvou, no entanto, os direitos pretéritos dos contribuintes com ações judiciais já ajuizadas.

O principal fundamento de que se valeu o relator, Min. Edson Fachin, para modular os efeitos foi o interesse legítimo da Administração Pública que havia se posicionado à luz de uma interpretação legítima do precedente (ADI 1851), superada pelo novo posicionamento contido no RE 593.849. Essa peculiaridade denotaria uma das raras hipóteses em que a segurança jurídica atuaria em favor da fazenda, conforme ponderou o Min. Barroso.

8.4.7 IPI sobre veículo automotor importado para uso próprio (RE nº 723.651)

As controvérsias judiciais envolvendo a incidência de IPI nas hipóteses de importação de veículos por pessoa física para uso próprio foram apreciadas pelo STF ao longo de dez anos. Em 2005, nos autos do RE 255.682 AgR,[566] de relatoria do Min.

---

565. RE 593849, Relator(a): Min. EDSON FACHIN, Tribunal Pleno, julgado em 19.10.2016, ACÓRDÃO ELETRÔNICO REPERCUSSÃO GERAL - MÉRITO *DJe*-065 DIVULG 30.03.2017 PUBLIC 31.03.2017 REPUBLICAÇÃO: *DJe*-068 DIVULG 04.04.2017 PUBLIC 05.04.2017.

566. EMENTA: CONSTITUCIONAL. TRIBUTÁRIO. IPI. IMPORTAÇÃO: PESSSOA FÍSICA NÃO COMERCIANTE OU EMPRESÁRIO: PRINCÍPIO DA NÃO CUMULATIVIDADE: CF, art. 153, § 3º, II. NÃO INCIDÊNCIA DO IPI. I. - Veículo

Carlos Velloso, a Segunda Turma do STF afastou a exigência do imposto federal seguindo o entendimento anteriormente adotado pela Corte sobre o ICMS importação.

O entendimento acima referido foi reproduzido pelas duas Turmas que compõem o STF, como revelam os acórdãos no RE 501.773 AgR[567] e no RE 550.170 AgR.[568] Em ambos os casos, o Tribunal confirmou o julgamento anterior consolidando o entendimento acerca da não incidência de IPI. Não bastasse a posição do STF, o STJ também se manifestou sobre o tema em sede de recurso repetitivo. Em 2015, nos autos do REsp 1396488/SC, a Primeira Seção do STJ confirmou a posição firmada pela Suprema Corte.

Ocorre que, para surpresa de todos os contribuintes, o STF, em 2016, reverteu seu posicionamento sobre a questão. Ao apreciar o tema de repercussão geral nº 643 (RE 723.651), o Pleno firmou a tese de que "incide o imposto de produtos industrializados na importação de veículo automotor por pessoa

---

importado por pessoa física que não é comerciante nem empresário, destinado ao uso próprio: não incidência do IPI: aplicabilidade do princípio da não cumulatividade: CF, art. 153, § 3º, II. Precedentes do STF relativamente ao ICMS, anteriormente à EC 33/2001: RE 203.075/DF, Min. Maurício Corrêa, Plenário, *DJ* de 29.10.1999; RE 191.346/RS, Min. Carlos Velloso, 2ª Turma, *DJ* de 20.11.1998; RE 298.630/SP, Min. Moreira Alves, 1ª Turma, *DJ* de 09.11.2001. II. - RE conhecido e provido. Agravo não provido. (RE 255682 AgR, Relator(a): Min. CARLOS VELLOSO, Segunda Turma, julgado em 29.11.2005, *DJ* 10.02.2006 PP-00014 EMENT VOL-02220-02 PP-00289 RDDT n. 127, 2006, p. 182-186 RIP v. 7, n. 35, 2006, p. 247-251).

567. EMENTA: AGRAVO REGIMENTAL NO RECURSO EXTRAORDINÁRIO. IPI. IMPORTAÇÃO DE VEÍCULO AUTOMOTOR. PESSOA FÍSICA. USO PRÓPRIO. 1. Não incide o IPI em importação de veículo automotor, para uso próprio, por pessoa física. Aplicabilidade do princípio da não cumulatividade. Precedente. Agravo regimental a que se nega provimento. (RE 501773 AgR, Relator(a): Min. EROS GRAU, Segunda Turma, julgado em 24.06.2008, *DJe*-152 DIVULG 14.08.2008 PUBLIC 15.08.2008 EMENT VOL-02328-05 PP-01113).

568. EMENTA: AGRAVO REGIMENTAL EM RECURSO EXTRAORDINÁRIO. TRIBUTÁRIO. IPI. IMPORTAÇÃO DE VEÍCULO PARA USO PRÓPRIO. NÃO INCIDÊNCIA. AGRAVO IMPROVIDO. I – Não incide o IPI em importação de veículo automotor, por pessoa física, para uso próprio. Aplicabilidade do princípio da não cumulatividade. Precedentes. II - Agravo regimental improvido. (RE 550170 AgR, Relator(a): Min. RICARDO LEWANDOWSKI, Primeira Turma, julgado em 07.06.2011, *DJe*-149 DIVULG 03.08.2011 PUBLIC 04.0.2011 EMENT VOL-02559-02 PP-00291).

natural, ainda que não desempenhe atividade empresarial e o faça para uso próprio".[569]

Nessa oportunidade, em face da inegável guinada jurisprudencial, o Ministro Luís Roberto Barroso sustentou a necessidade de modulação dos efeitos da decisão em caso de confirmação da constitucionalidade da cobrança do IPI, resguardando, assim, a expectativa legítima criada pela própria jurisprudência da Corte ao longo da última década.

Apesar dos apelos do Min. Barroso à valorização dos precedentes do STF e, principalmente, à legítima confiança dos jurisdicionados, entendimento seguido pelos Ministros Edson Fachin, Dias Toffoli e Celso de Mello, a maioria entendeu por não conceder a modulação de efeitos em favor dos contribuintes, sob o argumento de que não havia posição consolidada sobre o tema, pois o órgão pleno do Tribunal ainda não havia enfrentado a questão. Entenderam, dessa forma, que a jurisprudência, até então firmada por suas duas turmas, era precária e não caracterizava guinada jurisprudencial apta a ser tutelada pela modulação de efeitos.[570]

569. IMPOSTO SOBRE PRODUTOS INDUSTRIALIZADOS – IMPORTAÇÃO DE BENS PARA USO PRÓPRIO – CONSUMIDOR FINAL. Incide, na importação de bens para uso próprio, o Imposto sobre Produtos Industrializados, sendo neutro o fato de tratar-se de consumidor final. (RE 723651, Relator(a): Min. MARCO AURÉLIO, Tribunal Pleno, julgado em 04.02.2016, PROCESSO ELETRÔNICO REPERCUSSÃO GERAL - MÉRITO *DJe*-164 DIVULG 04.08.2016 PUBLIC 05.08.2016).

570. Nesse sentido, transcrevem-se trechos dos votos proferidos pelos Ministros Gilmar Mendes e Edson Fachin: "O SENHOR MINISTRO RICARDO LEWANDOWSKI (PRESIDENTE) - Eu também vou pedir vênia à divergência. Entendo que é hora de mudarmos a jurisprudência, que de fato não era uma jurisprudência tão sólida, porque era uma jurisprudência baseada em agravos regimentais. Eu mesmo fui Relator de vários deles. A discussão é precária, como salientou o Ministro Marco Aurélio.
O SENHOR MINISTRO GILMAR MENDES: [...] Mas, aqui, o que me pareceu é que se controverte, exatamente, sobre essa mudança, a despeito de termos casos, na Turma, em sede de agravo, que sinalizavam a orientação e esse entendimento. De fato, acho que não houve essa consolidação de entendimento, de modo a justificar a aplicação da modulação."

REFERÊNCIAS

ADEODATO, João Maurício. *Uma teoria retórica da norma jurídica e do direito subjetivo*. São Paulo: Noeses, 2014.

ALEXY, Robert. *Tres escritos sobre los derechos fundamentales y la teoría de los principios*. Trad. de Carlos Bernal Pulido. Bogotá: Universidad Externado de Colombia, 2003.

ALMEIDA, Lise de. Princípio da anterioridade. *Revista de Direito Tributário,* São Paulo, n. 55, pp. 321-331, 1991.

ALTAMIRANO, Alejandro C. (Coord.). *El procedimiento tributario*. Buenos Aires: Editorial Ábaco de Rodolfo de Palma, 2003.

AMARO, Luciano da Silva. *Direito tributário brasileiro*. 3. ed. São Paulo: Saraiva, 1999.

________. O imposto de renda e os princípios da irretroatividade e da anterioridade. *Revista de Direito Tributário*, São Paulo, n. 25/26, pp. 140-158, 1983.

AMATUCCI, Andrea. (Coord.) *Tratado de derecho tributario*. Bogotá: Temis, 2001. t. I: El derecho tributario y sus fuentes.

AMORIM FILHO, Agnelo. Critério científico para distinguir a prescrição da decadência e para identificar as ações imprescritíveis. São Paulo: *Revista dos Tribunais,* v. 300, 2000.

ANAN JR., Pedro. LATORRE, Juliana Grandino. SILVA. AZEVEDO, Thais Abreu. *Limites da fiscalização tributária e previdenciária, in Processo administrativo tributário.* Organizadores: Marcelo Viana Salomão e Aldo de Paula Junior. São Paulo: MP Editora, 2005.

ARAUJO, Clarice von Oertzen de. *Incidência jurídica:* teoria e crítica. São Paulo: Noeses, 2011.

ATALIBA, Geraldo. *Hipótese de incidência tributária.* 6. ed., 2. tiragem. São Paulo: Malheiros, 2000.

________. *República e Constituição.* 2. ed. São Paulo: Malheiros, 2001.

AUSTIN, John. *Lectures on jurisprudence or the philosophy of positive law.* Vol. II. 4ª edição, revisada e editada. Londres: John Murray, 1873.

ÁVILA, Alexandre Rossato da Silva. *Curso de direito tributário.* Porto Alegre: Livraria do Advogado, 2017.

ÁVILA, Ana Paula Oliveira. *A modulação de efeitos temporais pelo STF no controle de constitucionalidade:* ponderação e regras de argumentação para a interpretação conforme a constituição do art. 27 da Lei nº 9.868/99. Porto Alegre: Livraria do Advogado Editora, 2009.

ÁVILA, Humberto. *Teoria da igualdade tributária.* 2. ed. São Paulo: Malheiros, 2009.

________. *Teoria da segurança jurídica.* 4. ed., rev., atual. e ampl. São Paulo: Malheiros, 2016.

BACHOF, Otto. *Normas constitucionais inconstitucionais?* Coimbra: Almedina, 2008.

BALEEIRO, Aliomar. *Limitações constitucionais ao poder de tributar.* Rio de Janeiro: Forense, 2001.

BARROSO, Luís Roberto; REGO, Frederico Montedonio. *Balanço de dez anos da repercussão geral.* JOTA. Disponível em: https://bit.ly/2m8OirP Acesso em: 09 set. 2019.

BECKER, Alfredo Augusto. *Teoria geral do direito tributário.* 3. ed. São Paulo: Lejus, 1998.

BERLIRI, Antonio. *Principios de derecho tributario.* Trad. espanhola de Narciso Amorós Rica e Euzébio Gonzáles García. Madri: Editorial de Derecho Financeiro, 1971.

BIELSA, Rafael. *Estudios de derecho público.* Buenos Aires: Depalma, 1951. v. 2.

BOBBIO, Norberto. *Teoria da norma jurídica.* 2. ed. Bauru, SP: Edipro, 2003.

CAMILOTI, José Renato. *Precedentes judiciais em matéria tributária no STF:* pragmática da aplicação das súmulas vinculantes e os critérios de verificação para aplicação e distinção *(distinguishing).* São Paulo: Noeses, 2018.

CANARIS, Claus-Wilhelm. *Pensamento sistemático e conceito de sistema na ciência do direito.* 2. ed. Lisboa: Calouste, 1996.

CANOTILHO, José Joaquim Gomes. *Direito constitucional.* 6. ed. Coimbra: Livraria Almedina, 1996.

CAPPELLETTI, Mauro. *O controle judicial da constitucionalidade no direito comparado.* 2. ed. Porto Alegre: Fabris, 1992.

CARRAZZA, Roque Antônio. *Curso de direito constitucional tributário.* São Paulo: Malheiros, 2002.

_________. Segurança Jurídica e eficácia temporal das alterações jurisprudenciais. In: FERRAZ JUNIOR, Tercio Sampaio. *Efeito* ex nunc *e as decisões do STJ.* 2. Ed. Barueri: Manole, 2009.

CARRIÓ, Genaro. *Notas sobre derecho y lenguaje.* 4. ed. Buenos Aires: Abeledo-Perrot, 1990.

CARVALHO, Aurora Tomazini de. *Curso de teoria geral do direito:* o constructivismo lógico-semântico. São Paulo: Noeses, 2009.

CARVALHO, Cristiano. *Ficções jurídicas no direito tributário.* São Paulo: Noeses, 2008.

CARVALHO, Paulo de Barros. *Curso de direito tributário.* 14. ed. rev. e atual. São Paulo: Saraiva, 2002.

________. *Direito tributário:* fundamentos jurídicos da incidência. 2. ed. rev. São Paulo: Saraiva, 1999.

________. *Direito tributário:* linguagem e método. São Paulo: Noeses, 2008.

________. Enunciados, normas e valores jurídicos tributários. *Revista de Direito Tributário,* São Paulo, n. 69, 1996, pp. 43-56.

________. O direito positivo como sistema homogêneo de enunciados deônticos. *Revista de Direito Tributário,* São Paulo, n. 45, jul./set.1988, pp. 32-36.

________. O princípio da segurança jurídica em matéria tributária. *Revista de Direito Tributário*, São Paulo, n. 61, 1994, pp. 75-90.

CASÁS, José Osvaldo. *Derechos y garantías constitucionales del contribuyente:* A partir del principio de reserva de ley tributaria. Buenos Aires: Ad-Hoc, 2005.

CAVALCANTE, Mantovanni Colares. Coisa julgada no processo tributário coletivo e a força transcendente de julgados em processos individuais. In: CARVALHO, Paulo de Barros; DE SOUZA, Priscila. *30 anos da Constituição Federal e o Sistema Tributário Brasileiro.* 1ª Edição. São Paulo: Editora Noeses, 2018.

CHIASSONI, Pierluigi. *Tecnica dell'interpretazione giuridica.* Bologna: Il Mulino, 2007.

CERVINI, Raúl. Principios del derecho penal tributario en el Estado Democrático Social de Derecho. *Revista dos Tribunais*, São Paulo, v. 857, pp. 437-455, 2007.

CLÉVE, Clémerson Merlin. *A fiscalização abstrata da constitucionalidade no direito brasileiro*. São Paulo: RT, 1995.

COELHO, Sacha Calmon Navarro. *Comentários à Constituição de 1988:* sistema tributário. 3. ed. Rio de Janeiro: Forense, 1991.

________. *Curso de direito tributário brasileiro*. Rio de Janeiro: Forense, 2004.

CONRADO, Paulo Cesar (Coord.). *Processo tributário analítico*. São Paulo: Dialética, 2003.

________. *Processo tributário*. 2ª edição. São Paulo: Quartier Latin, 2007.

________. *Compensação tributária e processo*. 2. ed. rev. São Paulo: Quartier Latin, 2010.

COSTA, Ramón Valdés. *Instituciones de derecho tributario*. Buenos Aires: Depalma, 2004.

________. Los principios jurídicos fundamentales en la codificación tributaria de América Latina. *Revista de Direito Tributário*, São Paulo, n. 3, pp. 51-61, jan./mar. 1978.

COUTO E SILVA, Almiro do. Os princípios da legalidade da administração pública e da segurança jurídica no estado de direito contemporâneo. *Revista da Procuradoria-geral do Estado do Rio Grande do Sul*, v. 18, n. 46, pp. 11-29, 1988.

CUNHA, Leonardo José Carneiro da. Novas reflexões sobre os embargos à execução fiscal: desnecessidade de prévia garantia do juízo e casos de efeito suspensivo automático. *Revista Dialética de Direito Processual*, São Paulo, n. 62, pp. 57-60, maio 2008.

DERZI, Misabel Abreu Machado. *Modificações da jurisprudência no direito tributário: proteção da confiança, boa-fé objetiva e irretroatividade como limitações constitucionais ao poder judicial de tributar*. São Paulo: Noeses, 2009.

DERZI, Misabel Abreu Machado; BALEEIRO, Aliomar. *Direito tributário brasileiro*. 11. ed. Rio de Janeiro: Forense, 1999.

DINIZ, Marcelo de Lima Castro; FELIZARDO, Marília do Amaral. Medida Cautelar Fiscal. In: *30 anos da Constituição Federal e o sistema tributário*. SOUZA, Priscila; CARVALHO, Paulo de Barros. São Paulo: Noeses, 2018.

DWORKIN, Ronald. *Levando os direitos a sério*. Trad. de Nelson Boeira. São Paulo: Martins Fontes, 2002.

________. *The Model of Rules*. Chicago Law Review, n. 35, 1967, pp. 14-46.

EKMEKDJIAN, Miguel Ángel. *Tratado de derecho constitucional*. Buenos Aires: Depalma, 1995. t. 3.

FERRAZ JÚNIOR, Tercio Sampaio. Anterioridade e irretroatividade no campo tributário. *Revista Dialética de Direito Tributário,* São Paulo, n. 65, pp. 13-23, fev. 2001.

________. *Direito constitucional:* liberdade de fumar, privacidade, estado, direitos humanos e outros temas. Barueri: Manole, 2007.

________. *Introdução ao estudo do direito*. 3. ed. São Paulo: Atlas, 2001.

________. Segurança jurídica, coisa julgada e justiça. *Revista do Instituto de Hermenêutica Jurídica,* Porto Alegre, vol. 1, n. 3, pp. 263-278, 2005.

FERRAZ, Taís Schilling. *O precedente na jurisdição constitucional:* construção e eficácia do julgamento da questão com repercussão geral. São Paulo: Saraiva, 2017.

FISCHER, Octavio Campos. *Os efeitos da declaração de inconstitucionalidade no direito tributário brasileiro*. Rio de Janeiro: Renovar, 2004.

GAMA, Tácio Lacerda. *Competência tributária:* fundamentos para uma teoria da nulidade. São Paulo: Noeses, 2009.

GARNER, Bryan A. [et al.]. *The Law of Judicial Precedent*. St. Paul, Minn.: Thompson Reuters, 2016.

GIANNINI, A. D. *Instituciones de derecho tributario*. Madrid: Editorial de Derecho Financiero, 1957.

GONÇALVES, Fernando Maida. O princípio da legalidade tributária. Disponível em: http://www.uj.com.br/publicacoes/doutrinas/default.asp?action=doutrina&iddoutrina=3792. Acesso em: 20 jul. 2008.

GRINOVER, Ada Pellegrini. *A marcha do processo*. Rio de Janeiro: Forense Universitária, 2000.

GUASTINI, Riccardo. *Distinguiendo:* estudios de teoría y metateoría del derecho. Barcelona: Gedisa, 1999.

GUIBOURG, Ricardo A. *Derecho, sistema y realidad*. Buenos Aires: Editorial Astrea, 1986.

HART, H. L. A. *O conceito de direito*. Trad. de A. Ribeiro Mendes. Lisboa: Fundação Calouste Gulbenkian, 2007.

HENSEL, Albert. *Derecho tributario*. Madrid: Marcial Pons, 2005.

JARACH, Dino. *Curso superior de derecho tributario*. Buenos Aires: Ed. Cima, 1957.

KELSEN, Hans. *Teoria geral das normas*. Trad. de José Florentino Duarte. Porto Alegre: Fabris, 1996.

________ *Teoria pura do direito*. Trad. de João Baptista Machado. 2. ed. São Paulo: Martins Fontes, 1987.

________ *Teoria pura do direito*. Trad. de João Baptista Machado. 7. ed. São Paulo: Martins Fontes, 2006.

LAPATZA, José Juan Ferreiro. *Direito tributário:* teoria geral do tributo. Trad. de Roberto Barbosa Alves. Barueri: Manole; Espanha: Marcial Pons, 2007.

LEIVAS, Gilberto Cogo. O modelo combinado de regras e princípios em Ronald Dworkin e Robert Alexy. *Revista Processo e Constituição*: Cadernos Galeno Lacerda de Estudos de Direito Processual Constitucional, n. 2, Porto Alegre, Faculdade de Direito, URFGS, 2005, Quadrimestral.

LENZA, Pedro. *Direito constitucional esquematizado*. 12. ed. São Paulo: Saraiva, 2008.

LINS, Robson Maia. *Controle de constitucionalidade da norma tributária* – Decadência e prescrição. São Paulo: Quartier Latin, 2005.

LOURDES, Carla Gonçalves de. Coisa julgada em matéria tributária e a (im)possibilidade de revisão em face da declaração de inconstitucionalidade pelo STF. In ALVIM, Teresa Arruda; DIDIER JR, Fredie (orgs.). *Doutrinas Essenciais Novo Processo Civil*. São Paulo: RT, 2018.

MACHADO, Hugo de Brito. *Comentários ao Código Tributário Nacional*. São Paulo: Ed. Atlas, 2005. v. 3.

________. Embargos à execução fiscal: prazo para interposição e efeito suspensivo. *Revista Dialética de Direito Tributário*, São Paulo, n. 151, pp. 49-58, abr. 2008.

________. *Problemas de Processo Judicial Tributário*. São Paulo: Dialética, 2° vol., 1998.

MACHADO SEGUNDO, Hugo de Brito; MACHADO, Raquel Cavalcanti Ramos. A reforma no CPC e a suspensão da execução fiscal pela oposição dos embargos. *Revista Dialética de Direito Tributário*, São Paulo, n. 151, pp. 59-66, abr. 2008.

MAIA FILHO, Napoleão Nunes. *Processo e julgamento judicial no paradigma juspositivista tardio*: breves ensaios sobre a hermenêutica dos fatos na resolução de demandas jurídicas. Fortaleza: Imprece, 2015.

MARINONI, Luiz Guilherme. *Coisa julgada inconstitucional: a retroatividade da decisão de (in) constitucionalidade do STF sobre a coisa julgada: a questão da relativização da coisa julgada*. São Paulo: Editoria Revista dos Tribunais, 2008.

________. *Novo Código de Processo Civil Comentado*. 3ª ed. rev., atual. São Paulo: Editora Revista dos Tribunais, 2017.

MARINS, James. *Direito Processual Tributário Brasileiro*. Administrativo e Judicial. São Paulo: Revista dos Tribunais, 2018.

MARMOR, Andrei (Ed.). *Direito e interpretação*: ensaios de filosofia do direito. Trad. de Luís Carlos Borges. São Paulo: Martins Fontes, 2004.

MARTÍNEZ, Soares. *Direito fiscal*. 10. ed. Coimbra: Almedina, 2003.

MEIRELLES, Hely Lopes; WALD, Arnoldo; MENDES, Gilmar Ferreira. *Mandado de segurança e ações constitucionais; com a colaboração de Marina Gaensly e Rodrigo de Oliveira Kaufmann*. 37. ed., atual. e ampl. São Paulo: Malheiros, 2016.

MELLO, Celso Antônio Bandeira de. (Org.). *Estudos em Homenagem a Geraldo Ataliba*. São Paulo: Malheiros, 1997.

________. *Conteúdo jurídico do princípio da igualdade*. 3. ed. 14. tir. São Paulo: Malheiros, 2006.

________. O princípio do enriquecimento sem causa em direito administrativo. *Revista Eletrônica de Direito Administrativo Econômico* – REDAE, Salvador, n. 5, fev-abr. 2006.

MENDES, Frana Elizabeth. *Compensação tributária e execução fiscal*. Revista da Seção Judiciária do Rio de Janeiro (SJRJ), vol. 15, n. 23, 2008, p. 21-27.

MENDES, Gilmar Ferreira. *Jurisdição constitucional*. 5. ed. São Paulo: Saraiva, 2005.

________ *Moreira Alves e o controle de constitucionalidade no Brasil*. São Paulo: Saraiva, 2004.

________ Novo CPC e o Recurso Extraordinário. *Revista de Processo*. vol. 261. nov./2016.

MENKE, Cassiano. *Irretroatividade tributária material:* definição, conteúdo e eficácia. São Paulo: Malheiros, 2015.

MIRANDA, Jorge. *Manual de direito constitucional*. 3. ed. Coimbra: Coimbra Editora, 2008. t. VI: Inconstitucionalidade e garantia da Constituição.

MITIDIERO, Daniel. *Precedentes:* da persuasão à vinculação. 2ª ed. São Paulo: Editora Revista dos Tribunais, 2017.

MOLINA, Pedro Manuel Herrera. *Capacidad económica y sistema fiscal: análisis del ordenamiento español a la luz del Derecho alemán*. Madrid: Marcial Pons, 1998.

MONROY GALVEZ, Juan F. Hacia un lenguaje que justifique a la cientificidad del derecho y del proceso. *Revista de Processo*, v. 23, n. 91. São Paulo, jul./set. 1998. pp. 47-48.

MORAES, Alexandre de. *Direito constitucional*. 22. ed. São Paulo: Atlas, 2007.

MORAIS, Carlos Blanco de. *Justiça constitucional*. Coimbra: Coimbra Editora, 2005.

MOREIRA, José Carlos Barbosa. A eficácia preclusiva da coisa julgada material no sistema do processo civil brasileiro. In: *Temas de direito processual*. São Paulo: Saraiva, 1988.

MOSCHETTI, Francesco. *El Principio de capacidad contributiva*. Madrid: Instituto de Estudios Fiscales, 1980.

MOUSSALEM, Tárek Moysés. *Fontes do direito tributário.* São Paulo: Max Limonad, 2001.

MOUZALAS, Rinaldo; DE ALBUQUERQUE, João Otávio Terceiro Neto Bernardo. *Reclamação Constitucional. In:* DIDIER JR., Fredie... [et al.]. Precedentes. – Salvador: Juspodivm, 2016.

NERY JUNIOR, Nelson; NERY, Rosa Maria de Andrade. *Constituição Federal comentada e legislação constitucional.* 6. ed. ampliada e atualizada até a EC 95/2016 e a Lei de Mandado de Injunção – Lei nº 13.300/2016. São Paulo: Editora Revista dos Tribunais, 2017.

NEUMARK, Fritz. *Principios de la imposición.* Madrid: Instituto de Estudios Fiscales, 1974.

NOVOA, César García. *El Principio de Seguridad Jurídica en Materia Tributaria.* Madrid: Marcial Pons, 2000.

_________. *La devolución de ingresos tributarios recibidos.* Madrid: Marcial Pons, 1993.

OLIVEIRA, Aline Lima de. *A limitação dos efeitos temporais da declaração de inconstitucionalidade no Brasil: uma análise da influência dos modelos norte-americano, austríaco e alemão.* Porto Alegre: EDIPUCRS, 2008.

PANDOLFO, Rafael. *Fundamentos do direito processual tributário.* São Paulo: Saraiva, 2005.

PASSOS, Anderson Santos dos. A modulação de efeitos nas decisões de inconstitucionalidade: a produção de efeitos jurídicos de normas inconstitucionais e o sistema de controle de constitucionalidade brasileiro. *Revista Âmbito Jurídico.* Publicado em 01.03.2010. Disponível em: https://bit.ly/2lGSkqW Acesso em: 09 set. 2019.

PAULSEN, Leandro. VELLOSO, Andrei Pitten. *Contribuições:* Teoria geral, contribuições em espécie. Porto Alegre: Livraria do Advogado, 2010.

________. *Direito Tributário:* Constituição e Código Tributário à luz da doutrina e da jurisprudência. Porto Alegre: Livraria do Advogado, 2008.

PERRY, Marvin. *Civilização ocidental*: uma história concisa. Trad. de Waltensir Dutra, Silvana Vieira. 3. ed. São Paulo: Martins Fontes, 2002.

PIRES, Luis Henrique da Costa; LIMA, Alyne Machado Silvério de. A subsistência do efeito suspensivo nos embargos à execução fiscal. *Revista Dialética de Direito Tributário,* São Paulo, n. 155, pp. 69-83, ago. 2008.

PONTES, Helenilson Cunha. *Coisa julgada tributária e inconstitucionalidade*. São Paulo: Dialética, 2005.

PORTO, Éderson Garin. *Estado de direito e direito tributário.* Porto Alegre: Livraria do Advogado Editoria, 2009.

PORTO, Sérgio Gilberto. *Coisa julgada civil:* análise crítica e atualização. 2. ed. Rio de Janeiro: Aide, 1998.

POUND, Roscoe. "What of Stare Decisis?" *Fordham Law Review*, nº 1, vol. X. 1941.

RÁO, Vicente. *O Direito e a vida dos direitos*. 6 ed. São Paulo: Editora Revista dos Tribunais, 2005.

PRIA, Rodrigo Dalla. O direito ao processo. In: CONRADO, Paulo Cesar (Coord.). *Processo tributário analítico*. São Paulo: Dialética, 2003.

________. Legitimidade ativa na ação de repetição de indébito tributário. In: CONRADO, Paulo Cesar (Coord.). *Processo tributário analítico*. Vol. III. São Paulo: Noeses, 2016.

RAYA, Francisco José Carrera. *Manual de derecho financiero*. Madrid: Tecnos, 1993. v. 1.

RODRIGUES, Rodrigo Dalcin. Análise da suspensão da execução fiscal sob o prisma dos fatos, da finalidade das leis, da sua aplicação razoável e da coerência do ordenamento. *Revista Dialética de Direito Tributário*, São Paulo, n. 153, pp. 77-86, jun. 2008.

RODRÍGUEZ, Maria José. *El acto administrativo tributario: con la aplicación de los principios y garantías del procedimiento administrativo*. Buenos Aires: Editorial Ábaco, 2004.

RODRIGUES DE AZEVEDO, Henrique Machado; MITRE, Felipe Lobato de Carvalho. A impossibilidade da chamada aplicação subsidiária do artigo 739-A do Código de Processo Civil às execuções fiscais. *Revista Dialética de Direito Tributário*, São Paulo, n. 160, pp. 35-42, jan. 2009.

ROSSUM, Ralph A.; TARR, G. Alan. *American constitutional law*. New York: St. Martin's Press, 1995. v. 1: The structure of government.

ROYO, Javier Pérez. *Curso de derecho constitucional*. Madrid: Marcial Pons, 1997.

SANCHES, J. L. Saldanha. *Manual do direito fiscal*. Coimbra: Ed. Coimbra, 2007.

SANCHÍS, Luis Pietro. *Ley, principios, derechos*. Madrid: Instituto Derechos Humanos Bartolomé, 1998.

SANTIAGO, Igor Mauler; BREYNER, Frederico Menezes. Eficácia suspensiva dos embargos à execução fiscal em face do art. 739-A do Código de Processo Civil. *Revista Dialética de Direito Tributário*, São Paulo, n. 145, pp. 54-69, out. 2007.

SANTOS, Nélida Cristina dos. *Capacidade contributiva e os símbolos de riqueza*. São Paulo: Lex Editora, 2007.

SARLET, Ingo Wolfgang. A eficácia do direito fundamental à segurança jurídica: dignidade da pessoa humana, direitos fundamentais e proibição de retrocesso social no direito constitucional brasileiro. *Revista Eletrônica sobre a Reforma do Estado, Bahia*, n. 21, março/abril 2010. Dialética de Direito Tributário, São Paulo, n. 145, pp. 54-69, out. 2007.

SCHAUER, Frederick. *Prescriptions in three dimensions*. Iowa Law Review, n. 82, 1997, pp. 911-922.

SILVA, Ovídio A. Baptista da; GOMES, Fábio. *Teoria geral do processo civil*. 3.ed. São Paulo: Ed. Revista dos Tribunais, 2002.

SILVA, Renata Elaine. *Decisões em matéria tributária:* jurisprudência e dogmática do Supremo Tribunal em controle de constitucionalidade. São Paulo: Saraiva, 2009.

SMITH, Adam. *Investigación sobre la naturaleza y causas de La riqueza de las naciones*. Trad.. espanhola de Gabriel Franco. 2. ed., 9. reimpressão. México: Fondo de Cultura Económica, 1997.

SOUZA, Rubens Gomes de. *Compêndio de legislação tributária*. 3. ed. Rio de Janeiro: Edições Financeiras, 1960.

SOUZA JÚNIOR, Cezar Saldanha. *Consenso e democracia constitucional*. Porto Alegre: Ed. Sagra Luzzato, 2002.

STARGER, Colin, The Dialectic of Stare Decisis Doctrine, *In:* PETERS, Christopher J. (editor). *Precedent in the United States Supreme Court*. Ius gentium: comparative perspectives on law and justice. Volume 33. Dordrecht: Springer Netherlands, 2013.

TABOADA, Carlos Palao. Isonomia e capacidade contributiva. *Revista de Direito Tributário*, São Paulo, n. 4, pp. 125-154, abr./jun. 1978.

TALAMINI, Eduardo. *Coisa julgada e sua revisão*. São Paulo: Editora Revista dos Tribunais, 2005.

TAVARES, André Ramos. *Curso de direito constitucional*. São Paulo: Saraiva, 2010.

TEIJERO, O. G. *El principio de la legalidad, la seguridad juridicial y el ejercicio de la función judicial en materia tributaria*. La Ley, n. 126, Argentina, 1994.

TIPKE, Klaus; LANG, Joaquim. *Direito tributário*. Porto Alegre: Fabris, 2008.

TORRES, Heleno Taveira. *Direito constitucional financeiro: Teoria da Constituição Financeira*. São Paulo: Editora Revista dos Tribunais, 2014.

TORRES, Heleno. *Direito constitucional tributário e segurança jurídica. 3*. ed., rev., atual. e ampl. São Paulo: Revista dos Tribunais, 2019.

TORRES, Ricardo Lobo. O Princípio da Proteção da Confiança do Contribuinte. *Revista Fórum de Direito Tributário*, Belo Horizonte, ano 1, n. 6, pp. 9-20, nov./dez. 2003.

TRESOLINI, Rocco. J. *American constitutional law*. New York: The Macmillan Company, 1965.

VAN LOON, Hendrick Willen. *A história da humanidade*. Trad. de Marcelo Brandão Cipolla. São Paulo: Martins Fontes, 2004.

VELLOSO, Carlos Mário da Silva. O princípio da irretroatividade da lei tributária. *Revista Trimestral de Direito Público*, São Paulo, n. 15, 1996.

VERGUEIRO, Camila Campos. *Obrigação tributária:* o processo de positivação e as causas suspensivas da sua exigibilidade. São Paulo: Quartier Latin, 2009.

VIANNA, João Ernesto Aragonés. *Curso de direito previdenciário*. São Paulo: LTr, 2006.

VILANOVA, Lourival. *As estruturas lógicas e o sistema do direito positivo*. São Paulo: Max Limonad, 1997.

VILLEGAS, Héctor Belisario. *Curso de finanzas, derecho financiero y tributario*. Buenos Aires: Depalma, 1972.

________. *Curso de Finanzas, derecho financiero y tributario*. 8. ed. Buenos Aires: Astrea, 2003.

VITA, Jonathan Barros. *As relações entre o direito tributário e os conceitos definidos pelo direito privado: (re)analisando a (i) legalidade do regime tributário de transição*. Direito Tributário e os Conceitos de Direito Privado. São Paulo: Noeses, 2010.

WANBIER, Teresa Arruda Alvim [et. al.]. *Breves comentários ao Novo Código de Processo Civil. 2ª tiragem*. São Paulo: Editora Revista dos Tribunais, 2015.

WARAT, Luis Alberto. *O direito e sua linguagem*. Porto Alegre: Fabris, 1995.

WOLFE, Christopher. *The rise of modern judicial review: from constitutional interpretation to judge-made law*. Lanham, MD: Rowman & Littlefield, 1994.

XAVIER, Alberto. *Tipicidade da tributação, simulação e norma antielisiva*. São Paulo: Dialética, 2001.

ZAVASCKI, Teori Albino. *Eficácia das sentenças na jurisdição constitucional*. São Paulo: Editora Revista dos Tribunais, 2001.